留学史丛书

叶隽 主编

移民与政治

中国留法勤工俭学生（1919—1925）

[法] 王枫初（Nora Wang） 著

安延 刘敏 纪俊男 译

北京大学出版社
PEKING UNIVERSITY PRESS

著作权合同登记号　图字：01-2013-8032

图书在版编目(CIP)数据

移民与政治：中国留法勤工俭学生：1919—1925/(法)王枫初(Nora Wang)著；安延，刘敏，纪俊男译. —北京：北京大学出版社，2016.6
（留学史丛书）

ISBN 978-7-301-27216-9

Ⅰ.①移… Ⅱ.①王…②安…③刘…④纪… Ⅲ.①留法勤工俭学—史料—中国—1919—1925 Ⅳ.①K261.06

中国版本图书馆 CIP 数据核字(2016)第 130235 号

Émigration et politique: les étudiants-ouvriers chinois en France 1919-1925
Copyright © Les Indes Savantes, 2002
All rights reserved

书　　　名	移民与政治：中国留法勤工俭学生（1919—1925） YIMIN YU ZHENGZHI：ZHONGGUO LIUFA QINGONGJIANXUESHENG（1919—1925）
著作责任者	〔法〕王枫初(Nora Wang) 著　安延　刘敏　纪俊男　译
责任编辑	延城城
标准书号	ISBN 978-7-301-27216-9
出版发行	北京大学出版社
地　　　址	北京市海淀区成府路 205 号　100871
网　　　址	http://www.pup.cn　新浪微博：@北京大学出版社
电子信箱	pkuwsz@126.com
电　　　话	邮购部 62752015　发行部 62750672　编辑部 62767315
印　刷　者	北京中科印刷有限公司
经　销　者	新华书店
	965 毫米×1300 毫米　16 开本　19.5 印张　278 千字 2016 年 6 月第 1 版　2016 年 6 月第 1 次印刷
定　　　价	48.00 元

未经许可，不得以任何方式复制或抄袭本书之部分或全部内容。
版权所有，侵权必究
举报电话：010-62752024　电子信箱：fd@pup.pku.edu.cn
图书如有印装质量问题，请与出版部联系，电话：010-62756370

《留学史丛书》总序

叶 隽

对于人类文明的发展来说,异质文化之间的交流与互动始终是居于枢纽地位的推动器。文化的异质性越强,外来刺激的作用力往往越深。故此陈寅恪先生有言:"其真能于思想上自成系统,有所创获者,必须一方面吸收输入外来之学说,一方面不忘本来民族之地位。此二种相反而适相成之态度,乃道教之真精神,新儒家之旧途径,而二千年吾民族与他民族思想接触史之所昭示者也。"①此理不仅适于国人,对人类整体文明同样具有典范效应。而就这样一种文化交流而言,要言之可分两种,一为达摩弘法,一为玄奘取经。前者是主动走出去的"宣经传道",有一种宣示宗教福音的使命意识在内;后者则是具有自身主体性的"求知向学",更具追求真理的孜孜之诚。可一旦学术(此处是佛教)中心转移,其情况又变,即为鉴真东渡、阿倍入唐。师、弟位置的变化,是值得注意的现象。但对于一个民族的长远发展来说,其要义当在"采玉他山",而非"好为人师"。就此看,我们当然可以为隋唐时代的四海来朝而兴奋自豪,但更应关注由法显至玄奘的求学路径。贞观盛世之际走向西域的玄奘,正充分表现了我民族文明求知于世界的"煌煌大度"。正如当代美国虽为世界留学生汇聚之中心,但走向世界的美国学生也并不少见。

---

① 《冯友兰〈中国哲学史〉下册审查报告》,载刘桂生、张步洲编,《陈寅恪学术文化随笔》,北京:中国青年出版社,1996年,第17页。

如果说以上表现的,是东方文化范围内以佛教为核心的知识中心场域迁变过程的"代表现象",那么随着世界场域的整体形成与西方强势背景,以基督教为中心的知识场域转向就是很自然的了。不过,我们还是将目光集中到随着现代科学与学术制度发展而形成的近距离时段中来。19世纪初期的洪堡改革一举确立了德国大学在世界学术与科学场域的中心地位。而有趣的是,"到1900年为止,横渡大西洋到欧洲伟大的学术研究中心,主要是德国的大学留学的差不多1万名美国学者,坚定地服膺于学术研究和以科研为基础的教学和学习的思想回到美国"①。这一国际教育交流史上的划时代事件,使得美国后来发生了学术革命,并在1930年代后迅速崛起,取代德国成为世界高教与科研中心。由此我们可以看到的是,留学史与学术史、教育史(尤其是大学史)密切相连,留学潮的兴起消落往往与学术中心的迁变息息相关;而其背后表现出的政府决策功能和文化意识,往往关系到一个民族——国家的长远发展。至少,一个基本事实就是,19世纪后期逐渐兴起的三大国——俄、日、美,都是以德为师的;而其中扮演重要角色的,都是本国的留德学生。

此处仅以中国之求知于世界为例,稍作探讨。近代中国虽然早已有有识之士如容闳等提出派遣留学,并有高层政治领袖如曾国藩、李鸿章、沈葆桢、张之洞等予以呼应,但其筚路蓝缕之艰难,仍远超乎后世想象。故此,从官派留美幼童到留欧船政生乃至轰轰烈烈的留日潮,虽不乏优异人物出现,但往往属于个案现象,就整体言则往往难免或"浅尝辄止"、或"鱼龙混杂"、或"见木不见林"等弊端。而其时中国面临的老大帝国之病与难,使得留学所承载的功利化倾向暴露无遗。早在1910年代,身为留美学生的胡适作《非留学篇》,对留学提出异议:"留学者,吾国之大耻也。留学者,过渡之舟楫非敲门之砖也。留学者,度时伤财事倍而功半也。留学者,救急之计而非久远之图也。"②此处表现出的

---

① 〔美〕伯顿·克拉克,《探究的场所——现代大学的科研和研究生教育》,王承绪译,杭州:浙江教育出版社,2001年,第3页。
② 胡适,《非留学篇》,载《留美学生年报》第三年本,1914年1月。

强烈民族主义情绪,在其特殊语境中完全可以理解,但却不能作为一种求知向学的纯正心态。到1920年代,潘光旦撰《留学生问题》,继续追问:"我们最先要问的是:年年岁岁有大批留学生出洋,到底有没有一个尽期?"①对中国留学史深加反思,其致用思绪表露无遗:"我国留学运动,与日本大致同时发轫,但是就成绩而论,便不可同年语了。这是谁的过失?"②这样一种比较视野的纳入,当然很有参考价值,但中、日近代留学史的成绩或许还有待"百年之后论高下"。毕竟,一时之权力得否,不能作为终极评价的客观标准。我们承认这样的事实,"当山县有朋创建帝国'皇军'的时候,伊藤博文负责制定宪法,他的幕僚班子和山县有朋一样挤满了归国的留德学生和德国顾问"③,可问题是,这样的一个留德群体,最后将日本带向了何方呢?

要知道,"世界上没有任何文化能够不随时吸收外国因素而可维系不坠",诚哉斯言!可具体言之,对外来资源究竟是"全盘照搬"还是"批判接受",这是事关根本的大问题。中国文化之所以博大浩瀚,并成为世界史上唯一一个作为古国而未曾中断的伟大文明,就在于其兼收并蓄、博大能容。诚如蒋梦麟所言,"事实上正因为她有伟大的吸收能力,中国才能在几千年的历史过程中历经沧桑而屹立不坠"④。可这样一种吸收能力是如何表现的?它究竟有无特定的规律可循?对当下的中国发展进程来说又有怎样的资鉴意义?若要探讨这样一些本质问题,留学史无疑提供了最佳对象。

自舒新城1928年出版《近代中国留学史》以来,中国的留学史研究可谓勃然而兴;尤其是1980年代以来,国内对留学史的研究显然更上台阶,不仅论文数量众多,而且出现了较有分量和深度的著作。对此

---

① 潘光旦,《读书问题》,上海:新月书局,1931年再版,第18页。
② 同上书,第19—20页。
③ 有论者进一步认为:"事实上作为现代化的后起者,德意志帝国只是个发育尚未完全的'现代'社会,而日本'向西方学习',最终落实到以德国为榜样,这不可不说是一个巨大的失误。"参见钱乘旦,《论明治维新的失误》,《新华文摘》2000年第8期,第76—77页。
④ 《敌机轰炸中谈中国文化》,载明立志等编,《蒋梦麟学术文化随笔》,北京:中国青年出版社,2001年,第336页。

领域作出贡献的学者来自各个学科,不仅基本的史实得到梳理,而且也开辟出很多具体而深入的论题;但此种研究,往往更多关注留学生归国之后的影响与贡献。这无疑是正确的,但留学生之所以重要,就在于其留学背景,舍却对其留学经验的深入考察,则异质文化碰撞的具体镜像无从呈现。而留学生在现代中国的角色呈现又是如何与其留学背景(兼及学术与整体)产生深层的思想关联,更是值得具体探讨、很可能生发出思想史研究新义的最佳命题之一。

可喜的是,外国学术语境里对中国留学史的兴趣与贡献也同样令人刮目相看,不但实藤惠秀写出了那部被费正清誉为"资料及例证极为丰富之作"兼"广泛而先驱性的拓荒工作"的《中国人留学日本史》①,而且德、法、美等国学人在相关领域也各有贡献,诸如韩尼胥的《1860—1945年中国留德学生的历史和影响》、Stacey Bieler的《"爱国者"或"叛徒"——中国留美学生史》②、森时彦的《留法勤工俭学小史》等③,当然其中也不乏华裔学者或留学生的身影,如汪一驹的《中国知识分子与西方》④、王枫初的《移民与政治:中国留法勤工俭学生1919—1925》⑤、Ye Weili的《以中国的名义寻求现代性:1900—1927年的中国留美学生》⑥、孟虹的《中国人留学德国教育(1861—2001)》等都是⑦。作为一种明显的跨文化群体的研究,在日、法、德、美等不同的学术语境

---

① 《译序》,第2页,[日]实藤惠秀,《中国人留学日本史》,谭汝谦、林启彦译,北京:三联书店,1983年。

② Stacey, Bieler, "*Patriots*" or "*Traitors*"—*A History of American-Educated Chinese Students*, Armonk, Neu York & London, M. E. Sharpe, 2004.

③ 〔日〕森时彦,《留法勤工俭学小史》,史会来等译,开封:河南人民出版社,1985年。

④ Wang Y. C.(汪一驹), *Chinese Intellectual and the West, 1872-1949*.

⑤ Nora Wang(王枫初), *Emigration et politique: les étudiants-ouvriers chinois en France 1919-1925*. Paris, Les Indes savantes, 2002.

⑥ Ye Weili, *Seeking Modernity in China's Name. Chinese Students in the United States, 1900-1927*(《以中国的名义寻求现代性:1900—1927年的中国留美学生》), Stanford, California, Stanford University Press, 2001.

⑦ Meng Hong, *Das Auslandsstudium von Chinesen in Deutschland（1861-2001）—Ein Beispiel internationaler Studentenmobilität im Rahmen der chinesischen Modernisierung*, Frankfurt am Main, Berlin, Bern, Bruxelles, New York, Oxford & Wien: Peter Lang Europäischer Verlag der Wissenschaften, 2005.

里,虽然都关注的是中国人留学史,却显然更注重留学国文化的重要性,这方面是很可与国内学者的视角成"相辅相成"关系的。

既然如此,我们仍不禁要追问,在这样一种整体性的学术史反思视域中,推出一套"留学史丛书",其意义究竟何在呢?一方面,我们当然是要引进世界学术范围内的他山之石;另一方面,我们也希望能"推陈出新",为汉语学界进一步推动留学史研究助一臂之力。具体言之,希望通过这套丛书的尝试,能够兼顾以下几个视角:

一是中国与世界。我们不仅要探索以自身为主体的历史,同样也要关注作为世界文明整体的助推器的世界留学史研究。当中国正在经济、政治诸方面崛起于世界,世界也在以一种超常的眼光期待中国之时,我们首先需要的,就是这样一种"大国气魄"。譬如说,对于人类文明发展史上具有普遍性意义的问题,即使"身不关己",也应当予以关注,如以上提及的美国人的德国留学史,就颇值得探究;同样,日本在近现代崛起过程中求知于世界的留学史,也足为中国人留学史之最佳参照。即便是在我们已有相当积累的中国留学史领域,也要特别强调一层"重思"的意义,至少应当注意到涉猎国别的全面性,即由欧洲主要国家如德、法、英拓展到美、日、俄等世界性大国;并进而考察具有特殊意义的其他西方国家如比利时、意大利、奥地利,其他东方国家如印度、埃及的中国人留学史。此中特别强调的是留学史研究与文化史、思想史研究的结合,特别注重国别文化资源的特殊性意义。

二是宏观与个案。在强调国别史研究的同时,在现阶段还需要更多的个案性研究,也就是说要将留学史(包括国别史)的研究建立在扎实的相当数量的个案之深入探究的基础之上。而在具体研究中,也应更加注重个案研究与大学史、学术史研究的融通维度。这既包括对重要留学人的专门研究,如以陈寅恪为个案,考察其留学多国的阅历;也意味着推出新的研究范式,将留学人留学不同国别、不同大学而获得的不同思想资源转化为现代中国文化场域实践过程之中,如以吴宓、胡适为代表的留美学人研究,就应更看重其分别师从白璧德与杜威的背景,而归国后又分别为"学衡派"、"新文化派"代表人物的思想史位置,将美国自身思想路径的分化(背后涉及欧洲文化内部异途的世界性思想潮流变更)与中国的思想分化充分结合,将现代中国更具体地落实到世界场域之中去。

三是现代与传统。我们在考察以现代为主体的留学史进程的同时,也要尽可能地复归传统,这不仅表现在对思想资源的主动汲取,也体现在研究对象的"沉入历史"。譬如对于中国而言,更长距离的留学史迹需要仔细爬梳,如法显、玄奘等为代表的留印历程究竟是怎样的? 而日本留学僧、留学生的来华历程,同样也值得细加清理。而注意到现代的维度,则涉猎范围既以文化史、思想史为关注中心,同时又更加关注其与社会史、政治史的互动功能,使得单纯的留学史、文化史研究通过思想史这一中介,更密切地与社会史、政治史结合起来。

总之,我们希望能够通过从留学史这一特殊视角切入,提供一种对于现代中国乃至世界主要文明成长过程的新的观察角度,或许,可以由此更好地揭示出发现某种新的学术生长点的可能。至少可以承认的一点是,舒新城当年所指出的事实至今并无根本改变,即:"现在的中国,留学问题几乎为一切教育问题或政治问题的根本;从近来言论发表的意见,固然足以表示此问题之重要,从国内政治教育实业诸事业无不直接间接为留学生所主持、所影响的事实看来,更足见留学问题关系之重大。"[①]留学史研究的意义显然并非"无足轻重"。希望我们这代人的努力,不曾辜负了留学史上那些星光闪耀的前贤巨子!

2009 年 3 月 23 日于北京

---

① 舒新城,《近代中国留学史》,北京:中华书局,1928 年,第 1 页。

目 录

《留学史丛书》总序 /1

引　言　法国的华人 /1
第一章　双重经历：界定与挑战 /9
　　特殊的移民 /10
　　研究对象的产生 /13
　　史料 /26
第二章　法国系列 /31
　　没有前途的青年人 /32
　　如何学习 /39
　　奔赴法国 /45
　　一个系列(une filiere)的形成 /59
第三章　留学生还是移民劳工？ /70
　　勤工俭学运动 /71
　　里昂中法大学 /87
　　生存、学习、工作 /95
　　法国印象 /115
第四章　政治活动：从抵达法国到"攻击"
　　　　里昂(1920—1921年) /125
　　各个阶段 /126
　　法国交往的作用 /132
　　中国的序曲 /140
　　1919—1921年：明朗化 /147

一次法国的五四运动？/154
　　一个共产党的建立/167
　　里昂事件/178

第五章　政治行动:1922—1925 年/195
　　手足敌人:共产党员、无政府主义者、
　　社会主义者、国民党/196
　　敌人:共产主义者和青年党/214
　　最后的"大战"？/218

结　论　移居国外与 20 世纪中国的变革/240

附　录/251
　　在法中国共产党名录(1920—1925)/251
　　其他人员名录/254
　　组织、群体的不同称谓/255
　　人物生平/257

参考文献/264
　　1. 档案史料来源与报刊/264
　　2. 著作与文章/269
部分相关图片/288
译后记/301

引言　法国的华人

移民与政治经常并行不悖：在相同的地点，类似的例子似乎无穷无尽。巴黎是意大利烧炭党人密谋活动的地方，也是纳粹主义的反对者和受迫害者短时期内临时避难的地方①，而越南的反对派则聚集在广东或东京。对立、叛离、迫害和真正或所谓的政治计划都是移民的动因；所有的移民团体都在相当长的时期内热烈地参与原籍国的政治论战，哪怕当时他们流放的原因仅仅是贫穷或对前途无望。

这方面的情况没有得到充分发掘。P. Milza 20 年前介绍了一系列关于阿尔卑斯以南意大利人移民法国的文献，他强调这一研究以及文献作者的研究计划都显示出"'政治'移民与'经济'移民紧密地联系在一起，仅仅在几年前对这两种移民现象研究的区别还很清晰。但越来越多的历史学家和社会科学领域的研究者认为，所谓的'政治'移民与劳动移民之间的区别界限是人为造成的，也是特别模糊的"②。在"那些需要认真研究的问题中"，他梳理了"政治移民网络和路线的研究"，

---

① 除巴黎之外，还有捷克斯洛伐克、荷兰、英国、瑞士、美国……或者上海。参见 Jean-Michel Palmier, *Weimar en exil*(《流放的魏玛》)，巴黎，Payot，1988 年。

② P. Milza 主编, *Les Italiens en France de 1914 à 1940*(《1914—1940 年法国的意大利人》)，罗马法国学校，1986 年，第 2 页。

并提出:"它们是否与劳动移民的网络和路线相重合?如果不是,那么又遵从何种逻辑?"①

这些思考和疑问至今仍然适用于对中国当代移民现象的研究中。我们可以广义地理解"当代"的范畴,即从19世纪末到现在。在这个时期,华人移民成为大规模的现象。规模有多大还用说吗?海外的华人社团②,包括移民及其后裔,如今可达2500万到3000万人,是第一代移民的40倍③。由于华人融入当地社会的程度不一,通常用于指代移民居住地的"聚居地"(diaspora)一词显得很不准确,但本书后页仍然使用。移民的目的首先指向华人常说的"南洋"——东南亚半岛与群岛。从19世纪中叶开始,部分华人就迁移到印度支那殖民地、暹罗(今泰国)、菲律宾、印度尼西亚和新加坡。尽管20世纪下半叶这些地区爆发了解放运动和各种军事冲突,许多人仍然定居在此。从19世纪末期开始,除了南洋,他们越来越多地移民到太平洋的彼岸美洲、澳大利亚和欧洲。我们在这里并不是要描述分析华人迁移的潮流、动机、网络组织、经济作用或地理痕迹,而只是强调这一内容的重要性和研究中的一些特殊性。

海外华人聚居地不是一个新的研究领域,但近年来此方面的研究呈显著增长之势,且研究方向和重点不断调整;很少有研究领域经历过如此的拓展和更新。出于显而易见的原因,很多作者很早就开始对这些问题进行探索,在中国国内主要是围绕移民的能力和命运,在国外迁入地则是围绕他们的经济管理、社会管理、地理分布或治安问题。研究还长期集中在中国主要政治思潮的形成过程中,海外华人对重要政治运动所起到的建设和资助作用以及在共和制度确立中所扮演的角色,以及他们对中国政党、历届政府或其政治对手的态度;同样,研究者们也很早就开始对中国政府对待海外移民的态度感兴趣。

---

① P. Milza(主编),*Les Italiens en France de 1914 à 1940*(《1914—1940年法国的意大利人》),罗马法国学校,1986年,第41页。
② 不区分身份或国籍。
③ Pierre Trolliet,*La diaspora chinoise*(《华人聚居地》),巴黎,PUF,1994年。

因此，这个领域的旧文献大多与研究改良或革命思潮的文献，与研究知识和政治的西方化、留学、知识精英尤其是文化和学生精英的研究文献混同在一起。同盟会是孙中山及其革命战友创建的反对清王朝的革命组织，也是此领域的经典案例，研究文献格外丰富。大多数研究1911年辛亥革命的历史学家和撰写孙中山传记的所有中西方作者，从C. M. Wilbur(韦慕庭)到 M. C. Bergere(白吉尔)都充分发掘了这一点；大家都知道孙中山最初的事业很大部分是由马来西亚、印度支那或火奴鲁鲁的广东人，以及定居在美国西海岸的华商和留学欧美的中国留学生资助的，尽管这些人内部存在论争，有时还是激烈的冲突。此外，直到1920年代一直受流亡者青睐的国家日本更是得到特别关注，梁启超等对中国现代化进程影响巨大的人士均流亡日本，对日本的分析和研究也尤为深入和细腻①。

移民中的经济问题起初并未得到过多关注，从上世纪初开始才成为调查研究的对象。华工，即农业劳动者或第一次世界大战期间被协约国雇佣的苦力，他们的生存和劳动情况得到详细的挖掘。相关专题很快发表了文章、著作，特别是资料汇集。陈达②关于中国移民在种植园、农田或铁路工作情况的研究成为这个领域的经典著作。

近些年来有关研究的变化至少包括两个方面。一方面是主题的转移；另一方面是华人群体本身(或华人后裔)在研究中的参与，这种参与对主题的变化也是不无影响的。其动因与中国的政治形势，特别是近几十年来中国的经济改革开放政策密不可分，这与其他领域的中国研究相同。除了传统的问题——移民去国原因与影响，海外资助的规模、性质与作用，与接纳国社会的关系等，新学科研究方法的引入，特别是社会学文献的影响，催生了一系列新的研究题目，如对移民社会网络

---

① 主要参见 Akira Iriye(入江昭)的研究。Akira Iriye 主编，*The Chinese and the Japanese*, *Essays in Political and Cultural Interactions*(《中国人与日本人，政治与文化互动中的论文集》)，普林斯顿，1980年。及 Douglas R. Reynolds(任达)，*China, 1898-1912, The Xinzheng Revolution and Japan*(《中国，1898—1912，新政革命与日本》)，哈佛，1923年。

② Chen Ta(陈达)，*Chinese Migrations, with Special Reference to Labor Conditions*(《中国移民与特殊的劳动条件》)，华盛顿，1923年。

策略、性质和功能的关注等。此外,世界范围的人文科学场域还涌现出一批有关跨种族、跨文化和对身份的研究。

在这些研究和思考中,华人移民自身和他们第二代、第三代后裔在整个盎格鲁-撒克逊世界,特别是在美国扮演越来越重要的角色。他们在迁入国的融入程度足够深入,可以认同当地理论关切和问题的构建,同时又身处群族紧张关系和身份质疑的困惑中。他们的母国不再积贫积弱任人摆布,而是作为一个大国不断崛起①。杜维明②认为,海外华人与世界汉学界以及中国政府一起成为宣扬中华民族身份认同的三大主要力量。持续一个半世纪以来,伴随着对中国和海外华人关系性质的探究,重新激活了界定"中心"和"边缘"有机关系的论争。从某种意义上讲,似乎海外华人群体比中国本土更好地保存了"传统"身份和文化性的认同。在中国"民族圈"的某些部分——中国香港、中国台湾、新加坡等地也加入其中,这些地区的华人与海外华侨比大陆的华人更多地保留了传统中华的痕迹。

我们同时应该把1970年代末中华人民共和国实行的政策与中国移民祖籍地(侨乡)引起的新研究关注直接联系起来。具有移民传统地区的形成与大规模移民潮本身一样时间久远。在很长时期内,侨乡的地理分布是稳定的,移民主要从广东、福建、其次浙江三省迁出。但情况并非静止不动,最近的趋势表明移民迁出地和路线更加多样。

以上简要涉及的研究文献非常丰富,许多研究计划也正在进行,在此我们不准备用几行字做文献综述,只是想强调一下此领域对政治议题的遮隐——当然那些显而易见从政治角度出发对北京政府举措和意图进行的分析除外。应该对此感到惊讶吗?从某种程度上讲,今天的

---

① 这里要特别关注两个方面:一方面是"大中华"圈的发展,实现中国复兴的吸引力和经济一体化,有利于解决统一的老问题;另一方面是有关"中国化"的研讨会和思考。参见美国人文学会会刊 *Daedalus*(《代达罗斯》,剑桥,Mass.)120卷,1991年春第102号,有关"今日作为中国人的意义变化"(Changing Meaning of Being Chinese Today)的辩论。
② 杜维明,"Cultural China:The Periphery as the Center"(《文化中国:作为中心的边缘》),*Daedalus*。

观察者对中国政治制度的现状或未来,尤其是不久的未来似乎比过去更加感兴趣。可以看出这是 1980 年代末东欧剧变、苏联解体、世界范围内共产党摒弃第三国际时代政治遗产等一系列事件的正常结果。

苏联解体后,对中国政权的质疑始终围绕着一个基本问题:苏联政权存在了几十年,给人的印象是似乎可以永远统治下去,却一下子崩溃了。在这种背景下,中国共产党还能继续执政吗?中国的政权体制还能继续存在下去吗?

关于革命的主题慢慢隐退,而这一主题从中国共产党执政以来一直贯穿于中国历史的编写,并将中共置于研究的核心。Lucien Bianco(吕西安·比昂科)在一部经典著作中追溯了中国革命的起因,并分析了中共取得执政权力的成功因素。当时的历史研究都是围绕革命的主题。中国国内的历史研究重点放在 1949 年革命和中共政权的合法化。在国外,冷战思维统领的历史编纂主要是探究大动荡或称解放运动的原因,不同的立场使用的词汇也不同。

中共党史在 1970 年代前是历史研究的中心,如今则不太引起人们的兴趣。中共的历史作为遗迹得到分析,其准确的性质很难界定。从 1921 年第一次代表大会到"文化大革命"末期最后的化身似乎都已经得到充分挖掘。共和国时期的整个历史都已经被用不同的方式方法审视过了,那么为什么还要追溯过去呢?

不管怎样,革命主题的隐退让我们得以用另一种方式解读中国的 20 世纪。与"中国革命悲剧"灾难性和夸张的视角不同,这种解读将中国革命置于更久远的历史时期,而不仅仅以 1950 年代的政治和军事胜利者为核心。该变化影响到对共和中国整个历史的编纂思路进行重新审视[1]。重新审视的内容有关两次世界大战期间中国的经济特别是农业生产,执政国民党的行为以及南京政府的性质。重新审视的视角从某种程度上也是一种平反,还追溯到军阀混战时期,与清末中国社会的缓慢军事化进程相衔接。而过去人们认为军阀的行为对中国的经济现

---

[1] 参见 The China Quarterly(《中国季刊》),伦敦,1997 年 6 月,第 150 页,专刊 Reappraising Republic China(《重新评价共和国中国》)。

代化纯粹是灾难性的。

可能更有意思的是,这种焦距的变化也是从另一种角度探讨政治本身,探讨国家和社会的平衡关系,以及公民社会至少是公民社会雏形的出现。在更为久远的历史时期,共和阶段可以与清朝的改革连续起来;将20世纪置于更长的历史时间段可以更加充分地挖掘清王朝最后几十年的征兆以及那些改革过程中中国出现的论争和努力。

例如,孔飞力对清朝末年重新出现的这些趋势进行的思考就很有意义。① 他提出"中国宪政计划的更迭",强调了18世纪以来中国的变迁与外部世界整体发展趋势之间的联系,包括人口压力、贸易网络或移民活动:人口迁移可以追溯到16世纪,但自1700年开始的中国人口的急速增长(从1700年到1850年增加了两倍)大大加快了这一趋势,其产生的影响是矛盾的。孔飞力以富有挑战性且不同寻常的方式提出了以下原则:"近代中国与世界上的其他国家具有相同的特征。"

此外,人民共和国的权力关系,出于最近的历史原因以及机构西方化、动员全国民众和保证税收控制的需要,必须有一种与清帝国时期相决裂、彻底外生的组织。为使农村的剩余生产最大限度地服务于工业化,政府让过去的乡绅精英不能发声,挤压他们的自主空间,并将封建时期甚至国民党统治时期都未曾实施的中央集权命令强加各地方。Kuhn指出,人民公社作为自给自足、自负其责的劳动单位是不合时宜的,因为它完全取消了市场,而农村通过市场才能找到农产品的销路(经常是国际销路),对这一点的忽视付出了严重的贫困的代价。时过境迁,但中央集权并未减弱,中国与国际深刻发展趋势的接轨并不完全。今天中国知识分子的弱势,伴随着官僚政府内部对民主的争论,还有农村的某种"基层民主"以令人惊讶的方式出现,与自由特别是言论自由的持续匮乏,都意味着民众的期待依然像在19世纪那样仅仅是一种父道主义的家长作风——清王朝统治初期曾实施的父道主义。P. E. Will在孔飞力著作的前言中指出,清王朝如今在人民共和国倒是很

---

① Philip A. Kuhn(孔飞力), *Les origines de l'état Chinois modern*(《中国现代国家的根源》), P. E. Will 译, 巴黎, EHESS, 1984年。

有人气。这种研究方法建立在对清末官僚政府文献进行认真审阅的基础上——与任何文化主义的视角没有关系,我们还可以举出更多的例子。这也表明对1920年代所出现的政治组织的研究调查远远没有穷尽。

1920年代中国赴法勤工俭学生的经历与之前的历史背景相契合。较为特殊的地方是运动介于移民活动与政治活动之间,横跨两个领域。参与者为运动选择的名称充分显示出这一点。20世纪中国政党和政治思潮形成过程中,勤工俭学运动可以被视为一个阶段,体现了未来的共产党人及其对手的学习、思考和目标形成过程,体现了他们与那些职业生涯始于清王朝、结束于1949年的政治人物之间的关系,他们早于共和国诞生即出现的思想和实践之间的关系,也体现了大量政治社团的出现导致对中央集权的质疑。勤工俭学运动见证了一个历史转折的时刻,当时其他政治选择也是有可能的。同时,运动也体现了上世纪所出现的新型社会精英或见习精英:新兴知识分子在阶层构成复杂和分化多样的城市社会的缓慢演变。

这些移民运动规模不大,持续时间有限,触及中国社会的不同阶层。无论是政治纲领还是实际行动,运动都结合了经济因素与政治目的,两方面相互渗透、相互交叠。其独特之处大概也在于此:勤工俭学生的移民并非为当权者或派别斗争所迫,也不是因纯粹的物质经济利益所推动,他们是有计划并有组织地将自给自足的劳动工作与留学以及政治活动结合在一起。

仅仅在1920年代和1975年以后,在法华人才较成规模。比起1975年后的移民潮和其他群组的移民,1920年代法国华人的数量还是很少的。1920年代到1930年代是法国移民数量增长较快的时间段。1921年法国的外国人占全国总人口的比例不到4%(150万),10年后接近7%(超过300万),但华人的数量却大大减少了。10年中,移民中的1/3来自意大利,1926年普查数据显示意大利裔达76万,但鉴于偷渡者众多,实际数目将近100万。仅巴黎地区就有4万①意大利移民在建筑、手工业、商业领域就业,构成了一道醒目的人文景观,在劳动市场随处可见。1926年意大利人占工业劳动力的33%,在南部和西南部也是十分重要的农业劳动力。意大利人之后,来自欧洲其他国家的移民在不同时间段数量变化较大,如波兰人增加(1936年占外国移民的19.1%),比利时人减少(1921年占22.7%,1936年占8.8%)。还有英国人、西班牙人、俄罗斯人甚至瑞士人在外国移民中比例较高。此外,1926年北非移民法国6.6万劳动人口。

与这些数字相比,至少在法国本土,华人的数量微不足道。即使被高估,也从来没有超过几千人。1920年代法国华人群体是几个阶段积累而成,19世纪末华人开始赴法以来连续经历了三个高潮:一战期间、1920—1925年和1925年之后。这一时期华人群体忽大忽小、数目不稳定,如果说整体趋势是增长,那么至少从1930年经济危机开始,到达法国的华人数量与离开的数量正负相抵,离开的人口程度不一地影响了华人群体的结构构成②。

除了一些特殊的事件,这一时期的华人群体在公共视野中的可见度并不高。也许正因为如此,华人群体并未成为法国历史研究的重要对象③。但在中国国内则大为不同,赴法勤工俭学的历史先后或同时成为事关成败的因素、国家机密和猎奇对象,被精心掩藏或大力彰显。我们将在下文解释其中的奥妙。

---

① P. George, *L'immigration italienne en France de 1920 à 1939*(《1920—1939年法国的意大利移民》),收入 *Les Italiens en France de 1914 à 1940*(《1914—1940年法国的意大利人》),巴黎,1984年。

② 根据 LIVE, *Les Chinois de Paris depuis le début du siècle*(《世纪初以来巴黎的华人》),第161页,1920年代初长期(居留时间为11—19年)移民仅占移民的3%。大多数移民(47%以上)逗留时间不超过两年。

③ 见参考文献。

第一章

双重经历:界定与挑战

一战结束后,"法国很快就明白,培养、尤其在工业领域培养东方国家的学生,对于一个西方国家来说可以是非常有利可图的事。战争后,他们就开始资助中国学生赴法留学"。

以上是美国学者 Harley F. MacNair 在 1924 年有关中国移民的著作中的文字①,当时勤工俭学运动还未完全结束。他接下来明确指出:"那时制订并广为宣传了一项计划,鼓励中国青年赴法兼职工作,让他们取得实际工作经验和一定收入,其他时间用于学习。组织者为这些学生赴法的旅程作出专门安排。很多人抓住了这个机会。"当然,勤工俭学运动远未成功,因为一战后的背景没有提供合适的条件。尽管如此,这项运动反映出法国已经意识到一个发达国家可以"从向处于工业化进程之中的国家出口工业知识技术中取得好处"。号召有选择和有组织的移民是实施扩大经济和技术影响政策的良好工具。

---

① Harley F. MacNair, *The Chinese Abroad*(《海外中国人》),上海:商务印书馆,1924年,第340页。

特殊的移民

从以上描述来看,1920年代在法国就读的中国勤工俭学这一特殊移民群体的历史轨迹仅仅是部分可辨识。相关研究至少界定了勤工俭学运动的几个特点:这是一次发生在特定时间段、目标人群十分清晰的移民运动,首先招募的是那些至少受过中学教育、希望到西方进一步深造的青年人。根据原来的计划,这或许本应是一次经认真商讨过的审慎行动,且并非无先例可循。从某种角度看,部分移民汇入了一战中踏足法国的华人群体之中。当然,战争期间赴法的中国劳工都是些没有资质的农民①,但也需要指出,有许多因素将战中和战后两个时期联系起来,华工在战后赴法的勤工俭学生的政治思考和活动中占有一席之地,他们既是勤工俭学计划的一部分——华工苦力中的一部分在1920年代继续留在法国,也是不同群体之间对立的挑战之所在。

英国和法国从1917年中国尚未参与一战冲突时就开始使用来自中国的劳动力,这也是中国对协约国取胜的贡献。尽管当时是政府的动议,招募华工的具体计划却是在半官方的背景下组织进行的。此外,1917年后还有几个渠道在同时招募华工,李煜瀛和他的无政府主义朋友所开辟的渠道便是其中之一。英法政府所招募的华工以及这一时期法国领土上所适用的华工确切数量很难统计,被人们所接受的估计数字为14万左右②。

在国内招募华工是从1916年2月一个法国军事使团陶履德招工团

---

① 参见 P. Wou 的博士论文 *Les travailleurs chinois et la Grande Guerre*(《中国劳工与一战》),巴黎,Pedone,1939 年,Judith Blick 的研究 *The Chinese Labor Corps in World War I*(《第一次世界大战的中国劳工部队》),哈佛大学出版社,1955 年;近期的研究有:陈三井,《华工与欧战》,台北:"中研院",1986 年;John Horne,"Immigrant Workers in France during World War I"(《第一次世界大战期间法国的移民劳工》),*French Historical Studies*(《法国历史研究》),1985 年。

② 还有更少的估计。根据陈达《法国的华工》(见《华工出国史料》,北京:中华书局,1981 年,4 卷本,650 页),过去的研究统计全部不超过37000 人,数据主要基于法国战争部的统计。其他研究人员则认为全部华工数量达到20 万。

(Mission Truptil)来华开始的。之后设立了招募机构惠民公司(La Huimin),1916年该公司在中国外交部的支持下与法国签署了协议。惠民公司在直隶、江苏和广东省开设代办处,主要的办公室设在塘沽、青岛、上海和浦口。此外,在沙面(广东)和上海法租界各有一家苦力招募办公室同时运作。英国人则主要在山东掠夺苦力。法国方面主要是为了面对一战所带来的劳动力匮乏,人们从未预料到这场战争持续的时间如此之长,劳动力的伤亡如此之惨重。而北京的中国政府则看好协约国的胜利,期待着协约国所提出的招募华工计划可能带来有利的政治影响。

华工们一旦踏上海路,分包系统就把他们置于用人机构的支配之下,主要是些重工业企业和港口管理部门,但还是由军方管理①。在这里我们不详细描述他们生活、工作条件和雇主们的细节,也不探索他们冒险的结果,但总体来讲,双方都对此计划的实施表示不满。许多雇主认为华工们极不适应他们的需求,以至于有的人刚刚接受了一批苦力,就急于摆脱。1917年9月后波尔多港管理当局即是如此,他们指出分配给他们的400名华工中有200名持续地"生病,入狱,在营地另有他用,或拒绝劳动"。

> 在这种条件下,劳动成本绝对超高(……)鉴于劳动力效率低下,尽管希望留下尽量多的工人,但为了港口的利益,我们毫不犹豫地向您宣布,我们不能给自己强加如此沉重的负担。
>
> (……)我们不得不请您尽快让我们摆脱这些中国人。
>
> (……)为了方便转移这些工人,我们同意将目前的条件保留到明年5月8日。超过这一期限,我们将不再为他们提供食物②。

这种抱怨和评价多见于法方文件。此外,华工们劳动不多,骚动却不少,表现出"思想败坏,甚至对翻译出言不逊,进行威胁"③。马赛港的邮政军事检查处指出中国劳工还张贴了"敌对法国及协约国的文章"。

---

① 参见K. Rahmoun,巴黎七大硕士论文,2000年。
② 波尔多与纪龙德港口的开发主任,1917年9月26日,A. N. F14 11331。
③ 法国国家档案,原殖民部档案,海外法国劳工联络处(S. L. O. T. F. O. M.),I. 8,1919年6月25日。

中国劳工们对此计划也完全不能满意。大多数人在战争结束后认为他们被剥削和压榨，强加给他们的劳动条件十分严酷①。很多人在赴欧途中就死去了②，有些人被违背诺言派往战场。他们的工资也有很大问题，许多人拿到的是中法实业银行汇票，而战后该银行失去了支付能力。他们走的时候身无分文，归国后依然如此。法国驻上海领事注意到，1922 年 1 月从法国回来的一批华工负债累累。"这些人没有任何收入，无法返回他们的故乡（……）。如果他们的数量在上海不断增加，鉴于大部分从法国回国的工人性质，可能会引起混乱。"③

在法国也同样如此，待遇低下的中国雇工们与当地居民不能保持良好关系，尽管他们之间的接触非常有限。有时两者之间的敌意是由工会引起的，甚至会导致暴力事件。一份鲁昂港工程师的报告提到，1918 年"法国士兵及工人与中国劳工之间爆发了严重的冲突"④。情况严重到绝对不能让双方进行接触；双方也都对自己的安全表示担忧。

MacNair 认为，尽管华工的雇佣并不成功，赴法勤工俭学计划却仍然采用相似的方式，为此劳动力的提供国和雇佣国专门达成协议。当然这项计划并非简单雇佣苦力，还包括知识和技术能力的转移与交流，使双方都从中受益：中国方面免费获取了知识并培训了未来的经济精英，法国则通过培养培训取得不同层次技术人员对法国产品的青睐，学成归国后购买使用法国的物资设备。

MacNair 的简要描述强调了对勤工俭学运动存在的几点误解。在三四千名尝试该计划的中国青年人中，只有一部分是严格意义上的勤工俭学生，这部分学生的合同也不是由两个国家之间签署的，而是在运动的组织者或组织机构之间签署的。大部分勤工俭学生并不认为自己是接受培训的劳动力，而是行将就木的清王朝所派出的奖学金生的继承者。他们赴法是出于自己的意愿，而并非响应以上的雇佣政策，他们

---

① 见《工业界雇佣（陶履德招工团所招募）中国劳工的相关帐目、条款与劳动条件》，A. N. F14 11331。
② 乘坐 1917 年 2 月敌方派出的 Athos 号轮船的 500 多人死于途中。
③ 法国驻中国特命全权公使，1922 年 1 月 7 日，A. E.，亚洲，中国 1918—1929，28 卷。
④ 1918 年 1 月 25 日报告，A. N. F14 11331。

所投身的是更为广泛的中国知识青年"工学"浪潮,即将"劳工"和"学习"结合在一起,并希望通过(体力)劳动资助知识活动。"工学"计划首先产生在中国,为了实现计划中的法国部分,一些中国人和一些法国人联手开展了合作,他们的想法经常是重复的,有时又相互矛盾。在留法勤工俭学运动中还诞生了一系列组织。但许多人在有组织的运动边缘来来去去,像是在浪潮中浮浮沉沉,作家巴金即是如此,其作品部分反映了他的法国经历。

勤工俭学运动并没有一个统一的计划,也没有可控的协商机制,有多个发起人,其定义相互矛盾。运动原来并没有什么声誉,不仅时局对其实施不利,还存在目标不一致、组织缺陷、管理不透明、经费短缺、责任不明、利益交织、外交表里不一的问题。但从1950年代起,勤工俭学运动在中国引起了研究的兴趣,20年后在西方也引起了注意,主要是因为中国革命、中国共产党以及中华人民共和国相当一部分领导者参与了该运动,有的人投入了运动的准备阶段,有的人则在法国逗留和工作过。邓小平、周恩来等人曾在法国进行某种形式的学习,特别是政治学习。对于这些人,是否可以说这种临时的迁移不仅仅是简单的流放,更是通往未来事业的启蒙。

研究对象的产生

以上问题提出与当时的时局形势有关,值得我们加以研究。问题较好地体现了该主题研究的特殊性、与材料相关的探寻,并附带展现了现代中国与历史之间的联系。不管在中国还是在海外,对此问题的最初研究都限于中国政治生活甚至是领导人生活的研究框架,而不是移民和移民聚居的问题。

这种特殊和集中的好奇心让研究对象得以建构,但也使原来的问题框架变得狭窄和僵化——主要集中在历史的一个阶段,即中国共产党发起阶段,而忽视了问题的其他方面。特别是其他的政治倾向,都被中国共产党成立的必要性所掩盖。随着潜在材料的隐瞒和显露,研究对象的建构在不同阶段有所变化。总的来说都体现了最显赫的勤工俭学运动参与者的政治财富。

在法国,1920年代勤工俭学生开始并没有引起很多注意。这些特殊移民后来才激发起研究人员的兴趣,先后出现两波研究"浪潮"。第一波研究群体数量较少,是相关人员逗留在法国的直接结果。研究者有两类,各自有不同的研究目的。一类是勤工俭学运动体验偶然引起的职业界的观察者,其中有些是致力于扩大中法商贸关系的人物或利益集团,其他则属于广义上的左派。这中间有两次世界大战之间问题所涉及的里昂丝绸业主和和平主义者,有外交官和银行家、社会主义者和激进派,以及后来的共产主义者,总之,出于经济与政治原因,这些年研究的问题偏重于国际关系和经济复兴,以及人口问题和移民群体问题。研究人口移民问题也是寻求与移民输出国之间联系的桥梁,宣扬了国际主义或世界主义精神,反对1920年代欧洲盛行的民族主义和沙文主义。有关研究成果有限,仅在《法兰西亚洲》①一刊中有几篇新闻文章:里昂中法大学的建立、学院拒收学生的抗议,等等。而大媒体对此群体关注极少。

在两次世界大战期间,除了这些文章,还有一系列由中国人自己完成的特别研究,主要是那些在法国大学中注册的"真正"的学生(在勤工俭学生中比例极小)所完成的博士论文。许多学生研究的是与中国有关的题目。但中国学生的作品并未使此领域的研究成果得到大幅提高。我们发现了一些关于中国与欧洲、法国的关系的论文,涉及与移民相关的问题②。其中有些涉及华工的问题和里昂与中国关系的问题③。

---

① 有关中法大学参见1922年4月 *L'Asie Française*(《法兰西亚洲》)第167—168页Maurice Courant(学院法方院长)的文章 *Les incidents de Lyon*(《里昂的事件》)。1922年9月在同一份刊物上发表了 *Rapport de l'Assemblée du Comité franco-chinois de Patronage des jeunes Chinois en France*(《留法中国青年领导法中委员会大会的报告》)。同时参见G. Dubarbier 的文章《法国与中国的中法交流事业》,*La Revue du Pacifique*(《太平洋期刊》),1923年1月第1期。

② 参见 Yuan Tung-li(袁同礼)编写的 *A Guide to Doctoral Dissertations by Chinese Students in Continental Europe 1907-1962*(《欧洲大陆中国学生博士论文指南1907—1962年》[不全]),《中国文化》特刊。

③ Tcheng Tse-sio, *Les relations de Lyon avec la Chine*(《里昂与中国的关系》),大学博士论文,里昂大学;巴黎,Radstein,1937年。

但整体来讲文献资料非常有限。接下来,随着中国华工群体数量的减少,在法国对这一问题的研究兴趣也就越来越淡化了。

第二次世界大战刚结束后,法国的中国勤工俭学生很少引发关注和研究,仅仅有美国的汉学家或中美汉学家在"发现"中国共产主义的过程中对此关注。他们对西欧国家在中国领导人培养过程中的地位并不敏感,而更多地对国民党在其中可能起到的替代作用进行了更加细腻的梳理。但更让人惊讶的是法国方面对此也同样不在意。

少量研究者关注过这个时期留欧学生的角色,主要是那些仅在苏联短暂实习过的学生。1955 年后中国曾经出版过此专题的资料集①。另外,从这个时期开始在大陆和台湾零散发表过一些留法归国者的回忆文章。台湾方面主要出版了留法青年党创始人李璜的回忆录。但除了一小部分亲欧洲共产主义或亲自参与共产主义运动的历史学家外,这些材料并未更多地引起非华裔专家的注意。1960 年《法中关系手册》中发表了一份研究 1920 年和 1921 年中国留法勤工俭学生的专题材料,其中收入了上述中国社会科学院所编纂资料集中的材料,还收入了最早的共产主义期刊之一《向导》中发表的中国青年任卓宣狱中回忆的译文,文章的翻译者并未辨认出任的名字②。最后,A. Kriegel 的《中国共产主义的法兰西血统》(1968 年)③一文提醒研究者关注这个时期。以上是仅有发表的研究成果。

---

① 参见中国社会科学院近代史研究所编撰的"近代史资料"系列。

② 任卓宣后来改变了阵营,在 1970 年中国出版的"简史"中仅提到他的名字(其他文献则完全忽略)。以下资料也并未提到他:L. Biancoy. Chevrier 所编写的 *Dictionnaire biographique du mouvement ouvrier Chinois*(《中国工人运动人名词典》),以及上述 Pi Shao-shuen 编写的 *Documents sur les travailleurs-étudiants chinois en France en 1920-1921*(《1920—1921 年中国留法勤工俭学生资料 》)和 J. Pimpaneau, J. Chesneaux 翻译的 *Lettre d'une prison française*(《法国监狱的来信》),见 *Les Cahier Franco-chinois*(《法中关系手册》),巴黎,1960 年,第 12 期,第 47—82 页。

③ Annie Kriegel, *Aux origins françaises du communism chinois*(《中国共产主义的法兰西血统》), *Preuves*(《证据》)第 209—210 期,1968 年 8—9 月,第 32—41 页。没有查阅大量法国档案的研究者经常引用此文为参考文献,如 John K. C. Leung 的博士论文 *The Chinese Work-study Movement : The Social and Political Experience of Chinese Students and Student-workers in France, 1913-1925*(《中国工读运动:中国学生和勤工俭学生在法国的社会与政治经历,1913—1925》),布朗大学,mf. Ann Arbor 出版,1982 年,608 页。

国内外对此专题的真正研究开始于 1970 年代后;这些研究伴随着对中国共产主义运动的进一步认识,或者说与中国形势密切联系的另外一种认识。"文化大革命"将中国共产党置于汉学家研究的前台,这个时期在中国发表的一些论战材料多次提及受冲击的领导人的青年时代,而部分领导人年轻时多多少少在欧洲逗留过。"四人帮"倒台后这些经历在中国引发研究,从表面上看似乎是纯学术研究,而外国历史学家也对此重新产生兴趣,二者肯定是联系在一起的。1979 年到 1980 年,中国专家整理出大批资料,同时期大量的文章和"简史"将注意力或聚焦在人物个体事业(如颂扬周恩来的伟大人格),或集中在各种"运动"(包括勤工俭学运动)上。

看起来国外对这一专题的重新研究是中国国内对此进行历史研究的必然结果。在"文化大革命"后有关中国的一系列出版物中,短暂地涌现了美国和中美研究者对此专题的研究。这股浪潮自然与 1970 年代末 1980 年代初中华人民共和国被认为有"西方化"倾向的领导人复出有关。其中最有代表性的就是周恩来和邓小平,二人都曾经留法(邓小平在法国待了 5 年)。

反常的是,当留法成为学术焦点时,法国对此专题的研究却是凤毛麟角。这很让人惊讶,因为在此领域法国的档案材料首当其冲,比中国的档案丰富得多。大部分中方的档案近年均已印刷,而 J. Van der Stegen①的简单梳理只能说是个草图,似乎没有后续研究。只有一份档案史料的梳理目录得以发表②。

同样让人惊讶的是,1990 年之前日本和美国研究者一直忽略了这些档案材料。中国研究人员长期以来缺乏条件来查阅这些文件(特别是各种协会的文件)是可以理解的,但西方研究者也忽视这些材料就

---

① Judith. Van der Stegen, *Les Chinois en France 1915-1925*(《法国的中国人 1915—1925》),巴黎十大硕士论文,打字稿。
② Geneviève Barman, Nicole Duliost, *Étudiant-ouvriers chinois en France, 1920-1940*(《法国的中国勤工俭学生,1920—1940》),巴黎, C. C., Ehess, 1981 年,160 页;"La France au miroir chinois"(《中国镜像中的法兰西》), *Les Temps Modernes*(《近代研究》),巴黎,1988 年 1 月。

很奇怪了,尽管很多人知道这些文件档案的存在。背景材料被忽略让这个时期的研究缺乏足够的真实性,而中方出版的著作虽然言之凿凿,但在其学术界内部都有争议。中国青年移民对当时经济社会环境、法国外交政策(特别是借款问题)的反应,与法国工人运动的关系,都是基于受访者的叙述分析的,而没有与法方的档案资料相对照。其他研究者有时盲目地重复一些观点,如上述 A. Kriegel 的文章,却没有查询原始资料。这些研究很丰富也很有意思,但在分析方面难免有时会让人失望。

因此,汉学家的研究过于依赖中国当时对相同对象的研究成果,考虑到他们的参考材料,也只能如此。在中国国内,1949 年以前的研究成果很少,如果有也经常是勤工俭学运动参与者自己做的研究。虽然比起简单的生活叙述,这些研究结构更为严谨,资料也更为丰富,但它们更多是一种见证材料。如何看待盛成叙述其在海外勤工俭学 10 年经历的著作?① 作者深度融入法国社会,但其随机性的叙述特点让这本书更像是心理体验著作。1920 年代发表在中国媒体的相当数量的对勤工俭学运动的介绍,通常是战斗性或激励性的文章②。

除了与运动直接相关的人员(留法的发起人之一蔡元培多次发声宣传该运动③),只有教育问题专家对这些不同于清朝政府 1895 年后所推行的留洋计划的独特创举给予关注。此领域著述最多的是舒新城,他的一本教育史、一本史料集以及专门研究五四运动和留法之前勤工俭学运动的著作都提到了这段经历④。如果说政治因素和不同的运动都出现在第一种材料中——运动经常是之所以编写这些材料的根源。第二种严格意义上的学术研究材料则对此极少关注。由于运动主要参与者以后的职业发展,对运动不同阶段、发展和意义的回顾性梳理

---

① 盛成,《海外工读十年纪实》,上海:中华书局,1932 年。
② 如可参见李维汉在《向导》1920 年 4 月第 13 期上发表的文章《勤工俭学研究发源》及《国学》1921 年第 2 期的《留法勤工俭学的历史》。
③ 蔡元培,《工读互助团的大希望》,《少年中国》1920 年第 1 卷第 7 期。
④ 舒新城,《近代中国教育思想史》,上海,1927 年;《近代中国教育史料》,上海:中华书局,1928 年;《近代中国留学史》,上海:中华书局,1917 年。

突出了这段经历的价值,大量研究出现在 1949 年以后也就不奇怪了,但这并不意味 1949 年后此领域的研究得到了线性发展。

在中国所涉及的狭窄圈子中,此专题的研究主要从 1980 年代才开始丰富起来。但严格意义上的研究数量依然有限,主要是些零散的文章,在某些细节上很有争议,一些历史也被节略了。1979 年后出版的大部分是资料汇编。

人们对此专题研究突然恢复兴趣明显是受当时中国政治形势的影响①。总的来说,改革开放政策的启动将对 1976 年后中国领导人青年时代的研究提到议事日程,也重新唤起对这些人之前所了解的西方的学术兴趣。中国研究者的主要关切仍然是明晰中国共产党建党历史中少有涉及的方面,以及梳理已故或年事已高的领导人的生平。但出于众所周知的原因,研究方法仍然不可能是分析性的,而集中在对事件的整理。即便是这样的整理也根据作者不言而喻的策略性选择,带着富有含义的沉默,甚至是故意和矛盾的错误。在这些文献中有关诠释因素反映出研究中系统性的因循妥协。

1980 年代研究成果的表面丰富不能掩盖中国历史学家对中国共产党这段历史所进行研究的已有性质。中华人民共和国成立后 10 年间,中国研究者就对留学勤工俭学运动的参与者给予关注。更准确地说,最初的研究计划从下放运动开始时就有了。这个时期的中国共产党,特别是毛泽东及其支持者,掀起的论争之一就是围绕学生青年与劳动的关系。百花齐放的反右运动通过理论文章和具体的政令指责大学

---

① 参见《关于建国以来党的若干历史问题的决议》(1981 年 6 月 27 日第十一届六中全会通过决议)中对具有西方主义和现代主义思想者("文化大革命"中被打倒)的平反。1966—1976 年 10 年间受到排挤的领导人重新复权。"天安门事件"得以平反,周恩来和主张新政的邓小平获得了公开的颂扬。对邓小平最激烈的批评出现在"文化大革命"期间红卫兵的大字报中,邓在法国的青年时期被形容为其他留法同志的"佣人"(见 R. Vienet 等人编纂的 *Révo. cul. dans la Chine Pop* [《中华人民共和国的"文化大革命"》],巴黎,Seuil,第 275 页)。资料中提到了中共领导与海外群体的关系,他们的历史作用以及过去的影响。"大多数知识分子、模范劳动者、爱国民主人士、爱国海外华人对党的感情并没有被动摇。"对部分领导人的"西方经历"的研究可以说是当时拨乱反正的结果。

生和知识分子的精英主义。在题为"工作方法60条"的决议草案中，我们读到："一切中等技术学校和技工学校，凡是可能的，一律试办工厂或者农场，进行生产，做到自给或半自给。学生实行半工半读。在条件许可的情况下，这些学校可以多招些学生，但是不要国家增加经费。"按照这个精神，开始了半工半读运动，中共高层对此应该很熟悉。多位领导人1910年代和1920年代都参与过这样的运动，毛泽东本人一战结束前就参与了中国的社会改革运动，创建湖南新民学会。这是中共领导人"典型"和标准的经历，应该通过资料的收集进行介绍。

当时中国在外交、学术上均受到孤立，可以查询的史料只有当地的档案和当事人的讲述。中国社会科学院的研究人员曾经对革命运动的见证材料进行广泛的收集，其中也包括勤工俭学生的讲述。老留法生的第一批回忆就是这么收集起来的，有些回忆战前已有所记录，但一直没有很好地使用。蔡畅、何长工、徐特立、王若飞①等人的回忆得以公开发表。资料的收集工作在于重新寻找和整理这些以前的记录，尤其是抗日战争和解放战争中的材料，当时延安的《解放日报》曾经多次发表文章，重现了红色根据地的"历史"遗产。

那时的回忆非常抢手，不仅来自讲述者本人，很大一部分回忆录来自第三者的间接回忆，被询问的第三者还总是被认为提供了准确的材料。正因如此，中方历史学家重视的这些材料有很多自相矛盾之处，甚至把研究引入了死胡同。与此同时，为数不多定居台湾的老留法生也作出类似的举动。其中最有名的是前文已经提到的李璜——反布尔什维克组织青年党的创建者。李璜的回忆②成为多位中西作者所青睐的资料来源，但是他作为一个外人对中国共运所能提供的某些信息并不

---

① 蔡畅，《回忆赴法勤工俭学》，1939年4月，第3卷，第401页；何长工，《勤工俭学生活回忆》，北京：工人出版社，1958年11月及1959年12月；徐特立，《回忆留法勤工俭学时代的王若飞和齐声先生》，《解放日报》1946年4月23日，收入《徐特立文集》，长沙：湖南人民出版社，1980年，635页，第333—337页；《王若飞自传的一页》，《解放日报》1946年4月20日，收入《赴法勤工俭学资料》第3卷，第407—409页。

② 李璜，《留法勤工俭学与中国共产党》，《明报月刊》1969年第44—45期，香港：明报出版社。

十分准确。最后,这些涉及中国共产党早期历史的丰富资料经常收集和存放在中共中央的档案馆中,自然而然地成为内部资料,而不能向所有的研究者开放①。

1955—1956年中国启动了一项更大的研究计划,对1919年五四运动进行深入研究,以上资料的汇集编纂可以纳入其中。五四运动提出体力劳动和脑力劳动之间关系的问题,因此对勤工俭学运动的研究也被包括进来。中共领导制订了一个整体的研究计划,包括编纂8卷本的资料集,同时还要进行深入的专题性研究。最初的题目包括布尔什维克十月革命对中国政治生活和共产主义运动萌芽的影响,五四运动的前兆和整个运动的情况。以后的研究计划涉及留法运动、1920年代改良主义者,以及拥护和反对马克思主义者(主要是无政府主义和国民主义者)的论争,还有知识分子在劳工界所做工作,等等。

相矛盾的是,重视这些研究的中国学者被美国同时进行的相同主题的研究所刺激。至少有两部著作主要起到了这个效果,与其说是其内容(在中国的传播非常有限),不如说它们的存在就刺激了中国学者。这两部著作是M. Goldman(默尔·戈德曼)的 *Modern Chinese Literature in the May Fourth Era*(《五四时期的中国现代文学》)和之后成为经典的周策纵的 *The May Fourth Movement*(《五四运动史》)。这些著作成为对大陆学者的挑战。1983年,历史学家彭明在他自己所撰写的五四历史研究前言中写道:

> 我们历史学界对太平天国给予了深入研究,从罗尔纲1930年代到1940年代间进行认真研究之后连绵不绝。但迄今为止,对五四运动的研究却是不成系统的。1960年代初,我读到周策纵逾百万字的《五四运动史》,让我产生了自己撰写《五四运动史》的愿望,国外可以做,为什么中国不行?②

"文化大革命"中断了这些长期的研究计划。计划中的资料收集

---

① 例如,一整套打字版的资料(信件、指示、回忆、手稿等)存放在《赵世炎烈士资料汇编》名下,不能公开。
② 彭明,《五四运动史》,北京:人民出版社,1983年,696页,第2页。

出版了3卷本的报刊资料集,由张允侯主编①;主要是对所清点出版刊物进行全面分析介绍。但1960年代中期出版其他集刊所需要的经费突然停止了,历史学者们也不再发表文章和著作。似乎中断整个研究计划出自康生个人的指示。康生是与陈伯达和林彪同期的人物,"文化大革命"把他们推到中国政治的前台。中断的原因主要是:这些资料整理表明,毛泽东在1920年代并非中国共产主义运动的中心角色。

学术研究成为个人崇拜的牺牲品:先后打倒了彭真、刘少奇的政治集团重新描绘了中国革命历史的版本。这个任务在1927年之后还比较容易,但五四时代前后就非常困难了,毛泽东本人不是也在埃德加·斯诺的著名采访中承认当时他的地位低微吗?此次采访的内容已在中国广泛传播②。此外,蔡和森与毛泽东共同承担了新民学会的领导权,在湖南倡导勤工俭学运动。可见当时对学术研究已经不是普通的操纵,而是把众多文章和回忆资料干脆销毁掉。

还有一个问题让这些资料的出版非常困难:它们揭示了中共创始者的非正统性,表明五四运动第一流的领导人物中既有陈独秀等未来的托派,还有"文化大革命"中被打倒的反动派(不仅有邓小平)。这些资料还很看重之后倒戈国民党的"叛徒",1930—1940年代与日本人合作的变节者,以及一些意识形态不确定、命运突变的复杂人物③。最后,它们还揭示出当时无政府主义的特殊地位,不是被成功排挤的竞争者,而是中共的最初构成力量。

"文化大革命"10年带来的不光是资料收集和历史研究的简单中断,还导致学术气氛的恶化。收集"黑材料"不仅是红卫兵的一项活动,很多干部也通过这种方法扳倒他们的敌人或对手,从而自保,或者仅仅为了证明自己的革命热情。在红卫兵查抄中,所有的个人资料首当其冲:信件、照片、纪念品、私密的日记,等等。在一段时间内,很多非

---

① 《五四时期期刊介绍》,北京:人民出版社,1958—1959年,分别为833、962和1123页。
② 参见Nora Wang(王枫初),*Mao:Enfance Et Adolescence*(《毛泽东的青少年时代》),巴黎,Autrement,青年集刊,1999年。
③ 如李合林,无政府主义者,后来的共产主义者、恐怖主义者,最后被"清洗"。

学术人员可以直接接触到他们过去完全不可能查询到的档案资料,有些干部利用了自己所掌握的同事或党员同志的特殊信息。其后果之一便是公开那些被打倒了的人物的传略,挖掘一些档案材料、过去的回忆以及特定场合下收集的隐情。在混乱中,许多资料(包括为了编纂3卷本的五四时期期刊介绍而收集的大量期刊)消失了:或是被查封,或是被销毁,有时编纂者自己提前掩藏起来,直到出于攻击或自卫的目的可以将其作为武器的那一天,还有的干脆就是丢失了。

总的来说,经过1966—1976年的10年之后,中国历史学界完全被异化了。后来试图回归以前标准的努力反而引起资料保管人员的怀疑。1950年代初研究人员查阅各种资料相对容易,到了1980年代这种查阅虽然恢复了可能,其条件却严格多了。

正是在这种气氛中,对留学人员,特别是留法学人的研究重新回到中国历史研究的舞台。当时更大的背景是改革开放带来对海外华侨及其家属的平反,海外中国团体研究以及研究团队和机构得以重新恢复。从事件的角度上看,此领域专题研究严格意义上的重现还是1976年4月"天安门事件"的间接结果。正如我们所知,"四五事件"与其他旗帜性事件旨在称颂纪念年前去世的周恩来总理。1978年发表的一篇有关打倒"四人帮"的学术文章,提及周恩来在法国的岁月。这篇文章写于1977年,1978年初发表①,题为《危险中的坚持,可鄙的指控——张春桥反革命言论批判》,署名佟波(Tong Bo 音译)、王永祥。文章为了给以周恩来为代表的老留法生平反,将他们在国外的岁月描写为革命活动时期。除了周恩来,文章中唯一指名的勤工俭学生就是邓小平,1922年中国旅法共产主义青年团的创始人,1924年加入中国共产党。

在这之前(1977年),还有一篇学术文章已经提及周恩来的法国经历②。华国锋在退出政坛之前也注意到周总理职业生涯中的欧洲部分。事实上,1978年11月他还曾经为《天安门诗抄》题写书名。1979

---

① 《南京大学学报》第1期,第4—5页。
② 文章作者为吴士奇(Wu Shiqi 音译),天津南开大学马列主义哲学教师,中共党史研究专家。

年秋他在正式访问法国期间要求查阅一些他认为在法国档案中存在的涉及中共创始人特别是周恩来的材料①。他得到了一些材料的原件和复印件。可以想象,这些资料被转交到了中共中央,而不是南京国民政府档案馆。因此,这些材料也基本上不能公开了,只有少数特权人员才能查阅,但媒体提到了这件事。

中共党史中这些官方的新视角进一步引起了人们对勤工俭学运动的好奇心。1981年7月1日,胡耀邦在中国共产党建党60周年纪念大会的讲话中提到了数位旅居国外的人:在他明确号召大家共同纪念的38位党员中,有10位,即超过四分之一都曾经留欧,其中又有7位曾经留法②。最有影响的改革开放政策总设计师邓小平曾经在法国旅居多年,而在苏联仅逗留过几个月。讲话中还专门向"现代中国知识界卓越的先驱者蔡元培先生"致敬,蔡元培最初也是勤工俭学运动的积极组织者。诸多内部因素都推动对1920年代旅欧人士进行更加深入的研究。

与1950年代有关五四运动的研究情况相似,外界的刺激与以上内生的研究动力结合在一起。1970年代末中国政治形势的变迁使得1973年在台北发表的一篇文章得以在大陆专题研究学术界传播,这篇文章即上文中所提到的从一开始就反共的老留法生李璜的作品。他在1973年赴法国的一次旅行中,查阅了当时保存在巴黎现代中国资料中心的一些资料,主要来源于少年联护委员会的档案③。他提出这些档案资料对于辨识留法学生十分重要,但也带来一些技术上的难题④。

---

① 事实证明,华的信息不准,法国国家档案中几乎没有周恩来在巴黎旅居的资料。
② 周恩来、朱德、陈毅、李富春、蔡和森、向警予、赵世炎。胡耀邦,《在中国共产党建党60周年纪念大会的讲话》,《关于中国共产党历史的决议(1949—1981)》(法文版),北京:外文出版社,1981年,142页。
③ 李璜,《巴黎现存关于留法勤工俭学生旧址实况档案摘要》,台北,《传记文学》第23卷第4号,1973年。
④ 在清点了部分档案后,他写道:"(……)资料中四分之一都是少年联护委员会制作的勤工俭学生的个人信息卡片,1919—1930年间,该委员会统计了2136名中国学生。但每张卡片仅有学生的法文姓名,这给我带来了一个无法克服的难题! 我不可能据此推断出2000人的中文姓名,于是不得不放弃了。"这些档案的起点是一名震旦大学学生A. Tang多年间收集的资料,目前保存在国家档案馆,协会档案部分,47 AS。

尽管如此，能够拥有一套相对完整的留法档案的想法吸引了不止一名研究人员……如此也解释了在李璜披露资料的存在之后，档案中的一份个人情况目录就消失了。1980年，一位日本历史学家发表了研究勤工俭学运动历史的著作，似乎与丢失的文件有关。尽管这部著作①主要还是建立在前文提及的叙述和回忆的基础上（作者仅使用了极少的法国资料），但却是第一次系统使用可查阅的原始资料，而之前中国研究者对这些资料一无所知。

1979—1983年间，中国大陆发表了不少有关勤工俭学运动以及运动与中国共产党建党关系的研究成果。多个团队致力于此，而不再是孤立的个人行为。清华大学、社会科学院和高阳县布里村纪念馆②的三个在不同条件下开展研究的团队都很活跃。除了这些临时或长期组成的团队，还有几位学者集中研究此领域一些特别的专题③。但这些研究都只是材料的收集和编纂，严格意义上的研究凤毛麟角，且篇幅有限，使用的资料几乎全是中国的，部分研究几乎完全使用二手材料。很多都是"简史"，如颖之的小书④，梳理了整个勤工俭学运动的情况，篇幅极短，从清末开始叙述，并包括所有相关国家的情况；还有黄利群的小册子，集中在法国的情况；以及张洪祥和王永祥的合著⑤。

以上所有的作者在研究中都很少进行个人化的分析，而是主要突出官方的观点：周恩来在运动中的重要作用，运动对于帮助知识分子产生联系群众的意识起到决定性影响，中国共产主义运动在初始阶段就

---

① 参见孙玉林，《日本学者论述中国共产主义青年团旅欧支部的成立时间和名称》，《国外社会科学情报》，北京，1980年。

② 清华大学研究团队负责人为刘桂生，社科院研究团队负责人为张允侯，布里村纪念馆主要致力于收集史料、文件，也包括文物及其他历史遗迹。

③ 这些人包括：南开大学的张洪祥、王永祥，他们对周恩来的研究是在广泛收集近代中国史料的框架下进行的；怀恩，周恩来青少年时代研究者；哈尔滨工业大学的吴时起；中国人民大学历史系主任胡华；位于四川成都的华工研究所的张志高（Zhang Zhigao 音译）；黄利群；王永春（Wang Yongchu 音译）等。

④ 颖之，《中国近代留学简史》，上海：上海教育出版社，1980年，72页。

⑤ 黄利群，《留法勤工俭学简史》，北京：教育科学出版社，1982年，160页。张洪祥、王永祥，《留法勤工俭学运动简史》，哈尔滨：黑龙江人民出版社，1982年，156页。王永祥等，《中国共产党旅欧支部史话》，北京：中国青年出版社，1985年，280页。

融入到国际无产阶级运动的潮流中,马克思主义必将战胜其他政治思潮,这些思想是研究中最具共识的观点。黄利群在著作中还另外提出了一些"历史教训",作为结论中勤工俭学运动联系现实的建议:在四个现代化建设中,1920年代所尝试的事业可以为中国今天面临的双重必要的问题提供参考,即大批派遣年轻人出国学习现代技术,以及限制外汇流失。

由此可以看出此领域的研究与特定的"文革"后历史背景联系紧密。虽然当时系统的研究著作不多,但文章却是极大丰富。大部分文章撰写于1979—1984年;之后1990年代发表的数量减少,这和中国可供使用的史料枯竭有关,也与在世的老勤工俭学生态度变化有关[①]。随后又有一大批资料得以公开,主要是对外文特别是法文史料的翻译,1981年后的中国学者可以通过间接渠道接触这些史料。

的确,中国研究人员工作的封闭环境让他们不能接触到国外观点,相对西方历史学术潮流的孤立地位为他们的研究成果带来很大争议,当时自我审查的背景也极大缩小了研究的维度。尽管如此,这些由学识渊博的年长学者完成的研究成果经常是激动人心的。虽然中国历史学家所整理的史料有一些缺陷,有时整理得过于匆忙,但我们仍然要感激他们为后来的研究者提供了不可替代的重要工具。北京两个团队所编纂的两份勤工俭学运动史料集与台湾的一份史料集都起到了极其重要的作用[②]。

最后补充一点,1990年代此领域研究成果在中国境外也急剧萎缩。对此我们并不感到惊讶,因为在1989年后苏联解体的背景下,西方历史学家对整个共产主义政党的历史,特别是对中国共产党的研究兴趣都有所下降。

[①] 不止一位老勤工俭学生意识到他们所掌握资料或信息的"价值",选择自己开发这些资源,或是将其有选择地提供给研究者,或是按照他们的意愿公开发表,甚至自己(或请人帮助)撰写回忆录。

[②] 刘桂生等编,《赴法勤工俭学运动史料》3卷本,北京:人民出版社,1979—1984年;张允侯等,《留法勤工俭学运动》,上海:上海人民出版社,1980年,822页;陈三井,《勤工俭学运动》,台北:正中书局,1981年,706页。

史　料

我们为此研究所查询的法国档案基本上有三个来源：警察系统、外交系统和协会系统。警方的史料主要来自国家档案馆的内政部部分（F^7 系列）、外交部的档案史料、警察局档案中保存的资料以及隶属于原殖民部警务机构的文件（保存在埃克斯的海外档案中心）。附带还使用了隶属于战争部的资料，以及来自商务与工业部的史料。

从 1920 年代在法华人移民从事政治活动的角度来看，警方的史料大概是最有意思，同时也是最让人失望的。一战结束后，法国警察对亚洲移民群体很少关注（一旦关注则很认真），总的来说他们认为亚裔群体遵纪守法①，但在政治方面，一些观察者则持非常怀疑的态度。总安全部门和情报部门的官员们有时把华人和犹太人，或者华人和布尔什维克主义者混为一谈，甚至对这三类人都持不信任的态度②。

如果说警方的怀疑属实，则用于监视华人移民的警力非常有限。我们已经在前文中强调，1921 年法国有 150 万外国人，接下来的 10 年间数量增加一倍，1926 年达到 240 万人，占全国人口的 6%。但这些移民中的"异类"主要是来自非洲、印度支那和其他殖民地的外国人，华人仅占其中的很少一部分。华人在那个时期也就几千人，最多 8000 人。警察和司法部门更关注意大利人，1921 年有 42 万，10 年以后已经超过 80 万③，他们的政治活动，不管是法西斯主义还是反法西斯主义，都更让公共舆论担忧："一名研究人员统计，在 1923—1933 年间，法国

---

① 参见 R. Schor, *L'opinion française et les étrangers en France*, 1919-1939（《法国人对外国人的看法（1919—1939）》），巴黎：索邦出版社，1985 年。
② 参见 1920 年 3 月总安全部门有关"共济会和布尔什维克主义"的记录，A. N. F^7 12 900, *Communisme en Chine et en Allemagne 1920-1925*（《1920—1925 年中国与德国的共产主义》）。
③ P. Milza 主编, *Les Italiens en France de 1914-1940*（《1914—1940 年法国的意大利人》），罗马法国学校，1986 年，第 18—19 页。

就发生了28起法西斯的谋杀案。"①

不仅警力有限,警员在语言上也经常存在障碍。1925年夏巴黎的事件②发生后,内政部向外交部提出,有必要设立一个专门监视华人移民的机构③。这一建议原因基于布里苏-德马耶将军(Brissaud-Desmaillets)④在以上事件发生后起草的报告。他指出"华人移民群体需要重新统计登记;警察局、内政部以及少年联护委员会的数据肯定不完整(……);警局的档案卡片是根据领馆所颁发的护照进行记录的;名字经常有涂改,无法辨识且没有对应的汉字标注"。

警方的档案⑤是有关中国勤工俭学生从事政治运动最好的信息资料载体,但在这些档案中辨别相关人员却实际存在一些不可解决的技术困难。标注不系统,缺少中文姓名,信息含糊,基层警员对华人身份标识的基本特点(特别是华人姓名的书写规则)和华人的政治生活以及中国地理知识缺乏了解,重复登记,有关人员籍贯经常似是而非,而籍贯因素在中国移民群体的政治生活中起到了重要作用。尽管如此,这些史料仍是不可替代的,与当事人的口述资料相互补充。

原殖民部的文件资料则没有这个问题。殖民部出于自己的目的对殖民地国民或相关人员进行有效的监控。但华人只是他们顺带观察的对象,有的是广州湾契约下赴法的当地人,有的是在与越南人打交道时牵涉的华人,还有的是综合性情报中涉及的华人。与警局完全不同,他们有专门的密探,几乎都是在目标群体内部招募。档案中不仅包括工作中的联系书信,还有应招候选人的申请记录⑥。受到雇佣的密探通常能够很好地完成任务:例如名为"希望"的密探,为研究越南革命运

---

① Eugen Weber, *La France des années 30*(《30年代的法国》),巴黎:法亚尔出版社,1994年,第126页。
② 见第三章。
③ 1925年7月30日信函,A. N. F7 13 438。
④ 布里苏-德马耶将军是战争部陆军工业化部的主任、土木工程技术委员会成员,对殖民地劳动力问题极感兴趣,赴中国进行过调研。
⑤ 只是其中一部分,还有不少有关外国人的文件在1940年被销毁了。
⑥ 参见CAOM, S. L. O. T. F. O. M. II 4到14 "agents secrets du service"(《部门的密探》)。

动的历史学家所熟知,在阮爱国(Nguyen Ai Quoc,胡志明的原名)旅法期间严密跟踪监视,每天都给上级呈交行动报告①。鉴于未来胡志明在法国殖民事务中所起的作用,以及他与中国革命活动者之间的个人联系,这部分档案中含有不少有用的线索。该部门之后对华人群体也更感兴趣,监控的方式仍然非常细致②,其评语总有明确的政治目的。

协会的资料也出现了内政部档案中出现的技术问题,但并不是很严重。这些资料主要是华法教育会和法中少年联护委员会遗留下来的文件,由嘉雷纳-克伦布(Garenne-Colombes)中国之家最后一批居住者保管。这些档案之后被移交给国家档案馆③,由多个系列的史料组成。

资料中包括协会与学校、企业之间的通信,中国勤工俭学生曾在这些学校短期学习,在企业从事轻重不一、各个工种的工作。档案中还包括华法教育会和法中雇主委员会等协会自己的行政性文件,包括活动报告、收发的信件,以及勤工俭学生伤病、遣返、分配等各种名单。最后还有一类,就是这些机构对勤工俭学生施以救助的情况,通常是有关费用的收据,有被救助者的亲笔签名。这些材料反映了1920年代年轻的中国勤工俭学生的日常生活、行动轨迹、物质条件、学习尝试、所从事的临时工作,以及勤工俭学运动的发展变化。但相反,材料中很少能够反映出这个群体进行党派活动和政治运动的情况。协会档案中既没有政治传单,也没有能够反映其会员或受保护对象政治态度的直接指向。

外交部的档案则体现了当时对中国感兴趣的法国知名人士之间的关系,尤其是外交部中的重要人物④。A. Krielgel 在其有关中国共产主义运动的"法国"根源的文章中阐述了这些资料的意义。史料中涉及法国的中国学生情况、外交部所支持的协会情况,以及庚子赔款用于多项文化教育事业特别是里昂中法大学的情况。此外,档案中还包括一些个人资料,出于某种原因在外交部留下了痕迹⑤。资料中还有一些

---

① S. L. O. T. F. O. M. II 14(Agent désiré)。
② 特别参见 S. L. O. T. F. O. M. VIII 4 和 III32,等等。
③ AN,编号 47AS 1 到 27。
④ 主要是贝尔特洛和布拉迪耶。
⑤ E 系列,亚洲,《中国 1918—1929》,第 2—498 卷。

有用的中文人名清单。

除了以上三个系统,我们还使用了其他来源的资料:战争部档案(相关华工部分)、企业档案(如蒙塔尔纪市[Montargis]的哈金森工厂[Hutchinson])、市级档案馆的资料,等等。当然,我们并未查阅到所有的资料,还有很多材料,特别是在那些或多或少接纳了中国人的市镇档案馆。协会档案的清单中收录了260个地方,中国人曾经在那里学习、居住、工作或寻找生计①。

研究中还使用了第二档案馆(南京)的中方档案,主要是涉及中方领事机构的史料和有关中法实业银行的一些材料。由于中共党史的档案不向其他国家除共产党员之外的访客开放,通过直接联系也仅仅使用了有限的几份材料。

研究中使用最多的是中方出版的史料集,大部分前文已有表述。这些资料主要是按照不同的研究对象来整理的,编纂原则基本相似。研究中用处最大的是以"运动"为主题的资料集:除了勤工俭学运动,还有五四运动,以及一战后的一些协会和组织的运动(如湖南的新民学会②),还有报刊材料集以及以人物特别是人物信件为主题的资料集,有关周恩来的史料集即是如此。除此之外,还有一种特别的集子,政治人物或理论家(很多情况下两者合二为一)的文集或选集。这些作品收入了一些已经绝版的著作中的文章,也有些文章从未发表过,极有价值。蔡和森、徐特立和其他知名留法学人的文章因此得以发掘和收集起来。

上述材料有时很难与其他类型的印刷文献相区别。同时代人士的回忆和见证是特别的史料,如果没有历史学家将其收集成册,研究者也接触不到。前文中解释了这些回忆有直接的,也有间接的,有事件发生后马上完成的笔记,也有迟到的回忆,中国学者通常将其作为"见证"材料,还有转述的叙述。后者作为第一手材料在传记、研究、教材中

---

① Genevieve Barman, Nicole Dulioust, *Étudiant-ouvriers chinois en France, 1920-1940*(《法国的中国勤工俭学生,1920—1940年》),第145—151页。
② 《新民学会资料》,《中国现代革命史资料丛刊》,北京:人民出版社,1980年,606页。

使用。

中方编撰者大量使用报刊材料作为重要的补充。但这些文献中缺少一部分中文报刊,有的是因为散失在海外,有的是因为本身就是在国外(主要是在法国)创办的,中国历史研究者无法掌握全套资料。有时只是些手写油印的小报,地下发行,不定期出版,只有散落在各处的零星几期①。

此外还有法国的报刊。报纸上的文章与警方的报告共同反映了勤工俭学运动在当时法国的具体影响,体现出勤工俭学生与当时法国社会的联系,或者说是缺乏联系。对于相对封闭的华人群体来讲,报纸是理解法国社会(虽然并不准确)的最重要渠道之一。研究中既使用了国家报刊,也使用了地方报纸上的资料,尤其是里昂和蒙塔尔纪市,当时中国学生的部分政治活动是在这两个城市开展的。

最后再提一下研究中零散使用的其他材料。我们不去评论那些直接收集的口述见证:数量很少,偶尔得之,与已发表的回忆经常重复。中国历史学家所重视的图集,尤其是中国革命博物馆研究人员所收集的照片集为辨识人物起到一定作用。历史博物馆还收集了一些物品,包括大量中国勤工俭学生寄给他们亲友的明信片。直到1980年代还能对他们原来从事活动的场所进行探寻。手持一部照相机,我们得以发现邓小平在卡斯特加路(rue Casteja)曾居住过的旅馆,在他当时工作的比让古(Billancourt)的雷诺工厂旁边,几乎没有什么变化。而当时雷诺公司的厂房已经一批接一批消失了,勤工俭学生徜徉的那些低矮而没有建筑风格、用暗色石头砌成的房子,小酒馆和阴暗的小铺子,两次世界大战之间产业工人聚集的整个灰色郊区也都不见了踪影,只有大量的明信片留住了当时的记忆。相反,尽管巴比伦大街(rue de Babylone)长期以来已经不再是中国在法外交机构的驻地,宽敞的街道和资本家的豪宅却几乎没有什么变化,原公使馆所在地57号大宅依然如旧。故地重游让我们对革命活动家的那个英雄年代有了更为真切的感受。

---

① 如《赤光》,旅法中国共产党的喉舌刊物,前身为1920年代旅法少年共产党的《少年》周刊;另如《先声》周报,旅法中国青年党的喉舌刊物。

第二章

法国系列

  1920年代，共同的计划将勤工俭学生汇集在奔赴法国的道路上。短暂的勤工俭学运动是事业的核心：该运动上个世纪由中国青年发起，与知识分子发起的此类许多运动相似，他们坚信暂时离开祖国是有必要的，在某些情况下甚至不可避免。他们中的大多数都希望能够改变政治生活的原则，改革社会，提升中国的国际地位。对这些年轻人来说，实现这些目标能让中国在当时不断变迁的世界中取得一席之地。在当时各种运动风起云涌的中国，勤工俭学运动独具特色，独一无二。

  勤工俭学运动的特别之处在于主要在法国开展。这种特殊性是出于当时综合的背景，知识信仰以及对国际局势、国际政治经济状况的准确分析。当时的法国系列(la filiere française)则使得一战后不久就出现留法浪潮，法国系列在运动之前已经存在，并且更为偏向那些家境不甚富裕的人群。在勤工俭学集体性的计划中，法国系列有意选择法国作为目的地，仅有个别例外。一战刚刚结束后产生的法国系列获取了的经验，为之后的运动留下相似的结构、联系网络，特别是组织框架。

没有前途的青年人

这个群体有 3000 到 4000 人。除了留法计划把他们组织起来之外,还有很多其他的共同之处。相似的家庭出身、共同的知识背景和政治理念把他们团结在一起。

20 世纪初,对于许多受过教育的青年人来说,留学海外是一种传统。在洋务运动中的数十年间,留学成为精英阶层中盛行的一股潮流。从 19 世纪开始,这股留学的潮流指向多个国家,日本以及后来的美国是最受青睐的国家。

从 1895—1915 年至少 10 年间,日本是最重要的目的地国。我们注意到从 1890 年代之前开始,领导阶层和文人阶层对日本就有一种既吸引又拒绝的混合感情。1895 年中日战争中中国战败后,第一次表现出拒绝。之后,态度发展变化了。两国政府之间关系接近,中方派遣留学生赴日,日本派遣专家赴华。甲午战争中国惨败,那么除了日本政府的激励之外,为什么还有那么多的中国人要到日本留学呢?当时留学计划的始作俑者张之洞给出了四个理由:"(1)日本比西方更近,可以用较少的费用派遣更多的留学生,(2)地理的接近可以更加方便对学生的控制,(3)日语更好掌握,(4)日本已经对西方书籍进行了选择,淘汰了那些不重要的著作。"因此,他认为赴日留学"事半功倍"。

在张之洞的努力下,1897—1915 年,赴日留学数量达 25000 人;接下来的几年留学继续,但规模有所减小。每年留学的人数变化很大,1896 年仅 13 人,1903 年约 1000 到 1300 人,1906 年约 7000 到 12000 人,1912 年回落到 1400 人。其中一部分是官费生,从 1903 年开始通过与日本政府的协议派往东瀛,管理十分严格:中国政府对他们的课外活动进行监督,对其中违反规定的人会应中国使馆的要求取消留学资格。其他规定涉及自费生,大多数在不够知名的私立学校学习。中国政府禁止自费生学习某些学科,如军事,并有限制地允许他们学习另外一些学科,如法律、政治。最后,回国时,只有中国使馆出具品行证书,留学生的文凭才能够得到承认,否则就只有肄业证明。除此之外,日本文部省还附加了自己的一些管理规定。

第一批中国留学生于 1875 年到达欧洲,总共 30 多名,其中有一半在法国学习造船。1870 年代开始有留学生奔赴美国,1881—1892 年间渐成规模。1908 年美国开始将"庚子赔款"用于教育目的后,赴美留学生数量显著增加,达几百人,其中有些是幼童。从 1912 年开始,特别是 1915 年和"二十一条"提出之后,赴日留学日渐衰落,赴美留学渐成浪潮,直到 1929 年。清华大学作为留美预备学校在赴美留学浪潮中起到了重要作用。1854—1937 年间,在日本留学的中国留学生在全部海外中国留学生中占最大部分(35000 人),几乎相同数目的学生赴美国留学,欧洲仅有几百人。1920 年代初,这些大趋势就更加明显了。

	就读国家	1916 年	1923 年
	仅在中国	50.5%	47.5%
	国外	49.5%	52.5%
其中	日本	33.7%	29.5%
	美国	9.5%	12.9%
	英国	1.6%	2.0%
	其他国家	4.7%	8.1%

(数据来自 Y. C. Wang[汪一驹][1]的著作)

总的来说,在 19 世纪下半叶,向海外派遣留学生并维持其学业都是耗资巨大的工程,只有少数阶层才能享受这个特权。这个时期的留学生,尤其留欧的学生要么出身富贵,要么享受官方的资助(和管理),甚至有捐赠人的庇护。但 20 世纪以来,留学越来越有吸引力,一战之后赴外学习知识分子的社会阶层与清末民初的留学生已大有不同[2]。

社会中下阶层,特别是萌芽中的中产阶级也开始对留学产生了兴趣。第一次世界大战结束后,很多出身寒门、教育程度不高的年轻人愿

---

[1] Y. C. Wang(汪一驹),*Chinese Intellectuals and the West*,*1872-1949*(《中国知识分子与西方,1872—1949 年》),如前文注。

[2] 黄利群,《留法勤工俭学简史》,北京:教育科学出版社,1982 年,第 23 页及后页。

意倾注巨大的努力,有时是倾家荡产开赴美国或欧洲留学,尽管日本仍然是更容易接近的留学目的地。勤工俭学运动的参与者即是如此①。他们社会身份的鉴别还需要更为精确和完整的信息资料。从我们所掌握的人物生平材料看来,存在着以下共同点:1911 年辛亥革命导致社会阶层重组,大部分青年属于当时正在形成的新兴知识阶层。

在此我们不会重新描绘 20 世纪初中国所经历深重危机的情景,而仅仅强调一下,正如巴斯蒂(M. Bastid)在其对晚清中国社会经典研究中指出的,社会动荡——当地精英的流失,新群体的出现,原有社会坐标的淡化伴随着当时中国的城市化,商贸地理的变迁,农业经济的倾覆,以及现代化的改革政策。19 世纪末,在这个好似"断裂的社会"②中,旧有精英阶层的衰落,与野心勃勃试图形成新一代精英群体的上升势头结合起来。半个世纪之前,对此精英阶层的界定还有清晰的社会共识,他们肯定不属于"持有正式头衔和级别的群体"③,但大多数人都同意,他们积聚在这些令其地位合法化的头衔和级别的周围。

然而,在辛亥革命的前夕,很多因素模糊了之前精英的定义和边界。出于多种原因,知识分子文人群体逐渐膨胀起来:太平天国起义后,清王朝要用官衔收买某些地方社团的忠诚,进入士大夫群体就容易了许多。国库的空虚导致清政府原来就有的买官卖官现象更加严重,使得"传统的领导阶层膨胀"④。清王朝 1902—1905 年间所采取的如废除科举考试、兴办新式学校、承认新学文凭等一些措施,加重了这个群体地位的贬值。从此以后,在国外留学的人员似乎有望在国家机构中站住脚跟,控制入口,特别是控制高等教育。"新学"虽然比旧时学堂昂贵很多,却使有志青年趋之若鹜:辛亥革命过后,青年毛泽东热衷于求学,积极寻找新式教育场所,寻觅具有现代世界知识的教师,在这

---

① 参见 Leung J. K. ,*The Chinese Work-study Movement*(《中国工读运动》),第五章,如前文注,第 207 页及后页。

② M. Bastid,*L'évolution de la société chinoise à la fin de la dynastie des Qing:1873-1911* (《清末中国社会的发展(1873—1911)》),如前文注,第 100 页。

③ 同上书,第 12 页。

④ 同上书,第 18 页。

方面是极具代表性的①。

Y. C. Wang(汪一驹)指出,接受这种教育与当时的城市化,特别是沿海地区的发展同时发生,可以说,新式教育加速了城市化的进程。"沿海大城市里的生活成本经常比内陆地区要高得多,主要是因为西方对中国城市和乡村的影响方式不同。昂贵的高等教育意味着只有富人才能接受得起。对于极少数从乡村来到城市的人来说,教育即城市化的要素,学生们一旦沾染,便永远不会回归故乡了。"②

尽管内陆的中等城市还比较落后,其最近的发展也能够体现中国融入世界的新模式。1910 年代的中型城市湖南省会长沙,Rowe(罗威廉)笔下从 18 世纪开始不断变迁的汉口,以及 A. Kapp(卡普)③所研究的 1920 年代到 1930 年代的重庆都是这样。

(……)重庆的地理位置使其成为四川与中国国内外货物集散的主要商业中心。毋庸置疑长江是四川盆地和下游经济中心的最主要的联系纽带。20 世纪初期四川(包括重庆)主要向外出口原材料,在很短一个时期内还出口后来被禁的鸦片。这些原材料有丝绸、桐油、猪鬃、草药、皮革等。1930 年代前后,四川主要进口的货物有纺织棉、呢绒、染色剂、金属和金属工业制品、煤油和奢侈品。

开放带来的现代化影响也扩展到城市管理当中,尽管当地的军阀与居民之间的关系与清末官僚和老百姓之间的关系并没有太大的不同。

当然,和清末相比,四川居民在军事占领期间的赋税激增;征兵与徭役毫不留情,且持续不断;社会混乱,土匪横行,尤其在 1920—1930 年代之间(……)。地方军队虽然数量庞大,却和其占

---

① 参见 Nora Wang(王枫初), *Mao: Enfance Et Adolescence*(《毛泽东的青少年时代》),如前文注。
② 同上书,第 377 页。
③ Robert A. Kapp, *Chungking as a Center of Warlord Power, 1926-1937*(《重庆,军阀势力的中心,1926—1937》), M. Elvin, C. W. Skinner 主编, *The Chinese City Between Two Worlds*(《两个世界之间的中国城市》),如前文注,143—170 页。

据地区的生活相隔绝。从这个角度来看,他们与清朝的官僚尽管有数量上和性质上的不同——他们毕竟是军事力量——但在社会上的地位却与清朝管理者相似①。

但同时,在军队驻扎区选择优秀分子做行政官员,以及对当地领导阶层的倚重都导致了城市管理的现代化。这些领导阶层与辛亥革命前不尽相同。Kapp 在结论中提到"1911 年辛亥革命前就开始的当地半官方精英蜕变加深了,或者说是更加成熟了"。世纪初重庆或长沙动荡的情景就表现出社会阶层的变化,1920 年代更是进入了一个热切渴望社会阶层流动和真正地理流动的时代,这与开放的背景及其给中国内部危机带来的影响有关,流动的渴望也加快了危机的进程。

新型知识阶层在这样的背景下形成。与旧文人精英阶层一样,城市新型知识分子青年或有志成为知识分子的青年通常出身乡村。西方入侵带来的动荡以及 19 世纪的事件促使农村中形成了唯利是图、为了下一代而雄心勃勃的投机者和乡村新富阶层。其他同样渴望革新思想和行动的年轻人多是没落贵族家庭的孩子,这样的家族之崩溃本身就是追求"现代化"的方向。相关知识阶层既是新兴"中产"阶级上升的产物,也是旧有统治阶级衰落的结果。他们的孩子都有着共同的处境,即生活状况不稳定、前景不确定、对危机认识深刻、对解决其问题怀有迫切的愿望。

为了说明这个事实,我们可以举两个具体的例子,其中一个大家都熟知,另一个则并非如此。青年毛泽东生平中的许多经历都体现了世纪之交中国农村一个处于发展变化的社会群体的行为。相反,陈毅则是另一类群体的代表。毛泽东曾描述他的父亲,一个有意思的殷实农民的发家:既唯利是图又有创业精神,自称没有文化。如果说他应该有的文化,那就是实用的农民的精明。毛的父亲跻身于当时农村成千上万小业主的行列,成为连接落后乡村和先进城市的中间人,他们在乡村

---

① Robert A. Kapp, *Chungking as a Center of Warlord Power*, *1926-1937*(《重庆,军阀势力的中心,1926—1937》), M. Elvin, C. W. Skinner 主编, *The Chinese City Between Two Worlds*(《两个世界之间的中国城市》),如前文注,第 169 页。

积累资本,而把城市作为市场。青年毛泽东16岁第一次辍学并非由于家庭贫穷,而是因为学校教育对父亲的生意毫无用处。

陈毅的生平不为人所熟知,他所出身的家庭很不同,对文化和教育非常重视,但却从原来的富裕优越逐步陷入了贫困,这种家道衰落的变化是很说明问题的。正如陈毅自己所讲述的①,他出身于耕读世家。张献忠起义后,湖南陈氏两兄弟被四川广袤的土地所吸引,在康熙年间迁至四川,创建了四川一支的陈氏家族。陈氏家族历经清王朝9个皇帝中的8个皇帝统治,陈毅是第九代。四川陈家的财富主要来自第六代的陈同杰。在取得秀才的名号后,他通过高利贷建立了自己显贵的地位,在后人看来,他对农民的方式是很粗鲁的。陈家家道中落始于太平天国起义时期。陈毅的祖父和叔祖父不学无术,不知如何管理他们的财富②,而他们其他的孩子则遭遇了各种不幸。

尽管如此,他们的威望没有完全消失,可以利用他们的影响给自己的妹夫黄福钦在湖北的一个县买了个小官。正是到武汉的途中,陈毅的伯父发现了中国清末城市发展带来的变化,"他看到了轮船、游船,照相馆,开阔了眼界"③。为了改善家庭境况,他决定变卖农村的土地搬到成都市区。这笔生意非常失败,一个兄弟去世了,其他人除陈毅父亲之外不得不回到故乡小镇。失去土地后他们境遇凄惨,不得不住在村子的庙里。陈毅父亲在盐税局找到一个书写员的小差事,母亲则回到娘家度日。陈毅回忆,村子里的人都说"教育毁了这一家子"④。那

---

① 陈毅生于1901年,出身黄埔军校,曾在江西苏维埃政权任职,是中国共产党、中国人民解放军和中华人民共和国政府的最高层领导人之一。他在法国逗留时间相对较短,是里昂事件后被遣送回国的104人之一。其青年时代回忆参见《陈毅早年回忆》,聂元素等人编辑,《陈毅早年的回忆和文稿》,成都:四川人民出版社,1981年,225页加图片,第12—40页。

② 至少陈毅的祖父是这样。他的叔祖父更会做一些生意,只有一个儿子,解放时仍然健在,处境还不错,后来应该是在苦涩的土地改革中去世了。《陈毅早年回忆》,同上书,第13页。

③ 至少陈毅的祖父是这样。他的叔祖父更会做一些生意。他只有一个儿子,解放时仍然健在,处境还不错,后来应该是在土地改革中去世了。《陈毅早年回忆》,同上书,第14页。

④ 同上书,第15页。

是在第一次世界大战之后。

陈毅本人生于1901年,尽管家道中落,他的童年还是幸运的。四川大饥荒年月,一大家子其他家庭成员缺衣少食,他还能吃饱穿暖。5岁入学,一年半后他就读了《四书》。7岁时,他随父亲住在外祖父万县的衙门,开始很受疼爱,但很快就失宠了,被送往成都的小学。那时,他9岁。1915年,陈毅被一所技术学校录取,待了6个月。同时加入青年会组织,在那里学英语、踢足球,有了"陈前锋"的绰号,最后因为嘲笑宗教赞美诗而被开除。后来又进了一所真正的职业学校,尽管学业优秀,但家里只能资助他学习两年。在熊可为开办的军校考试失败后,陈毅干脆想参军了,成为一名普通的士兵,但父母反对。那是1918年,他18岁。他和兄长陈孟熙一起进入吴玉章刚刚建立的赴法预备学校碰运气。

陈毅的早年经历包含了许多典型性的因素:发现社会变迁所带来的冲击,老式地主文人的没落,对新环境的不适应,保持社会地位的努力,迁移到城市、学习的焦虑。通过以上简单的描述,陈毅作为一个典型形象展现在我们面前:没落家庭的子弟,现实而没有固守过时的价值观念,渴望受到西式教育,被社会和政治革新的摇篮之一——军队所吸引,渴望成功,哪怕以自我放逐为代价。

因此,出身迥异的青年面临相同的处境,瞄准相同的目标:摆脱这些中小城市给他们的发展前景带来的障碍,他们中有的与家庭决裂,有的则是其家庭唯一的希望,但没有任何发展机会。研究者们都发现即便是在国外接受过良好教育的归国留学生都很难找到工作。1916年,回国留学生中约有25%失业。除了中国经济发展疲软的原因,他们所受教育不适应社会需求也造成了失业。洋文凭在手,他们心气很高,回国后却突然意识到中国小城市的落后状况,之前则从未真正理解这一点。① 最后,一战以后的时局恶化了这一现象:世界冲突与经济增长并行,回归和平后经济立刻回落,表现为严重的萧条。

---

① 根据教育统计,《第一次中国教育年鉴》,1916年。引自黄利群,《留法勤工俭学简史》,如前文注,第2页。

经济回落严重影响了已经人满为患的新兴知识阶层。李大钊在1919年2月的一篇著名文章中写道:"大部分青年知识分子涌入城市寻求新知。他们只想生活在城市,没有一个人愿回到乡村。唯一的希望是找到一个官僚的职位。"他明确论述:"现在有许多青年,天天在都市上漂泊,总是希望那位大人先生替他觅一个劳少报多的地位……都市上塞满了青年,却没有青年活动的道路。"①

"都市上塞满了青年",这个描述虽然有些夸张,却与新城市社会的实际情况相去不远。在一个深陷危机同时充满变迁的环境中,一个由众多年轻城市市民构成的新阶层形成了。其中男子远多于女子(女性知识青年也不少),渴望行动,被强烈的爱国情感所激发,对自己的个人价值非常自信。在一个刚刚工业化不久,却已经依赖国际商贸潮流的世界,他们很少有机遇施展才能。国家的状况,政治混乱、经济遭遇危机、军事力量上升、在外国经济控制下本国力量虚弱,再加上个人的困难,让他们感受到整个境遇的糟糕。他们坚信不管对个人还是整个国家的未来,"现代化"的教育都是关键,这种迫不及待的心情是从环境中激发出来的,当时的这种环境包含、维持着他们的生活,却同时让他们不知所措。

如何学习

尽管很多年轻人都认为革新教育和培训是当务之急,中国却经历着学校和教育制度的部分解体,一战之后教育制度处于革新和过渡时期。这一现象在不同地区有着不同的表现,也许这也是未来留法运动在不同省份分布不均的原因。

共和国曾经发起过一次学校教育改革的运动,伴随着是否有必要实行义务教育的争论。从1912年起,即中国政治统一的现状打破之

---

① 李大钊,《青年与农村》,《晨报》1919年2月20—23日。引自 M. C. Bergere Tchang F. , *Sauvons la partie*! *Le nationalism chinois et le movement du 4 mai 1919*(《救国!中国爱国主义与1919年五四运动》),巴黎,Pof-etudes,1977年,186页,第35—46页。

前,中央政府发起一项重组整个教育制度的计划①。组建起来的大教育部包括一个普通教育部门(负责初等教育和教师培训),一个职业技术教育部门和一个负责群众文化活动的社会教育部门②。1913年,省级政府拥有了教育司,相当于省级的公共教育部。1914年后,每个教育司都配4名教育督学。1917年,建立省级教育办公室,独立于地方政府,受中央政府教育部的直接控制。

接下来的几年,尽管中国政治统一的局面被打破,这些改革的努力和理论性的思考仍在继续。这也是五四运动,特别是新文化运动的内容的影响。许多改革建议停留在美好愿望的状态。但有些督军,特别是独立主义的军阀并没有教育方面的政策和计划。例如广东省政府③。1920年10月10—20日,广州召开了全国教育组织会议④,美国专家、美国哥伦比亚大学教师、教育科学专家P. Monroe(孟禄)出席了此次大会。大会提出在全省范围内实施真正的教育改革措施。

> 每个省都应该建立一个教育管理机构,由一名教育总局长和一个七人组成的主任委员会构成。根据每个省的实际情况,这个数字可大可小。主任们的任务是制定本省教育行政管理的政策,管理和积累本省教育经费。具体措施由专业执行人付诸实践⑤。

以上模式即美国学校管理的模式。1922年9月由教育总长动议在北京召开的全国学校教育系统会议提出了类似的建议。但这些建议大部

---

① 舒新城,《现代中国教育史料》,如前文注;钟璐子,《中国近代民主教育发展史》,博士论文,斯坦福大学,1930年,英文版为Djung Lu-dzai, *History of Democratic Education in Modern China*,上海:商务印书馆,1934年,258页。

② 参见Djung Lu-dzai, *History of Democratic Education in Modern China*,如前文注,第21页及后页。

③ 陈独秀,中国共产党第一书记,没有出席1921年7月中国共产党第一次代表大会,当时他在广州,粤系军阀陈炯明原希望他出任教育部部长。

④ 1913—1917年改革成立的这些组织由许多有能力的知名人士组成,虽然是纯粹咨询的角色,却仍然具有真正的威信。见下文。

⑤ 参见Djung Lu-dzai, *History of Democratic Education in Modern China*,如前文注,第31页。

分停留在一纸空文,仅有个别省份例外,如江苏。此外,Djung 基于 1916 年进行的一项调查结果指出儿童就学率非常低。除了边远的新疆之外,最低的省份是安徽(学龄儿童就学率仅为 2.27%)和福建(3.85%),陕西居首位(57.37%),湖南(9.22%)、四川(6.84%)和广东(5.20%)均低于全国平均水平 10.67%。

整体的数据显示出计划和教育现状之间的巨大差距,现实中的贫乏与社会各界对教育问题(包括扫盲、中学和职业教育,以及大学①)的关注反差很大。如果与以后的情况相比较,可以看出,10 年以后,广东(和山东)的儿童就学率达全国之首,广东对小学教育的投入达全国之首②。1930 年代,无论是在建设学校还是在教育投入方面均作出很大努力的省份是山东、河北、湖南和陕西。

总之,新知识阶层对现代教育和培训的渴求与周围的关切结合在一起:没有一位政客在此方面提出过计划或作出过声明。此问题也向社会所有基层提出,成为最初的工人工会纲领的一部分,以后我们还会发现劳动者扫盲教育的问题在新式的留学运动中也占有一席之地。年轻人既渴求高等教育,又关心群众教育和经济发展。用陈毅的话来说,是要"学习科学,通过发展工商业救国"③。

几乎当时所有的省份都有人员参加勤工俭学运动,但规模不同。从中国留法青年协济会制定的一份名单中可以大致分析出留法生来自哪些省份④。这份未注明日期的手书文件很可能是 1920 年或 1921 年

---

① 陈嘉庚 1921 年创建了厦门大学,之后还在他的家乡集美创立了一所小学和一所大型的中学。(参见 Eric Guerassinoff, *L'œuvre educative de Chen Jiageng* [《陈嘉庚的教育事业》]博士论文,巴黎八大,1996 年)。但以上教育成就极其罕见,当时中国总体教育情况是非常糟糕的。1923 年,中国基础教育每年生均投入仅 3.75 元。而当时一名职业高中生均成本为 137.3 元,大学生高达 399.95 元。当时全国大学生人数为 34880 人,初小不到 600 万学生。如前文注,第 91 页。

② 参见 Tang Leaning-li 编辑, *Reconstruction in China, a Record of Progress and Achievement in Facts and Figures*(《中国的复苏,事实与数据中的成绩与成就》),上海,中国联合出版社,"今日中国"系列,第 3 卷,1935 年,401 页(用于国外宣传的官方报告),第 70 页。

③ 陈毅,《陈毅早年回忆》,见聂元素等人编辑,《陈毅早年的回忆和文稿》,如前文注,第 18 页。

④ A.E.,亚洲,1918—1929 年,中国部分,E 197,有关此机构情况见下文第三章。

初制定的。题目为"华法教育会学生名册表",名单在163页纸中收入了1576个名字,其中1122名为勤工俭学生。这一数目并不是当时在法留学的全部中国学生的数目,实际数量超过2000人,但从样本的意义来讲,这份名单是很有代表性的。

名单中学生来自的省份和学生数量分布如下(按照清单中的顺序):

出身省份	数目	百分比%
湖南	346	21.95
直隶	149	9.45
奉天	5	0.31
四川	378	23.98
广东	251	15.92
江西	28	1.77
福建	79	5.01
浙江	86	5.45
河南	28	1.77
陕西	9	0.57
贵州	9	0.57
山东	12	0.76
湖北	40	2.53
江苏	69	4.37
山西	28	1.77
安徽	40	2.53
云南	6	0.38
广西	7	0.44

3个省份,湖南、四川和广东的人数最多,占全部的62%[①]:这3个

[①] 1920年10月统计机构的另一次统计,3个省份勤工俭学生人数分别是331、279和238人。参见 A. N. 47 AS 1。

省并非传统的移民出去的地区。在勤工俭学生中,湖南人占了五分之一,四川人占了将近四分之一,两个省加起来达到46%。虽然文件中可能出错,统计也不完整,以上现象却是非常显著的。在这两个省份中,勤工俭学运动与政治冲突和军事混乱恰逢同一时期,短暂在台上的政客也自称是现代主义者。

如果说几乎所有省份1919年都爆发了动乱,从1917年春开始,湖南和四川实际上处于战争的状态。简单回顾一下四川的情况能够帮助我们理解当时形势的严重性、复杂性和破坏性。4月,四川部分被南北军阀的冲突所蹂躏,也被与北系军阀段祺瑞结盟的军事首领内部纠纷所破坏。一场短暂的战役之后,4月20日,段祺瑞任命新督军戴戡,此人在不久后与贵州军队的战斗中阵亡。军官熊克武(一所军校的创办人)从中渔利,占领了重庆,成为四川督军。1918年初,加入南方六省联军。1920年5月,对云南滇军宣战。当年夏天战败,7月10日放弃成都。尽管广东的政府任命了新的省长,但战争仍在继续。8月,四川省饱受战争蹂躏。1920年9月8日,熊克武及其盟友刘存厚重新攻克成都。被北京政府任命为四川省省长之后,熊克武废除了督军的职务。但其军长刘湘在军官们的追随之下,宣布四川自1921年1月自治①……同一时期湖南的历史也毫不安宁:1920年春天的内战与南北军阀混战以及省际冲突叠加在一起。当年12月份,又爆发了因拖欠军饷引起的军队叛乱,省长赵恒惕宣布自治。这个时期,整个中国充满了士兵的抢掠,老百姓的日常生活极不安全。但1919—1921年的湖南和四川的情况是最为严重的。

战乱给两个省份的教育带来严重的影响。学校运转多次中断。1918年间,长沙局势的变化给教育带来灾难性的后果。军阀张敬尧②将教育经费减少一半用以支付军队的开支。同时,地方发行的货币急

---

① Li Chien-nung(李剑农),*The Political History of China*,*1840-1928*(《中国政治历史,1840—1928》),加利福尼亚:斯坦福大学出版社,1956年,545页;陶菊隐,《北洋军阀统治时期史话》,北京:三联书店,1978年,第5卷,224页。
② 参见陶菊隐,《北洋军阀统治时期史话》,如前文注,第67页;Nora Wang(王枫初),*Mao:Enfance Et Adolescence*(《毛泽东的青少年时代》),如前文注。

剧贬值。学校的财务状况更加危急。雪上加霜的是,大部分学校成为张敬尧军队的兵营。学校师生必须向军方申请才能出入教学场所。教学活动被限制在士兵们不要的场地,或干脆停止了。学校的大部分建筑物都成为军队的食堂和宿舍。书籍与教学材料受到的损失可以想见。湖南省第一技术学校用于教学的机器成为军队制造武器的设备,取暖用的露天火盆则被用来烤制鸦片①。

大学师生用罢课和游行表示反抗,后来镇压的暴虐程度让学生因为害怕吃枪子儿而不敢上街。陶菊隐记录,1918年末,当全中国的学校掀起爱国的罢课运动时,长沙学生游行是为了返校复课。长沙青年大学生②发起的新民学会将反抗张敬尧和恢复湖南的文化教育事业作为斗争的目标。当时的成员之一李维汉在回忆录中指出,他后来成为留学的勤工俭学生还是"张省长给的大礼"③。

湖南的情况虽然极端但并不是孤例。对于当时有机会进学校受教育的青年来说,每个学业阶段都面临着继续求学的问题。舒新城认为,1917年中国学生在教育体系中的升学率是最低的之一④。仅十分之一的高中生可以升入大学,仅二十分之一的小学毕业生能够升入中学。

学生的抗争引起骚乱,当事人被当局放逐国外成为一个趋势。相反的途径也会造成同样的结果:有时地方政府为了改革教育,也自发地资助人员赴外留学。广东就是这样,其用于教育的经费支持力度是中国最高的省份之一。四川的自治政府短期也有此举。陈毅也是受资助者之一。

> 1919年(……)家里已经不能供我读书了,不得不离家自食其力。在一所留学预备学校,我参加了省里的奖学金考试。四川省

---

① 陶菊隐,《北洋军阀统治时期史话》,如前文注,第68页及后页。
② 参见李维汉,《回忆新民学会》,《五四运动回忆录》,北京:中国社会科学院出版社,2卷,1021页,第99页及后页。
③ 同上,并参见宋斐夫,《新民学会》,长沙:湖南人民出版社,1980年,131页。
④ 舒新城,《近代中国教育史料》,如前文注。并参见黄利群,《留法勤工俭学简史》,如前文注,第1章。

政府资助一笔钱作为旅费,我就出发去法国勤工俭学。①

地方政府由于财政持续显而易见的困难将战争支出放在首位,之后中断了对出国留学生的资助。但之前的良好意愿——部分是策略性的——则非常高调地表现出来。1921年5月14日召开的中国留法青年协济会上,法国外交部代表布拉迪耶解释:

> 中国政府3月份准许借款250000法郎,并许诺支付50000银元(约300000法郎)。M. Chu Chi Chien这几日到巴黎另向中国公使团交款50000银元。还有几个省的政府资助了奖学金。②

在第一次会议上,财务主管说明:"委员会仅仅作为江西和江苏省与中国学生的中间人,向学生支付了部分款项,是这些省份给学生提供的资助。"③实际上,有些省份作出很多许诺,但并未兑现,之后勤工俭学的学生付出了很多代价才明白这一点。

对某些人来说,远离家乡去求学不仅是出于信念,也是形势所逼。不光是在赴法勤工俭学运动中,整个青年知识分子的留学潮的组织动员机制都深深印上了当时国内勤工俭学理想和五四运动理想主义的烙印。国内、国际因素叠加在一起,否则也不会产生如此大规模的留学潮流。

奔赴法国

赴外留学的兴趣和实践与西学并行不悖。但19世纪以来,无论是西学还是大规模的留学运动都没有将法国作为特别的对象和目的地国。1919年勤工俭学运动前夕在法的中国留学生仅400名④。一战还一度减少了在法国和其他欧洲国家的留学生数量。为什么一战结束之

---

① 陈毅,《给罗生特同志的信》,1942年3月,《陈毅早年的回忆和文稿》,如前文注,第10页。
② A. N. 47 AS 1,1921年5月14日会议报告,第4页。
③ 同上书,第16页。
④ Wang Y. C. (汪一驹),*Chinese Intellectuals and the West, 1872-1949*(《中国知识分子与西方,1872—1949年》,如前文注。

际大量年轻人奔赴法国,一部分是有组织进行的甚至是半官方资助的留学,而其余却是毫无组织地赴法呢?

答案可以在更为宽泛的现代中法关系中找到。这是一种模糊的、推动力仅限于有限界别的关系,其利益和目标多样。首先,它伴随着新文化运动,在中国新知识阶层产生了一种亲法的"传统"。这种传统延续几十年之久,对此,研究五四运动的学者们充分加以分析。这种传统并不是五四时期才产生的,而是在19世纪中叶以后,特别是下半叶在中国知识分子经受的整体动荡中发展起来的。知识精英为西方所吸引,同时掺杂着排斥,两种情绪充满矛盾。受到各自国民性的影响,在不同的国家表现形式不同,但这种现象在所有的殖民地或后殖民地精英中都存在。对中国当时此情况的研究颇为丰富,有单独的分析,也有比较性的分析,尤其是与日本的比较。

无论是在中国还是日本,西学都被认为是西方胜利的决定性因素。中日两国长期以来都有一小部分精英对西学感兴趣,在日本是"兰学",在中国则是由基督教教士传播的知识技术。一个世纪中,西方国家军事和商贸领先的地位让同一批精英的观念发生变化,从仅仅引进西方的技术,变为应该引进西方的部分经济制度,并从其政治原则中得到启发。从1860年开始,中国的士大夫就在洋务运动中尝试学习西方的科学技术,然后又引进了西方的商业、银行、工业模式,最后思考是建立君主立宪或共和国制度,还是采用西方革命大潮中激发的更为激进的政治制度。这个过程伴随着对身份、国民意识、价值观念残酷而痛苦的疑问,有时还要拼命努力在所谓"传统"中寻找根源和理由,为不可避免的抛弃和调整传统的行为辩护。在19世纪、20世纪交替之际,通过日本这个中转站对西方广泛领域著作的大量翻译和越来越直接的认识,反映了当时学习西方民主与科学、建立新中国的愿望。

但在此西方主义思潮中存在对法兰西的偏爱吗?1910年的一些文章让我们相信确实如此。陈独秀在《新青年》创刊号(刊名下一直标注其法文翻译 La jeunesse）上题为《法兰西与近世文明》的文章中①，字里行间充斥着对法国热情和过度的讴歌。陈独秀写道，法国人创造了西方现代文明，是最有特色的三大学说的鼻祖：拉法耶特起草的人权宣言、拉马克率先提出的进化论、拉萨尔和卡尔·马克思在巴贝夫、圣西门和傅里叶理论基础上发展而来的社会主义。

陈独秀的文章经常被引用，但这仅仅是部分新知识分子精英热衷法兰西文化的一个标志。许美德（Ruth Hayhoe）②指出，这些年是法国文化在中国某些领域对新一代知识分子影响巨大的特殊时期。尤其是在教育界，"在辛亥革命以后、抗日战争之前的一个时期，法国教育思想和教育模式得到广泛传播，从某种意义上讲为中国近代教育制度的建立打下了基础"③。法国传教士在华长期传教的事实与他们办教育的努力产生相悖的影响，使得他们传教的身份以及所宣扬的价值观变得模糊。与盎格鲁-撒克逊传教士不同，法国传教士始终作为秩序，包括已有的帝国秩序的维护者出现。"这种教育中更多留下欧洲经院哲学的烙印，而较少法兰西思想中现代思潮的影响。"④

20世纪初，特别是围绕震旦大学出现了现代化改革。但如果说民国成立几十年后法国的影响依然不减，也主要是因为一些中国知识分子与法国其他、大部分是反对教会的界别产生了联系，其观点不谋而合。徐美德认为，对于中国知识分子来说，"与其说悖论存在于天主教法国与社会主义法国之间的对立中，因为两者都推行同样的教育模式，不如说存在于近代中国历史的不同阶段对这些模式的看法中。中国人有时将其视作顺应政治的象征，有时又将其作为绕不过去的生产力解

---

① 陈独秀，《法兰西与现世文明》，《新青年》1915年9月15日第1期。杂志的目录显示1915年和1916年间至少发表了13篇篇幅不一的有关法国的文章。

② *Catholics and Socialists: The Paradox of French Educational Interaction with China*（《天主教徒与社会主义者：法国与中国教育互动的悖论》），R. Hayhoe, M. Bastid 主编，*Chinese Education in the Industrialized World*（《工业化世界的中国教育》），Armonk，纽约，Sharpe，1987年。

③ 同上书，第99页。

④ 同上书，第103页。

放机制"①。

1920年代,中国公众可以找到许多描述法国教育机构和大学的文献著作:除了1923年《教育杂志》中的一篇长文之外,不少文章"介绍了中国人所感兴趣的法国教育制度的各种侧面,如巴黎大学的悠久历史、法国的公民教育的详细研究、1923年完成的初等教育改革的细致分析、教师培养高级阶段的报告、13—18岁青少年的课外活动规定"②等等。蔡元培,1912年的教育总长、北京大学校长,对法国教育模式情有独钟。一战期间他在法国时曾经近距离观察过法国的教育制度,尤其欣赏其行政管理和世俗化。"在他看来,法国的管理是将教育系统置于政治与宗教力量之外的理想模式。"③

在其他思想领域,在1930年代初的一位文学史专家制作的名单中,翻译成中文的外国作家有20位是法国人④,还有12位英国人、10位德国人、9位俄国人、5位美国人、4位希腊人、4位日本人、3位斯堪的纳人、3位意大利人、2位西班牙人和印度人泰戈尔。而青年毛泽东在湖南师范学校读书期间研读的20多名欧洲哲学家中有亚里士多德、柏拉图、边沁、霍布斯、斯宾诺莎、莱布尼茨、康德、费希特、叔本华、尼采、斯宾塞和斯图尔特·密尔,很多德国人、英国人,却没有一个法国人⑤。上海和广东的大资产阶级表现出盎格鲁-撒克逊世界在整个1920年代期间具有很强的吸引力,1921年罗素在当地所受到的盛情款

---

① R. Hayhoe, M. Bastid 主编,*Chinese Education in the Industrialized World*(《工业化世界的中国教育》),第119页。
② 同上书,第115页。
③ 同上书,第116页。
④ 莫里哀、拉封丹、笛卡尔、伏尔泰、卢梭、孟德斯鸠、波德莱尔、雨果、莫泊桑、小仲马、欧仁·苏、儒勒·凡尔纳、巴尔扎克、左拉、都德、法朗士、巴比塞、纪德、罗曼·罗兰。有关罗曼·罗兰,参见Aiura Takashi, *Romain Rolland et les intellectuels chinois*(《罗曼·罗兰与中国知识分子》), *Approches Asie*(《走近亚洲》)1985年第8期。王德福1933年制定名单,Martine Vallette-Hemery 引用,*De la revolution littéraire à la littérature révolutionnaire Récits chinois/1918-1942*(《从文学革命到革命文学的中国叙述/1918—1942》),巴黎,L'Herne,1970年,333页,第329页。
⑤ Nora Wang(王枫初), *Mao: Enfance Et Adolescence*(《毛泽东的青少年时代》),如前文注,第124页。

待证明了这一点。1925—1927年间中国的社会名流录是表明他们偏爱的另一个迹象：其中17.3%曾经留日，29.1%留美，5.2%留英，10.4%留学其他国家，其中包括法国。

但是，如果仅从这些不一致的因素出发就可能得出过于机械化的推论：社会名流和资产阶级偏向美国、日本，卑微的阶层偏好法国，之后是刚刚成立的苏联……尽管得不出一种亲法社会学，但我们还是可以注意到这样的倾向。1920年代客观环境和存在的可能比相关人员的分析和崇拜之情更能影响当时留学的选择。

也许，也应该放弃一战结束时法国某些阶层怀有的幻想，他们希望第一次世界大战能够向中国青年展示法国的美德。对于其中一些人的确如此，但总体来说，一战并没有在中国知识分子中全面推动亲法热潮。可能一战后中国年轻人缺乏对欧洲国家的全面审视，他们虽然知晓欧洲发生的事件，但有时所得到的信息是碎片化的。他们的评论有时很有意思。毛泽东在湖南的刊物《湘江评论》上发表对于凡尔赛条约签订的评论文章，认为德国（他认为是克里蒙梭公诉的牺牲品）不会止步于此，"条约坚持不会超过5年"①。

战后阶段过去，德国所特有的吸引力重新显现。总的来说，中国人在道德上的判断并非我们所能想象的，法国的胜利也并没有从根本上改变中国人对这两个国家的感觉。相反，中国人，不管是哪个阶层的，都继续从他们的视角审视这些欧洲国家。尤其是大小商业资产阶级。法国政府仅仅在中国的领土上获得几项反德措施，没有达到什么效果。中国领导人不太考虑法德的争执，他们认为众多中国商人战前与德国制造商所建立的商业往来是很令人满意的。1920年代德国在中国市场上不退反进，正如1922年一位对外贸易顾问所担心的那样。

> （……）亚洲是未来最大的市场之一。认真审视如何夺回我们1914年占据的位置符合我们的最大利益（……）。从那个时期到1919年，法国货物进口中国完全取消，大部分法国工厂也关闭

---

① 《湘江评论》1919年7月21日。

了；其他人就利用这个时期取代我们的位置(……)，很多时候，让德国工厂和货物回到中国(……)。我们的竞争对手，英国人、美国人和德国人(德国人全面回归亚洲)在最短的时间给予最长期的贷款，因此拿到了我们所得不到的所有订单①。

不仅中国的商人和工业家对德国产品没有任何不好的感觉，大众的态度也没什么区别，而他们对日本货物是有抵触情绪的。对于大众来说，他们视野中的法国没有因为战胜了德国的野蛮行径而增加任何特殊的威望。在 1921 年中法实业银行破产时②，上海法国租界的居民借霞飞元帅访华之机抱怨这家银行的失败，以至于让人担心元帅不会被很好地接待。至少法国驻沪总领事威尔登这样担忧，"马恩河会战的胜利者造访上海，是一件中国人和法国人都应该热烈庆祝的庄严事件。(……)我们应该确信不能让任何事故扰乱这次访问"③。但他对解决围绕中法实业银行的争端缺乏信心，如果解决不了，就要做好最坏的打算。

> (……)我认为最好推迟元帅的访问(……)这里银行的债权人数量众多(3000 多人)，来自社会的各个阶层，包括最贫困的阶层(……)令人担忧其中一些会借这次访问抗议示威(……)这将对元帅本人，对法兰西的代表，对所有的法国人来讲都是很不愉快的。

总的来说，一战期间和战后，不管是经济方面还是学术方面，德国在中国的威望都毫无损伤。④ 有财力的知识分子将赴德留学，有时还会长

---

① A. N. F^{12} 9226，《Javet 报告》，1922 年 12 月 28 日。
② 参见 J. N. Jeanneney 在 *Revue Historique*(《历史研究》)中的文章，1975 年 4—6 月。
③ A. E.，领事书信，中国 1918—1929 年 E 27，上海邮政局，1921 年 10 月 26 日。
④ Y. C. Wang(汪一驹)认为战后留法现象的原因是当时中国人对日本和德国的厌恶(*Chinese Intellectuals and the West, 1872-1949* [《中国知识分子与西方，1872—1949 年》]，如前文注，第 110 页)。1920 年代虽然有这种感情，但之后 10 年间中国知识分子则确认了他们对德国科学技术水平的信心：1930—1931 年所做的一次调查统计显示有 493 名中国学生在法国大学注册学习，德国有 273 名，接收中国留学生数在当时欧洲国家位居第二。德国的中国学生很少学习人文学科，而更偏重如社会学(24 人)、医学(53 人)、物理(32 人)和土木工程(94 人)等学科(Dumas Georges，*Les étudiants japonais et les étudiants chinois en France*[《法国的日本和中国大学生》]，*Annales de l'Université de Paris* [《巴黎大学年鉴》]1932 年 1—2 月第 1 期，巴黎：大学年鉴出版社)。

期居住,如周恩来。很多情况下,德国的文化激发了访问者的热情。朱德旅居柏林期间(1919—1923 年)即如此,他的伙伴邓演达回忆,那时朱德表现出真正的对德国文化的渴求。

> 昨天是参观艺术博物馆,前天是军事博物馆。昨天晚上是音乐会。对,一场音乐会!他一动不动地听着一个叫贝多芬的人制造出来的噪音。他喜欢这个,还说想听他所有的作品。①

另外一名中国留学生记录:

> 他拉我去歌剧院。我很快睡着了。当他问我是否喜欢当天的演出时,我回答说尤其喜欢幕间休息的三明治。回来的路上他一直教训我。当然,我挺喜欢运动场集会时的歌曲,但其他的德国音乐对我来说就是噪音。②

朱德喜欢德国音乐,同样对德国的经济和社会发展感兴趣:

> 当我对柏林像对自己的口袋一样熟悉了,就计划着访问其他城市和工业企业。之前我相信资本主义可以救中国,但之后我的信仰就减弱了。德国拥有具备高技术水平、遵守纪律、有文化、组织性强的工人阶级,但如果像德国这样的国家都被打败了,再沿着它的足迹走下去就太愚蠢了。还记得在卡塞尔度过的一周。我跟踪了从生铁到能在铁轨上行驶的机车生产的全过程。那番情景给我留下的印象比以前所有德国的文化机构给我的印象都要深刻。③

第二点值得注意的是,战争结束前,对于一部分最年轻的知识分子和更为广泛的所有受激进思想鼓舞的人来说,西方的吸引力与对苏俄的兴趣混合在一起,苏联的崛起激发起他们的热情。1917 年起西方和苏联的这种吸引力我们不再阐述。能否认为,由于西伯利亚战争的影响,法国在 1920 年代仅仅是一个通往苏联的中转站,或者因为不能奔赴苏

---

① Y. C. Wang(汪一驹),*Chinese Intellectuals and the West*,*1872-1949*,(《中国知识分子与西方,1872—1949》),如前文注,第 265 页。
② 同上书,第 110 页。
③ 同上书,第 266 页。

俄,成为一个替代性的目的国?① 这也是中国历史学界官方的观点。当然,这方面的情况确实存在。但也不能忽视一些留法生在法国待了很多年的事实,其中一些永久留在了法国。经常提及的经济因素(特别是法郎的疲软)的确也存在,但整体的情况可能更复杂些,包括多种因素。同时也不能忘记,一战期间的众多华工在 1920 年代初未能全部返乡,一直留在法国的土地上。

中国青年们是否响应了法国的政策号召?尽管一战期间,法国对中国的劳动力感兴趣,如何使用殖民地区的资源也成为一个问题,法国对华的政策却仍然是有限和碎片化的。战后,法国舆论以及政治人物对亚洲的关切主要集中在印度支那的防卫和开发上。但中国是一块辽阔的空间,放弃了义和团起义后的蚕食鲸吞计划后,法国并没有制定清晰的政策。危机时期证明了这一点:当 1925 年爆发革命事件后,班乐卫(Painleve)政府从未作出适当的决策②,而是在当地对英国的政策亦步亦趋。不仅左派的卡尔代尔(Cartel),右派和议会极左派如法国共产党也强烈指责这一点。但反对派并没有替代的政策,议会就这个问题的有限讨论证明了这一点。除了有关借款等零星问题之外,1925 年事件是 1920 年代法国政党们就中国问题进行讨论的唯一机会③。的确,同时期有摩洛哥里夫(Rif)的问题,对于消息灵通人士,还有越南乡村起义的问题。但当权者没有任何保护法国在华利益的打算,仅仅有法国士兵参与了一些镇压性的行动,不属于任何明确的计划。这种近似无动于衷的态度表明,一战后法国政府对中国是不感兴趣的。

法国政府的缺位并不排除多项"中国政策"的存在,并由有限的界别以持续的方式执行,他们有时是半官方人士,有时是工商界人士。特

---

① 1917 年的《新青年》目录中没有关于法国的文章,但有 4 篇分析苏俄革命的文章。
② 尽管如此,班乐卫于 1920 年秋率使团访华,当时在华法国人都很关注(L'Echo de China[《中国回声》],1920 年 7—10 月)。留法中国青年领导法中委员会自 1921 年 6 月 10 日成立后,他还就任名誉主席。
③ J. O.,议会辩论,1925 年 5 月 25、27、28、29 日,6 月 24 日。

别是外交部和法国使团的一小部分人,以百德罗(Berthelot)①和布拉迪耶(Bradier)为代表,他们在中国留法青年协济会中发挥了很大作用。还有一部分核心人物属于激进社会党人或其支持者,这部分人又与第三个利益团体即关注中国的里昂商业人士相联系。我们也就不惊讶在其中包括的人物,有之前提到的班乐卫,还有当时的里昂市长、1924年任议会主席的爱德华·哀里欧(Edouard Herriot),以及毛里斯·穆岱(Marius Moutet)。

在法国的经济贸易中,中国与里昂的关系是建立在个人关系基础上的,这也是个传统。显然,原因在于丝绸商与他们主要的原料产地之间的悠久关系。一战期间,里昂的工业没有太大的损失。Tcheng Tse-sio 在其 1936 年的博士论文中阐明了这一点。

> 1918—1919 年间产量突飞猛进,在战争期间也有稳定的增长。
> 我们可以说,在这个时期里昂的丝绸工业一直保持较高利润,没有受到交通危机的影响,海路的畅通保证了原料的供应和丝织品向英国和美洲两个最大的市场出口。(……)战争的短期影响没有超过一年。②

不仅没有损失,1920 年代初还"因为法郎当时的疲软,订货不断增加"。另外一个原因是里昂工业主对其顾客的强大适应能力。战争时期军需品的供给与花边饰品工业的发展不无联系。1926 年之后,丝绸商们又开始服务海外顾客群体,开发所谓"民族"服装的市场。除了向巴尔干人供应金线、绸带和流苏,向拉丁美洲人提供宗教服装,里昂还特别成为印度丝织品的供货商。而从 19 世纪下半叶开始,中国就是里昂丝绸工业原材料的来源。

为了维系这种关系,很多使团往来于中国和里昂之间。贸易双方

---

① 特别有关中法实业银行,参见 J. N. Jeanneney 在 *Revue Historique*(《历史研究》)中的文章,1975 年 4—6 月。
② Tcheng Tse-sio,*Les relations de Lyon avec la China*(《里昂与中国的关系》),巴黎,罗德斯坦,1937 年,第 51 页及后页。

都希望更好地适应对方的愿望。从 1860 年开始,里昂商会与香港商会合作在广州开设了丝品空间(la Condition des Soies de Guangzhou)。使团往来不断:1844 年、1865 年特别是 1895 年,里昂都派团赴华。1895 年访华后里昂在中国开设了分支机构。李鸿章 1896 年回访里昂,他"一出发就强调要加强里昂和中国之间的商贸关系,还强烈地希望了解里昂制造厂的组织管理细节,认为中国商贸能够从这些信息中受益"①。

回国后,李鸿章亲自关注改善中国的养蚕业生产条件,还派出多名学生到里昂学习农学和纺织工业。Tscheng Tse-sio 认为,"商贸关系就是这样逐渐带动知识界关系的发展"。实际上,商贸领域的联系在文化领域的影响很有示范性。早在第一次世界大战之前,里昂商会就在商会和里昂大学雇佣了一名汉语讲师②。1913 年商会与大学当局同意将这一职位变成一个共同资助的教席,开设了这一课程的毛里斯·古然(Maurice Courant),未来的里昂中法大学法方校长和乔治·杜巴比尔(Georges Dubarbier)相继在此教席执教。还有好几位地方名流都对此动议公开表示支持和兴趣,包括马如雷(Marjoulet)将军、茹班(Joubin)学区长和医学院院长让·勒比内(Jean Lepine)。可以说,中法大学的开设是地方政策实施的自然延伸③。

里昂丝绸工业界与外交部的"中国俱乐部"观点相似并不是偶然。在中国任职和在巴黎工作的相关外交官从 1920 年代就开始酝酿一个更为宏观的计划,即广泛地通过各种手段鼓励相当数量的中国学生留学法国,用法国的技术培养他们,让这些未来的中国经济管理者成为潜在的法国产品和技术的购买者。这些计划还有应对战后法国的经济困

---

① Tcheng Tse-sio,*Les relations de Lyon avec la China*(《里昂与中国的关系》),如前文注,第 51 页。

② 同上书,第 69 页。

③ 里昂商会在为法国殖民地培养人才的大政策中得到印度支那政府的积极支持和资助。为此,P. Doumer 从 1899 年开始为里昂商会提供专款。参见 Daniel Bouchez, *Un défricheur méconnu des études extrêmes-orientales*(《不为人知的远东研究开辟者》),第 78—150 页,第 80 页及后页。

难和突然的发展困难的目的。其实战争在多个方面对于经济发展结构的调整是有利的,尤其有利于工业主更新换代和进一步聚集,使其更加年轻化。国家的政策和当时的形势都朝这个方向发展。在商人和大众的心目中,不利因素是法郎在英国的操纵下贬值①。与德国相比较,在战争期间暴露出来的另一个弱点就是"科学与工业合作不够"②。

人们对更好教育的追求推动产生了另外一种方式来处理与外交界认为存在巨大潜力的国家的关系。有关"德国推销员"的困扰贯穿所有驻华领馆外交信函,这的确是战争思维的影响,但也表现出外交官们对教育和经济之间的关系所进行的积极思考。在这一点上,外交事务专家与里昂工业主意见相同,勾勒出今后可以作为对中国工业化支持的政策。

格里耶(Grillet)少校应外交部要求所撰写的题为《扩大法国和法国文化在华影响的行动计划》的意义也就在此。作者描绘了一项旨在支持中国现代化,特别是发展工业的整体合作计划。

> 首先应该找到在最有利的条件下实现这个转变的解决方法,消除与国家行动新方向相左的所有障碍。这些办法显然只能是普遍性的措施,不能期望其马上产生结果,如设立机构宣传法国文化,或者派遣学生留学法国,不光是大学生,还应派遣数以千计的工人学习法国的技术。但是只要中国国家的资源没有利用好,其购买力没有上升,我们就不可能开展具体的行动,也不能组织宣传以便促进产品出口,改善贸易往来,现在的逆差是非常严重的。③

总而言之,这是一项发展政策,让中国从出售国最终成为购买国(1920年代法国进口中国的货物价值比其出口中国的货物价值高 8 倍),中国

---

① 参见 A. Sauvy,*Histoire économique de la France entre lès deux guerre*(*1918-1931*)(《两次世界大战之间[1918—1931]法国经济史》),巴黎,Fayard,1965 年,564 页,第 99 页及后页,研究认为当时大众对此深以为意。

② Georges Dupeux,*La société française 1789-1960*(《法国社会 1789—1960》),巴黎,A. Colin, coll. U, 1964 年,295 页,第 225 页。

③ 格里耶(Grillet)报告,s.d.(1921 年?);A. N. F. 12 9226。

应该成为一个有支付能力、有足够购买力的贸易伙伴。在所有可能的办法中,包括转让法国工业技术,培训工人、工头和管理人员适应法国的工业机制,从而自然而然地让他们的雇主购买法国商品和法国装备物资。战后法国的复兴也在较小的程度上通过中国的复兴来实现。这不仅有利于法国的经济发展,也有利于提高法国在亚洲的政治地位。Andre Duboscq 在代表法国大工业发展趋势的刊物 *Le Temps*(《时代》)中写道:"在一个像中国一样刚刚对外国开放的国家中,商贸的扩展并行于政治影响的扩大,在纯商业领域,新兴企业只有支持和促进相同国家企业的发展才行。"①

以上通过国际合作发展中国的观点与中国西方主义学者的立场不谋而合,包括从蔡元培到李煜瀛(李石曾)再到吴稚晖的中国学者,也促使他们从自己长期以来尝试的"小刨小弄"中走出来。我们会联想到李煜瀛战前和战争期间在法国办的企业,由于缺乏资金和支持都失败了。这些人士完全接受在华法国外交界提出的建议,希望将战后充公的上海德国学校变成法国扩大影响的一个先锋。

> 经过很长时间的思考,(法国领事写道)考虑到所有可能的解决方法后,我下了结论,唯一解决问题的方法是将这所学校变为中国的机构,并成为致力于扩大法国影响的事业(……)
>
> 此方案现在已被接受了。几天前,我收到蔡元培先生的一封信,副本附后(附件3)要求德国学校交予法华教育会使用。(……)
>
> 这里可能成为华法教育事业非常重要的基地——可能是全中国最重要的基地。除了我们可以在公共教育中加强法国影响和威望之外,还应注意到我们依赖于——也为其服务——我们绝对确信的唯一一方。蔡元培、Tchang-Ki、李煜瀛等先生证明了他们的忠诚,我们也知道他们在中国的自由党派中确实能够产生影响。②

---

① *Le Temps*,1918 年 10 月 15 日,关于在华开设一所法国商会。
② 法国驻上海领事,给法国驻华特命全权公使 Boppe 的信,1919 年 3 月 23 日,A. E.,亚洲,中国 1918—1929,E 25 卷。

总之,1921年5月中国留法青年协济会管理委员会召开第一次会议时,法方出席会议的人员有布拉迪耶(外交部),巴黎、荷兰和印度支那银行的代表卡恩(Kahn),远东总公司的总经理奥迪内(Audinet),国外劳工部主任、冶金联合会成员冬德尔-沙弗勒(Tondeur-Schaeffler),班乐卫(Painleve),百德罗(Berthelot),参议员勒胡(Le Roux),国家对外贸易办公室主任克洛泽耶(Crozier)。中方除了中国公使馆和领馆的人员外,还有华法教育会代表李光汉①等。布拉迪耶认为:

> 正如组织名称所指,目的在于领导中国青年学生和勤工俭学生留法运动,一战胜利后,此运动变得非常重要。因此我们只能留住,并让最优秀的青年人来法,对于我们在中国的影响来讲,他们将会为知识界和工业界带来最好的回报。②

在这些条件下,我们更好地理解了为什么战前只有少许中国学生赴法,后来变成了较大规模的留学潮,为什么要在里昂为留法中国学生开设一所"大学",为什么对这批学生的控制成为法方的首要关切。同时,法国的宏观形势、经济危机与衰退、全国层面的漠不关心都严重地拖累、边缘化了原来良好的意图。

但是,如果断言与中国知识界的接触除了在确定的经济界和一些专家以外没有任何意义则是不公平的。这种断言是无视1920年代初国际主义和和平主义的潮流对世界包括法国知识界的启发。作为战争和苏俄革命联合影响的产物,这个潮流激发出人们精神上的最广泛的世界主义。

这一点之前已经提到,在许多中国青年的思想中,法国起到至苏维埃俄国中转站的作用。布尔什维克现象有着很大吸引力,尽管无政府主义是一战刚刚结束后在社会青年界中影响最大的思潮。有时这种吸引力是间接表现出来的。与共产主义政党在世界上同时诞生的,还有

---

① A. N. 47 AS 1.
② A. N. 47 AS 1,布拉迪耶报告。

"道路伴侣"的概念,用于那些被清晰的革命承诺吓跑的知识分子。在法国,一战冲突让这两个潮流的左派知识分子走到一起:A. Kriegel 称为"马克思化的康德主义者",他们是思想界的基础大众;还有就是信奉无政府主义的工人运动中心主义者。停战不久,两种思潮产生真正的结构化。一些社会名流起到催化剂的作用,其中最重要的就是罗曼·罗兰。他的和平人道主义自战争时期就被中国知识分子所了解,尽管有些片面。1916 年 10 月 1 日《新青年》刊登了一篇关于罗曼·罗兰的文章,那时候他已经获得诺贝尔奖。虽然中国直到 1926 年才开始翻译这位伟大的法国作家的作品,但罗曼·罗兰作为《约翰·克里斯朵夫》的作者在这之前已经在中国进步知识阶层享有很高的声望①。

从 1916 年到 1917 年开始,产生了"旨在将知识分子团结起来持续反战的思想,反战思想成为 1920 年代具有代表性的思想。这就是光明运动(刊物)"②。运动与刚刚建立起来的共产国际之间的关系并不神秘,在实践中产生了共产国际的非直接活动分子。在宣传工作中,法国左翼反战派的领袖亨利·巴布斯(Henri Barbusse)起到决定性作用,共产国际(Komintern)之前直接联系过。巴布斯亲自负责与"光明"的外国支部之间的关系③。他负责吸收新成员的活动,使其与全世界进步知识分子取得广泛的联系。在他名为《深渊里的微光,光明组织的希望》(1920 年)的小册子中,作者在文章前题词"我们要在思想中革命"。"光明"组织的章程规定:"这是一个无限期存在的世界性协会,是一个为了国际主义事业胜利的知识分子团结起来的团体,但命名为光明组织。"其国际性的领导委员会位于巴黎,成员包括中国知识分子界所熟知的阿纳托尔·法朗士(Anatole France)、儒勒·罗曼(Jules Romains)、

---

① Aiura Takashi, *Romain Rolland et les intellectuels chinois*(《罗曼·罗兰与中国知识分子》),如前文注。

② Annie Kriegel, *Naissance du Mouvement Clarté*(《社会运动中光明运动的诞生》),第 42 号,1963 年。

③ 亨利·巴布斯(H. Barbusse)给胡波特-卓思(J. Humbert-Droz)的信,1921 年 7 月 4 日。见巴恩·希尔格弗莱德(Bahne Siegfried)、基尔·胡波特-卓思(Jules Humbert Droz)档案,Dordrecht, D. Reidel,1970 年。

H. G. 威尔士(H. G. Wells)等等①。虽然巴布斯仅于1922年春天正式联系中国知识界,但该运动通过罗曼·罗兰早已在中国为人知晓。巴布斯给陈独秀这样写道:

> 我给您寄去阐释"光明"组织的思想和行动的一部小作品。当您了解之后,请告诉我您是否愿意或者是否可能在中国建立"光明"的支部组织。我曾经多次与中国学生练习,他们脑子里充满新社会思想。②

的确,和平主义的思想打动了对进步思想十分敏感的中国青年。通过这一国际主义思潮,很多人发现了一种"世界公民"的感觉。在这种条件下,赴法留学就更有吸引力了,奔赴法国,就是奔赴世界,了解战争、和平和劳动的世界面目。

> 我不想说话。沉浸在思想中。在我眼前突然出现了一个战场的情景,然后又变成了同样可怕的一座工厂。(……)如果我是个女人,我不能生下儿子之后眼睁睁看到他被杀害。但哪个儿子又没有母亲呢?我自己,不是被工厂的血盆大口吞噬了吗?③

一个系列(une filiere)的形成

最初的根源大概在于世纪之交令越来越多中国知识分子反对皇权的冲突。选择出国留学的大学生也不能回避这些摩擦。清朝灭亡的最后几年,他们越来越不遵守纪律。但原因恐怕比教科书中一些作者经常重复的说法要更加复杂。

留学生与清政府之间的关系很清楚。1870年代,对出国留学的管理是非常严格的,留学人员的挑选不仅要满足社会标准,还要符合能力

---

① 参见 *La lueur dans l'abîme*(《深渊里的微光》),如前文注,第147页及后页。
② 巴布斯致陈独秀的信,1922年5月7日,A. N. F. 7 13 438。
③ 巴金,*La logeuse*(《女房东》),法文翻译,Pa Kin, *Le secret de Robespirre et autres nouvelles*(《〈罗伯斯庇尔的秘密〉等小说选》),巴黎,Mazarine,1980年。

的要求(不同时期对能力的评价可以变化很大),10年以后留学就有点不可控制了。地方政府也制定了自己的留学政策,共和国成立前,留学奖学金逐渐成为省级教育战略的重要组成部分。

从1908年开始,留学事业得到新的资助渠道。美国决定将庚子赔款用于中美教育事业,主要是用于中国青年人在美接受教育,他们一方面提供奖学金,一方面于1911年在北京建立了留美预备学校——清华大学。另外,尽管官方限制很严,不少大学生还是通过自己的渠道赴境外留学。这些人中很多只有很低的老式基础教育水平,有时是因为他们出身低微,得不到政府的官方资助,还有一些人,官费生认为他们的条件和处境比较轻松。所有人都坚信——还是在五四时期——从国外学校毕业(不管实际的成绩和资质如何)能够令他们在回国后有权取得一战前中国政府不可能提供的境遇。清朝的覆灭加深了中国的危机,让已有的情况更加恶化。我们知道这一点在五四时期加深了青年知识分子的不满之情。

清朝统治末年,政府尝试了多种办法,企图对留学潮进行疏导和控制,尤其是提高官费留学的效益①。派员出国留学很快成为浪费的源泉,至少是花费巨大。这些费用,有时很难计算,又经常是不可预测的。从1906年开始制定了海外留学生拨款标准,但又增加了许多费用,如雇佣中国指导教师和导师的费用,以便更好地管理和训导这些学生。另外,拨给每名学生的钱款有最低额度,却没有最高限额。当事人自己也会滥用这些钱财。Y. C. Wang(汪一驹)提到一名在法留学的湖北年轻人,1907年提前要求并且最后也的确收到了6年的奖学金,共计30000法郎。督查制度的建立、更加详细的规则均于事无补。

还有更加严重的,由于一些官费生的背弃,投入的资金不止一次打了水漂。1910年的规定禁止中国学生在国外与外国人成婚,原因是"有家庭负担的学生很难专注于学业。另外,由于外国年轻女子习惯奢侈,有了沉重家庭开销的学生将不可能偿付学费。最后,娶了外国人

---

① 参见Y. C. Wang(汪一驹),*Chinese Intellectuals and the West*,*1872-1949*(《中国知识分子与西方,1872—1949年》,如前文注,第110—111页。

的学生可能会移民,其留学所获得的能力将不能服务于中国。(……)因此,禁止任何留学生与外国年轻女子订婚或结婚"①。官费生与中央或地方政府之间摩擦的原因很多,不止一人被取消奖学金,也许不应该将其仅仅归咎于青年留学生的政治立场偏差,尽管这一点毫无疑问也是重要原因之一。②

总之,战前几年,很多年轻人达不到政府对其留学期间进行资助的要求,另外一些人出于各种各样的原因被撤销了资助。清末,知识分子在用体力劳动自力更生的原则基础上制定教育计划时,出国留学的问题成为重要的动力之一。这是个很实际的选择,但超越了必需的范畴,这种看待问题的方式掺杂了道德因素成为真正的理论体系,很快将付诸具体实践。

理论思潮的汇集把意愿转化为实际行动。最开始的实践尝试例子不多但颇为具体。它们的发起者——李煜瀛、蔡元培、吴稚晖——在整个勤工俭学运动中同时也是部分的组织者和法方合作者所承认的对话者。

这一现象的主要理论根源大概在于"工读"运动之中形成了许多工读互助团。中国历史研究者赋予这些运动以三重根源。③ 首先是无政府主义,特别是克鲁泡特金主义者在20世纪初进步知识分子界产生深刻的影响,在相当长时间内,研究者还不太承认这一点。④ 尤其是1906年后无政府主义的经典著作翻译成中文并得到广泛传播。1914年一战前环境达尔文主义在知识分子界,至少是英国哲学家思想简单版的传播反而强化了无政府主义的某些倾向。达尔文及其信徒,特别

---

① 参见 Y. C. Wang(汪一驹),*Chinese Intellectuals and the West*,*1872-1949*(《中国知识分子与西方,1872—1949 年》,如前文注,第 52 页及后页。
② 黄利群,《留法勤工俭学简史》,如前文注,第 3 页;颖之,《中国近代留学简史》,如前文注,第 2 章。作者特别强调了留日生的共和主义思想。
③ 参见邓野,《五四时期的工读互助主义及其实践》,《文史哲》1982 年第 6 期,第 21—27 页。
④ 纯粹研究无政府主义的出版物很少。其中最有意思的是一本资料集,题为《中国无政府主义和中国社会党》,由南京档案馆编纂(南京:江苏人民出版社,1981 年,247 页)。但有不少涉及中国共产党和无政府主义者论战的文章得以发表。参见《历史年鉴》,如前文注,重点见 1981—1984 年。

是 T. H. 赫胥黎的主要作品以前的翻译要归功于严复。① 严复翻译的"物竞天择""适者生存"等句子成为包括那些最为温和的现代主义者的日常用语，成为他们所接受思想的一部分。1920 年代广东的改革派军阀陈炯明有个外号就是陈争存，取"斗争生存"的意思。胡适名字中的"适"，也是他 1910 年参考了严复翻译的句子后自己选择的。② 他在自传中这样写道：

> 《天演论》出版之后，不上几年，便风行到全国，竟做了中学生的读物了。读这书的人，很少能了解赫胥黎在科学史和思想史上的贡献。他们能了解的只是那"优胜劣败"的公式在国际政治上的意义。在中国屡次战败之后，在庚子、辛丑大耻辱之后，这个"优胜劣败，适者生存"的公式确是一种当头棒喝，给了无数人一种绝大的刺激。几年之中，这种思想像野火一样，延烧着许多少年人的心和血。"天演''"物竞""淘汰""天择"等等术语都渐渐成了报纸文章的熟语，渐渐成了一班爱国志士的"口头禅"。还有许多人爱用这种名词做自己或儿女的名字。陈炯明不是号竞存吗？我有两个同学，一个叫孙竞存，一个叫杨天择。我自己的名字也是这种风气底下的纪念品。我在学堂里的名字是胡洪骍。有一天早晨，我请我二哥代我想一个表字，二哥一面洗脸，一面说："就用物竞天择适者生存的'适'字，好不好？"我很高兴，就用"适之"二字。③

但"进化论"的概念被激烈讨论。"强力压倒权利"的思想在无政府主义者中得出相反的相互帮助发动进化的理念。1917 年 10 月以恽代英为首建立了一个"互助社"，建立在克鲁泡特金《论互助》中所定义的

---

① 其中包括赫胥黎的 *Evolution and Ethics*（《进化论与伦理学》，即《天演论》）。参见周策纵，*The May Fourth Movement*（《五四运动史》，如前文注，第 12 章。
② Jerome B. Grieder, *Hu Shi and the Chinese Renaissance*, *Liberalism in the Chinese Revolution*, *1917-1937*（《胡适与中国的文艺复兴，中国革命中的自由主义，1917—1937》），剑桥，Mass.，哈佛大学出版社，1970 年，420 页，第一章。
③ 胡适，《四十自述》，姚鹏、范桥编《胡适散文》第 4 集，北京：中国广播电视出版社，1992 年，第 359—360 页。

"新进化论"基础上,与竞争和斗争生存最强者胜的原则相反。他要维护这种思想,即在人类和动物的生活中,进化(进步)不是与对手争斗令对手屈从的结果,而是合作的结果。这种中国式的互助主义影响缓慢,但也是很重要的。它与李煜瀛等人更为经验主义的无政府主义之间的交集导致了互助组织的形成。互助社 1920 年 10 月在其专门创办的互助刊物上发表了其一年的活动总结,对最终采取的行动原则表述如下①:

(1)不揭短。(2)不食言。(3)不虐待别人。(4)不做无用之事。(5)不浪费。(6)不做疯狂之事。(7)摒弃恶习,向善而生。(8)不要无事实推定。会上通过的这八点是我们的基本原则。应有的警示不限于这几点,还包括不粗俗称呼任何人;除非必须,不购买外国商品;想方设法帮助他人;绝对不能忽视或遗忘国家事务,这是协会成员在任何时刻都不能忘记的。

在无政府主义思潮影响到的阶层中,无论是青年人还是年长人士都受到这些原则的广泛影响。这些原则中有着以慈善事业为目的的道德伦理主义,有着那个时代所有青年运动中所特有的爱国主义,还有着对艰苦朴素的赞颂和对奢侈浪费的反对,也许这是必要的结果。宣扬这些原则和更广泛地宣扬 19 世纪末 20 世纪初无政府主义的群体分布的表格显示出除了爱国的主题外,还有国际主义,甚至是世界主义付诸实践。克劳 1923 年制定并传播了 1905 年来无政府主义和具有无政府主义倾向的出版物清单:在收入的 65 份出版物中,15 份来自境外,包括东京和巴黎(1907 年后法国总共出版了 5 份著作或刊物)。② 李煜瀛、吴稚晖的群体代表了中法无政府主义③,也是他们发动了勤工俭学的首次浪潮。

---

① 《互助社的一年》,见张允侯等,《五四时期的社团》4 卷本(北京:三联书店,1979 年,分别为 647、408、528 和 351 页)第 1 卷,第 118—123 页。

② 参见《吾人二十年之传播品》,《互助月刊》第 2 期,1923 年 4 月 15 日,见张允侯等编,《五四时期的社团》第 4 卷,第 325—329 页。中国无政府主义者的国际主义挑战极限继续下来。见巴金传记。

③ 1920 年代后由李卓传承。同上书,第 329、333 页。

如果说严格意义上的无政府主义是它所宣扬的互助运动的温床，那么还有第二个因素与协作主义共同作用，这就是工读主义的概念。一战之后，李煜瀛和一些贫穷的学生组织同样重视这一理念。大多研究者认为，李煜瀛是将工学主义付诸实践的创始人。1909年开始，他就在巴黎地区开办了一所豆腐工厂，后来又对法国的华工感兴趣，1915年开设了勤工俭学会，将工读主义原则具体化。他推崇大众教育，合理分配劳动者的时间，一般是在工作之后将一部分时间用于学习，由大学生对他们进行扫盲教育。为保证学习有效，特别是在刚开始的时候，有关教学都要围绕着具体的材料，在工人工作或住宿的场所上课。在中国，工作和驻地的确是经常在一起的。一战期间及战后，蔡元培和吴稚晖分析这些经验，从中提炼出理论，于是就有了"工读主义"，主张体力劳动与脑力劳动相结合，正如工人与知识分子有必要团结起来，在社会和政治层面都有积极意义。从这个意义上我们理解"劳工神圣"的口号像在那个年代一阵风一样扩散开来①。新民学会成员的态度体现了这一点，其中萧三对工读主义的原则这样阐述道："人，从青年到老年都要劳动，也都要学习，因此这两种人，工人和学生应该合二为一，一个新的世界将由此诞生。"②

还有最后一股思潮加强了之前的理念，通过树立简朴生活的价值观，从另一个维度进一步丰富了以前的思想。这就是"新村主义"的理想。一些五四运动中最知名的知识分子将克鲁泡特金主义、道家思想以及诞生在日本本身就受到前者影响的乌托邦运动思想和谐地综合在一起。武者小路实笃制定了一个计划将新村主义付诸实践，在他的新村中，每个人都放弃自己的财产，生活在"各尽所能、各取所需"的原则中。乌托邦在东京、日向和上野等地组织起来的"村庄"逐渐成形。当时的中国知识分子中有一部分后来出名的留日生受到影响，为之兴奋。

---

① 第2章。作者特别强调了留日生的共和主义思想。参见邓野，《五四时期的工读互助主义及其实践》，第22页。
② 《我的留法勤工俭学观》，《时事新报》1920年4月21日。见刘桂生等编，《赴法勤工俭学运动史料》3卷本，北京：人民出版社，1979—1984年，第298页。

特别如周树人、周作人兄弟。周作人曾于1919年夏访问过那些实验村庄家庭。周树人（鲁迅）翻译了武者小路实笃的剧作《一个年轻人的梦》①。1920年期间，武者小路实笃致中国"朋友"和"兄弟"的信件、诗歌发表在《新青年》上，同时发表的还有一些解释性的文章。另一份刊物《批评》用三期②的篇幅对这些思想进行辩护和说明。新村主义最为热情的宣扬者恐怕要数周作人了，但他具体实现的企图只停留在一纸空文③。不过，新村主义的口号——自给自足、资源共享、每个人都把体力劳动和知识学习结合起来——却融入勤工俭学运动的思想行囊中，并为"问题"和"主义"④的论争提供了口实。

根源多样的思想主题就是这么逐渐叠加并相互影响的。当第一批工读互助团1919年冬天在北京、上海、天津和其他许多大城市成立时，整个进步知识界都投入到这项事业中。⑤ 混杂的思想中，所有形成勤工俭学运动共同根基的理念都已经有了，只不过有的以这种形式，有的以那种形式表现出来：脑力劳动与体力劳动的结合、对体力劳动的平反、团结互助、与官费生寄生主义相对立的自给自足等。在对"新人"的要求中，既有知识又有技术，既有艺术又有体力活动，"新人"成为建设一个新世界的基石。

在意识形态的层面，还能在专门研究勤工俭学运动的著作中发现其他的分析因素。⑥ 这里要提及的"法国系列"(la filière française)本部分的标题就点明了。以上描述的理论大部分都是从赴法留学这一特别事业的经验和观察中得出来。其根源又来自"未来的国民党四大元

---

① 参见周策纵, *The May Fourth Movement*（《五四运动史》），如前文注，第七章。
② 第4、5、6期，1920年。
③ 参见张允侯在五四时期期刊介绍中的分析，如前文注，第3卷，第86页及后页。
④ 参见胡适的文章，"非个人主义的新生活"，1920年1月26日（《胡适文存》，1921年）。
⑤ 参见周策纵, *The May Fourth Movement*（《五四运动史》），如前文注，第191页：北京，捐款人中包括陈独秀（30元）、胡适（20元）、李大钊（10元）、张继（10元）、蒋介石（10元），等等。
⑥ 主要参见 John K. C. Leng, *The Chinese Work-study Movement*（《中国工读运动》），如前文注，第四章。

老"——李煜瀛、张静江（人杰）、蔡元培和吴稚晖的相遇。

李煜瀛一生所从事的活动形式多样，引起我们强烈的兴趣。他曾经是自愿"俭学"的学生、小康的商人、移民的鼓励者、进步青年的导师，1924年成为国民党中央委员会委员，次年成为故宫博物院院长，他还是巴黎的名流①、共济会成员和荣誉军团高等骑士。蔡元培（1868—1940）是著名人文学家、中国教育改革者、大学学者、政治人物和知识领袖，在此不必赘述。② 吴稚晖出身相似，文人家庭，家道中落。他更多的是一名鼓吹煽动者，也是改革派，最后退居台湾结束其国民党元老的生涯。③ 从上个世纪初开始，他的活动就与蔡元培和李煜瀛接近起来。张静江大概是这几个人中最不出名的，他的事业很大一部分是与李煜瀛（他终生的朋友）和蔡元培一起，开始是在教育界，后来成为国民党的元老。

1901年，李煜瀛与张静江结识不久，被清政府派往中国驻法国使团；后来与20多名官费生一起跟随1902年起担任驻法公使的孙宝琦。④ 他们都非常钦佩同盟会的革命之举。后来李煜瀛在法国还被视为孙中山的正式代表，他1905年认识孙中山后，就加入了同盟会。

同样是1902年，在赴法国途中，李煜瀛与张静江在上海结识吴稚

---

① 参见 Howard L. Boorman 编辑，*Biographical Dictionary of Republican China*（《民国人物辞典》）5卷本（纽约和伦敦，哥伦比亚大学出版社，1968—1970年）第2卷，第319页及后页。另参见 M. Bastid 的研究。李煜瀛1881年生于北京，籍贯河北省高阳县（在其事业中发挥了重要作用），是开明文人和改良派的后代，1897年曾被清政府选中，认为其有潜力成为行政大员。个人秉性让他选择了一条更为冒险的发展道路。他积累和花费了很多财富（有时并不是他自己的），实施各种各样的计划。很多计划并未实现，但都产生了重要的影响。勤工俭学运动就是其中很有代表性的一个例子。他在欧洲为国民党服务所从事的其他活动中，还包括设立日内瓦中国国际图书馆基金。第二次世界大战期间他到了美国，之后短暂停留日内瓦，共产党执政后又流亡乌拉圭，期间还作为蒋介石的顾问经常逗留台湾。

② 研究参考蔡尚思，《蔡元培学术思想传记》，上海：棠棣出版社，1950年；生平参考高平书，《蔡元培年谱》，北京：中华书局，1980年，第145页；作品参考《蔡元培全集》，台北：王家出版社，1975年，等等。

③ 参见吴稚晖诞辰百年纪念文章，《吴稚晖先生百年诞辰纪念》，台北，时事参考资料，1964年，第124页。

④ 孙宝琦（1867—1931），参见 Howard L. Boorman 编辑，*Biographical Dictionary of Republican China*，（《民国人物辞典》）第3卷，第169页及后页。

晖。吴告诉他们中国留学生在国外遇到困难,特别是1900—1901年事件之后。清政府财政越来越吃紧,对海外官费生要求更加苛刻。① 由于吴稚晖在以一所上海学校爱国学社为名开设的共和组织中地位特殊,他的处境很微妙。不久后,1903年,该组织的刊物和活动都被禁止了,一些成员被捕。吴带了一部分出境艰难的学生远赴英国。1906年,他在巴黎与李煜瀛和张静江重逢。

从此以后三人成为坚定的无政府主义者,1907年他们创立了新世纪组织和刊物。6月23日,标注有世界语的《新世纪》刊物创刊号出版。② 从中可以看出与李煜瀛来往的法国无政府主义者格拉夫(Jean Grave)的影响。格拉夫是克鲁泡特金的追随者,在巴黎主编一本题为《新时代》③的刊物。5月,蔡元培取道西伯利亚与他们在巴黎重聚,还带来了一组决心将工读理论付诸实践的年轻人。此外,李煜瀛后来在蒙塔尔纪④附近的协努瓦(Chesnoy)的一所农校学习,之后又到巴斯德研究所⑤学习生物学。

这些研究活动与李煜瀛的无政府主义信仰并不相悖。他本人及其圈子里的朋友放弃了酒精、妓院,1908年成为素食主义者。李煜瀛还致力于研发大豆的营养价值。⑥ 出于饮食和政治的信仰,同样出于向巴黎的中国商人筹集资金的需要,1908年他在巴黎郊区克伦布(Colombes)创办了一家大豆处理厂,致力于向法国引进各种大豆制成的食

---

① 1905年,巴黎的两名官费生加入兴中会,担心因此被取消奖学金。为逃避惩罚,他们偷了孙中山的兴中会会员登记簿,并交与孙宝琦。孙中山结束欧洲的宣传之旅后,孙宝琦将资料交还给他。参见 Howard L. Boorman 编辑,*Biographical Dictionary of Republican China*(《民国人物辞典》),第3卷,第169页。
② 最后一期出版于1910年5月21日。参见张允侯,《五四时期的社团》,第4卷。
③ Shiu Wentang, *Les organisations politiques des étudiants chinois en France dans l'entre-deux-guerres*(《两次大战之间在法中国留学生的政治组织》),博士论文,巴黎七大,1990年,第10页。
④ 借此机会,李与所在城市的激进党代表建立起长期的关系。
⑤ 他还为此成立了一所远东生物公司。参见 Howard L. Boorman 编辑,*Biographical Dictionary of Republican China*(《民国人物辞典》)。
⑥ 其中还出版了一本题为 *Le soya: sa culture, ses usages alimentaires, thérapeutiques, agricoles et industriels*(《大豆的种植与食用、治疗、农业和工业使用》)的小册子(巴黎,Challamel,1912年,第150页)。

品,包括最受欢迎的豆腐制品。

创办豆腐工厂的另一个目的是为那些越来越多积聚在他周围的勤工俭学的中国青年提供额外的经费资源。出于同样的目的,张静江1902年一到法国就开设了一家进出口公司。最后对于勤工俭学发起者来说,从事实业也是一种最重要的社会体验。我们在下文中还要分析这一点。但这些企业的运作究竟是否成功呢？1911年辛亥革命的消息一传来,李和吴就对工厂放手不管,匆匆回国了。豆腐工厂是像有些人认为的负债累累,还是能够为它的开办者提供生活保障？不得而知。工厂的效益无从证明。而专门为新世纪刊物的印刷开设的中国印刷厂(助民会),开始设在巴黎,后来搬到了克伦布(Colombes),最后迁到了图尔,刚开始的时候还不错,但很快就困难重重。只有进出口公司运营成功,一直保持下来。

如果我们超越轶事的角度,总的来说,李煜瀛及其友人创办的企业具有实验性的性质。从这点来讲,当时规模还不大的来法学生和很快被李"进口"来的中国工人——这一鱼目混杂的群体被引进到法国,构成一种社会实验室的实验零件。所有的条件都聚集齐全,可以把前些年的思考尝试付诸实践。20世纪初的法国提供了一个以科学主义和实证主义思想为标志的知识环境,这一事实(以及前文提到的经济因素)使得法国的激进派自然而然地同情中国青年学生。外国劳动力还没有引起大众的敌意。外来劳动力流入法国,因为这些年法国工业发展还未合理化,需要大量劳动者,尽管分布非常不平衡,但整体繁荣。与这一状况相矛盾的一点是,1904—1911年在法国正是工人运动斗志昂扬的年代。

惊心动魄的工人运动并没有引起中国无政府主义群体的注意,总之他们没有理解。他们的实验活动有时看起来是在封闭的环境下进行的。为了尽量多地让爱国者积聚起来,李和吴在1907年期间将1904年就存在的一处中国人活动的场所改造为"在法中国留学生协会"(Association des Etudiants chinois de France)。齐竺山帮助李煜瀛从布里村当地——这一河北(当时的直隶省)最贫困的地区招募了30多人,他的兄弟齐如山在豆腐工厂指挥他们做工。

按照互助计划,这些工人分配了劳动和基础扫盲教育的时间,大学生给他们上课,互助思想和工读主义被具体化。与张静江来自同一个村子的褚民谊与其他四位同乡的经历使得自给自足不仅必要还可行的理念也得到强化。他们1906年来到法国,在张静江的进出口公司和好几家餐馆打工,没有花费任何官方的资助就成功维持下来。

总之,经过最初的尝试,勤工俭学的事业很快被中国知识分子所知。一个真正的网络得以形成,包括中国名流和知识分子、亚洲商人、蒙塔尔纪和里昂的激进党人、共济会会员、巴黎大学学者、外交部官员等。国际主义成为现实,互助的关系超越国界。工学关系、勤俭中的自给自足、团结互助都是可行的。工业化的法国需要中国劳工,劳工们通过接触现代世界得到进步。亲法派得到肯定,壮大了力量。万事俱备,当巴黎的中国无政府主义团体奔向新成立的中华民国时,就要吹起"俭学风",大规模的赴法勤工俭学运动开始了。

第三章

留学生还是移民劳工？

接下来的一个时期见证了"俭学运动"的兴起，之后在"勤工俭学运动"的框架下成立了留学人员组织。这一阶段滋生了许多深层次的误解，再加上当时的形势错综复杂，导致了矛盾的集中爆发。这在很大程度上使勤工俭学运动背离了初衷。

李煜瀛与中国和巴黎的无政府主义者携手他们在法国的联系人共同推动项目的展开。但他们打算招募的并不一定是那些在国内组织起来的、对"巴黎联络网"寄予厚望的学生。从一开始，这个计划就模棱两可、含糊不清。随着深入发展，这种状况愈发严重。很快，"俭学运动"就有了多种不同的、甚至自相矛盾的版本。起初，计划组织者找到了一种建立在多种不同网络基础上的方法，这种方法从本质上说是不切实际的，但却符合当时的政治经济背景。到了运动结束的时候，苦涩、示威、危机、对抗等因素都交织在一起，让勤工俭学运动遭受了深层次的误解。

勤工俭学运动

一回到中国,李煜瀛就被任命为同盟会北京—天津分支的副主席。该机构由汪精卫领导,他一早就对李煜瀛的无政府主义事业和论题表现出兴趣。当时蔡元培刚刚被孙中山任命为南京临时政府教育总长,一上任就立即着手进行教育制度和大学制度的改革。改革的内容之一是依照在法国推行的模式,在北京大学启动"勤工俭学计划"。李煜瀛在上海与有着无政府主义倾向的汪精卫重聚,汪当时正忙着迎娶南洋巨富陈耕基之女陈璧君,准备两个人的异国蜜月旅行。通过与汪精卫和吴稚晖的合作,李煜瀛为大学生激进学会进德会的建立奠定了基础。1918年进德会又成为蔡元培在北京成立的同名组织的模板。组织的章程受到当时以救国为目的的不同团体和小型组织的启发,其基本原则是反对赌博、酗酒、抽烟、鸦片、淫逸、纳妾等新旧恶习,劝诫人们戒掉这些不良行为,获得健康的生活方式。这些戒律与李大钊对青年人的劝告不谋而合。在之前提到的文章中,李大钊这样号召①:

青年呵!速向农村去吧!
日出而作,
日入而息,
耕田而食,
凿井而饮。

但是如果说无政府主义者将劳动和勤俭作为思想准则,他们对乡村生活却毫不眷念。李煜瀛和朋友们都很敌视传统,他们信奉世界主义和科学主义,并不提倡年轻人到乡村去,不提倡回归一种原生态、返璞归真的生活状态,而是提倡探索广阔的现代世界,因为他们认为这种探索会推动进步。

1912年2月,李煜瀛、吴稚晖、汪精卫等人提议在北京成立"留法

---

① 李大钊,《青年与农村》,1919年,原文与译本,如前文注。

俭学会",法文名为"Société chinoise d'Education rationnelle française",这个名字很快为大众所熟知。俭学会得到蔡元培的大力支持,因为他自己也是在孙宝琦的庇护下,得益于每月30两银子的微薄补贴,才能于1908—1911年间在柏林和莱比锡勤工俭学。俭学会雄心勃勃,把"改革社会,发展教育"作为目标。这个目标表达的观念很全面,但并不是什么教育都发展。正如学会规章序言中所强调的:只有在最发达的国家(比如法国)接受教育,其积极作用才能体现出来,为此不管付出怎样的代价都是值得的。

勤工俭学计划的对象是那些准备以节俭方式留学的学生,但对他们也有一个最低的资金要求:需要考虑到200元的差旅费(坐火车),还有600元的学费、日常开支和置装费。预期的学习计划是上一到两年的留法预科班,然后进入高等教育学府深造。最后,他们还计划依照相同模式成立留法妇女组织,并为那些打算全家出国留学的人①成立留法举家勤工俭学会。在法国出版的小册子中刊登了1913年10月加入勤工俭学运动的成员名单:一共有85位中国②成员(内有17位女性),其中有11位未能赴法留学。中国的组织者有吴稚晖、张静江、李煜瀛、齐家兄弟③,还有蔡元培、汪精卫、李书华、李骏、褚民谊等人④。基本上所有人都是自费,成立这样的协会可以让大家聚在一起,不至于在异国他乡孤身一人,并使大家最大限度地从已建立的联系网络中受益。

俭学会在北京拥有一个简朴的办公室,位于北京船板胡同3号的一个小房间,房间配备了一张书桌和一部电话。学会发行了3本介绍和宣传手册,引起了人们的关注。这3本小册子分别是《法兰西教育》

---

① 1916年秋俭学会在法国发表了以 *Le mouvement d'éducation (chinois) en Europe*(《旅欧教育运动》)为题的序言和章程。见张允侯主编《留法勤工俭学运动》中的摘录及其他文件,如前文注,第10—38页;刘桂生等编,《赴法勤工俭学运动史料》,如前文注,第1卷;张允侯,如前文注,第19页,贺卡复印件,提到了为文凭获取者作担保的两人。

② 黄利群,《留法勤工俭学简史》,如前文注,后来数字增加到150人。

③ 张允侯主编,《留法勤工俭学运动》,如前文注,第11—12页。

④ 在1913年秋的名单,同上书,第12—14页。

(法语名为 *l'Education en France*，1913 年 10 月)、《留法俭学会摘要》(法语名为 *Abrégé de l'Association des Etudes dans la frugalité en France*)、《答友人问——留法俭学会书》(法语名为 *Réponses à un ami au sujet de l'Association d'Etudes dans la frugalité en France*)。书中提道：去法国留学三次花的钱还不如去美国留学一次花的钱多。

学会还有 4 名法国成员。在当时的中法教育报告中，经常提到两个人的名字：一个是夏尔·梅朋(Charles Maybon)，另一个是安德烈·德·奥何蒙(Andre d'Hormond)①。确实，如果没有这层联系，"勤工俭学计划"将无法成形，这层联系是通过之前提到的法国阶层以及新兴的汉学建立起来的。有些法国组织和机构同意作为"勤工俭学"的联络点，后来它们成为该实践的落脚点。

文化推广战略和无政府主义者、激进主义者以及理性主义者的支持对勤工俭学运动起了很大的推动作用。勤工俭学运动推动了法国文化在中国的传播，提升了法国的影响力，其次里昂丝绸商也希望通过勤工俭学运动改善原料的质量，还有被德国复兴困扰的法国对外政策的支持者，也是这项运动的推动者。不止一位作者提到菲利普·百德罗(Philippe Berthelot)独特的性格。百德罗是《正午分界》的受献词者，他受到克洛代尔日本富士之行的启发，与长兄、法国外交部官员——安德烈·百德罗(Andre Berthelot)一起创建中法实业银行。让-诺埃尔·让纳内(J. N. Jeanneney)②明确表示："安德烈·百德罗是一位大学历史老师、前激进党参议院议员和活跃的企业家，从一无所有到富甲一方。"

总之，"法国教师界"为中国现代知识分子提供了几个理想的对

---

① C. Maybon 是印度支那的法国小学教员，到上海后成为法国文化事业影响的支柱成员。他与傅立德(Fredet)合作著有 *Histoire de la Concession Française de Shanghai*(《上海法租界历史》)一书。Andre d'Hormond 是著名汉学家，是蔡元培的朋友，也是蔡元培与巴黎法国激进党人的联系人之一。

② J. N. Jeanneney, *La Banque Industrielle de Chine*(《中法实业银行》), *L'argent caché, milieux d'affaires et pouvoirs politiques dans la France du 20 siècle*(《隐藏的金钱，20世纪法国的商界和政治权利》)，巴黎：法亚尔出版社(Fayard)，1981 年，364 页，第 133 页。

话者。正如普罗斯特（A. Proust）强调的那样，在这个时期，"社会背景促使大学教师更易于接受一种先进的政治极端主义以及温和社会主义的思想。（……）知识分子加入比他们的政治信念领先一步的思想界团体，例如共济会、自由思想协会或人权联盟。""在他们人文主义悲天悯人的言论中，体现了对个人主义和自由观点的崇尚，这种观点将教育摆在很重要的位置。在共济会、自由思想协会成员和中国新型知识分子之间，出现这样一种思想上的趋同：他们在信念上有相似点，都认为教育是改良社会的关键或者主要方面。"普罗斯特接着说："比起思想正统、封闭的资产阶级，这些教师可以成为自由资产阶级的一员，并被其接纳。思想协会对自由资产阶级的意义与慈善团体对正统、封闭的资产阶级的意义是一样的。通过这一点，一个教师可以与商业、医疗甚至是律师领域建立联系，并为其所接纳。赫里欧就是一个很好的例子。他与外科医生建立联系，并娶了某个外科医生的女儿。"①

该情景很符合加蒂内（Gatinais）激进主义的情况——蒙塔尔纪是其中的一个据点，为俭学会在法国提供了第一个落脚点。蒙塔尔纪在勤工俭学运动历史上占有如此重要的地位，其中是有一些偶然性的，但是这种偶然性有很多重要因素，值得一看。

确实，要想在一战前夕找到一个愿意接收大批中国学生的法国学校并不是一个简单的尝试，尤其是这批特别的中国学生还有其他一些特点：对于高中学生而言，他们年龄太大、学历差别很大、法语水平很低。为了让蒙塔尔纪中学接受这批留法中国学生，要动用与自由主义者和科学主义者的各种关系。在李煜瀛进入协努瓦（Chesnoy）农业学校（位于蒙塔尔纪近郊）学习之前，这些关系发挥了很好的作用。他曾经也在蒙塔尔纪中学待过一段时间。"勤工俭学活动"在法国的开展主要依靠一些无政府理性学会的帮助。初到巴黎②，李煜瀛和他的同

---

① Antoine Prost, *l'enseignement en France 1800-1967*（《1800—1967 年的法国教育》），巴黎，A. Collin, coll. U, 1968 年，524 页，第 369 页。

② 参见 A. N. F 12900：中法团体之一，一直持续到 1925 年。

学经常参加这些学会的活动。《新世纪》刊物的编辑部就是在巴黎布罗卡街(rue Broca)4号(克鲁泡特金①无政府主义的圣地)。可能出于个人原因,卢瓦雷(Loiret)省的这座小城成为一战期间中国学生赴法留学的首选或主要目的地。

蒙塔尔纪在"勤工俭学运动"中的作用及意义不应该被低估,至少在象征层面;俭学运动先从蒙塔尔纪开始,而后才在法国其他地方开展起来。留学生在政治领域的成就便是成立蒙塔尔纪派,蒙塔尔纪派与湖南籍留法学生有密切联系。如果说里昂中法大学的成立符合当时的经济和政治要求,那么俭学会设在加蒂内小城并不是这种情况。俭学会设在加蒂内的主要原因是李煜瀛在读书期间与加蒂内学生结下了深厚友谊,并在加蒂内加入了共济会②(第一次到法国就被该组织接纳)。战前,蒙塔尔纪政府被一小部分信奉唯理主义的资本家掌控,这群人反对第二帝国统治,反对教权主义,他们是布朗热以及后布朗热时代的"奇葩",对沙文主义不那么推崇。该地区的"贵族阶级"总是那么脆弱。蒙塔尔纪是座开放的城市,尤其对那些最崇尚巴黎的人来说。在1880年到1914年间,在这个地区先是激进主义思想占据主导地位,然后社会主义思想又开始在这里生根:国际工人法国支部的代表弗朗索瓦·柯虎慈(Francois Crucy)在工业化程度相当高的这个地区得到17%的选票③。让·古埃丰(J. Goueffon)认为,在蒙塔尔纪:

> "新阶层"受到激进主义思想的影响最大。例如医生、兽医、药剂师,他们成为了激进主义思想的先驱。受到激进的反教权主义思想的激励,他们通过委员会的形式组织起来,通过不同报刊大

---

① J. Maitron, *Histoire du Movement Anarchiste en France (1880-1914)*(《法国无政府主义运动历史(1880—1914年)》),巴黎,鲁德尔(Rudel),1955年。

② A. Kriegel, *Aux origins françaises du communism chinois*(《中国共产主义的法兰西血统》), *Preuves*(《证据》)第209—210期,1968年8—9月,及M. Bastid的著作。

③ 在图尔代表大会上,蒙塔尔纪的社会主义者都加入了多数派,他们的态度都与当地劳动大众保持一致。1921年5月28日蒙塔尔纪-夏莱特共产主义支部召开的大会出席人数众多:尽管入场费为0.5法郎,市镇剧院大厅座无虚席。《加蒂内人报》,1921年6月4日。

肆宣传自己的思想,最终控制了蒙塔尔纪政府。(……)这些激进主义者,接受共济会支部的领导,有着严格的纪律,采用波拿巴主义的某些方法,把他们的机会让给新的候选人。(……)随着阿尔贝尔-朱利安·瓦齐理(Albert-Julien Vazeille)被选举为卢瓦雷省的众议员,激进主义的黄金时代开始了(开始时间为1898年),一直延续到1914年。(……)瓦齐理神父一直在库尔特奈省的一个村庄担任小学教师。所谓"新阶层"是指曾在朱尔·费里(Jules Ferry)创办的学校接受过教育以及已经得到财富或知识的人。但在布朗热主义时代,国家主义的主题并没有引起很大的反响……①

与蒙塔尔纪相临并有竞争关系的城市——皮蒂维埃(Pithiviers)是所有保守主义的堡垒,而蒙塔尔纪正相反,用杰·古埃丰的话说,它是一座本质上具有反叛精神的城市。那么它之前就有接受这批特殊中国留学生(第一批在1912年底到达)的倾向吗?当地报纸——《加蒂内人报》的一个编辑在1913年12月6日写道:

我们应该感谢李煜瀛先生为我们城市作出的贡献,正是出于他的考虑,加蒂内才有幸接收这批中国留学生,他们不仅为我们城市的商人,而且也为这座城市带来了巨大的物质利益,因为他们当时的花费并不低,要与现在的学生交同样多的学费。下一批学生大约有50人,既有男生也有女生,他们都来自富裕的家庭,这为我们的城市增添了许多生动别致且出乎意料的魅力。②

文章热情洋溢,令人欣慰:这些家庭条件优越、身份特殊的海外留

---

① Jean Goueffon,《1871—1914年,蒙塔尔纪和皮蒂维埃的选举和政治人物》(Les élections et le personnel politique de Montargis et de Pithiviers de 1871-1914),第三阶段论文,《历史信息》(L'Information Historique)作者之一,第一篇,1967年1—2月,第28—31页。

② 《加蒂内人报》,1913年12月,A. Kriegel 评论道:"因为它总是作为一个整体,我们激进的省份总是如此热情激烈,可以赋予它重大的事业,只要人们可以对它确保这不会付出任何代价。"(Aux origines françaises du communisme chinois[《中国共产主义的法兰西血统》],Preuves[《证据》]第209—210期,1968年8—9月,第34页)

学生,对蒙塔尔纪来说将不会是负担。这批留学生为了向蒙塔尔纪政府表达谢意,又在同一家报纸上刊登了一封正式的感谢信:

> 作为中国的子民,我们满怀热忱地来到法兰西……如果能把法兰西思想的火花带回中国,我们将感到十分欣喜,因为法兰西思想是世界文明延续的火把,是人类的荣耀。

就像我们看到的这样,留法学生对法国不吝赞美之辞。第一批学生准备妥当:一共分成3组出发,前两组分别于1912年11月20日和30日离开北京,经由西伯利亚,后于12月19日和20日抵达蒙塔尔纪;第三组则于1913年6月3日抵达。为了对最后到达的学生表示欢迎,当地报纸刊登了一篇题为"蒙塔尔纪的中国学生"的文章:

> 40位天朝之子在周三晚上抵达我们的城市。男子中学校长德扎尔诺兹(Desarnautz)和协努瓦(Chesnoy)中学教师法罗(Falleau)先生于6点58分在火车站迎接他们。李煜瀛先生带领他们,兵分两路(两队学生人数相当),一队前往男子中学,一队前往杜尔兹(Durzy)学校。虽然他们都是成年人,但身材比较矮小。我们看到他们,就会联想到9岁、12岁、14岁的儿童。他们的到来引起了游客的注意,但是天公不作美,外面下着瓢泼大雨,不能在此多作停留。①

1912年5月26日,在北京举行了留法学会预备学校的落成仪式,该学校在4月份成立,校址位于安定门大街方家胡同,这原来是另一所学校的所在地。学校在蔡元培的帮助下找到场地,将教育职责托付给吴玉章,其教职人员还有吴稚晖、汪精卫、齐家兄弟、德·奥何蒙,还有所有的志愿者。60位学生出席学校的开幕式。月末,北京报纸为该校做的宣传产生了效果,很快学生人数达到100人。无论从哪方面看,这都是所特殊的学校,因为当时唯一的后勤人员是学校的厨师。学生不仅要学习各门课程(例如:数学、中文、保健学、西方习俗,当然还有法语),还要学会不再依赖家里,自给自足。学时为1—2年;预备期大约

---

① 《加蒂内人报》,1921年12月21日。

为6个月,每个月每位学生需要5—6元,再加上保养费。① 第一批赴法学生启程时,吴稚晖把他们称作"远方冒险家兵团"②。吴稚晖和其他组织者的愿望是在5年内,派3000名俭学生赴法:这真是个雄心勃勃的计划,但是看起来还是有一丝希望的。申请赴法俭学的人数不断增加,各省成立了"留法预备学校":"四川预备学校"在1912年6月成立。吴稚晖在上海成立"留英预备学校"。这些学校的成立正好符合当时的社会需求。

但是这项美好的事业很快就展现出脆弱性,这也是刚成立的中华民国的脆弱性。同一时期,袁世凯以出其不意和残暴的手段就任临时大总统。1912年8月,国民党成立,宋教仁当时是党内的中坚。同一年,尽管在选举中获得胜利,得到人民的支持,国民党人却被别有用心者用粗暴的方法篡夺了竞选成果。1913年3月20日,袁世凯命人刺杀宋教仁,该事件开启了革命党人反抗独裁统治的时代,谋杀、恐吓、腐败是该时期政府人员的特性。1913年春,袁世凯与国民党决裂;8月,国民党发动"二次革命",结局惨败。所有人都知道当时的中国经历了怎样的动荡与混乱。

国民党"二次革命"的失败为教育方面的创举敲响了丧钟。各种新办的学校被迫关闭,他们的创举受挫、遭到打击和镇压。最优秀的一批人决定对这些事情敬而远之;1913年9月5日,蔡元培离开上海,来到法国,乘坐日本的客轮于10月14日抵达马赛③,住在巴黎郊区的几个法国和比利时朋友家里,他在那里努力提高自己的法语水平,同时与齐竺山合作,将中国的劳动者引荐到法国。自1913年起,在"劝工公司"的运作下,齐引荐了49名中国工人来到位于迪耶普(Dieppe)的一家人造丝工厂工作。他们以工俭学,受到了雇主的认可并得到法国媒体的赞扬④,由此更坚定了李煜瀛、蔡元培、吴稚晖的信心:他们应该在

---

① 学生名单及规定,见刘桂生等编,《赴法勤工俭学运动史料》,第1卷,如前文注,第172页及后页。
② 黄利群,《留法勤工俭学简史》,如前文注,第8页。
③ 高平叔,《蔡元培年谱》,如前文注,第32页及后页。
④ A. N. F 9226。看起来有将近200位工人是通过这种方式来到法国。

很多篇文章中都写到过这件事,蔡元培也未中断与年轻学子的联系。后来,国民党在国内开展的行动遭受巨大挫折,勤工俭学运动的所有领导者纷纷逃往欧洲,"俭学运动"通过某些途径继续开展,总之最后成为一场"流亡俭学运动"。依照留法举家俭学会的模式,李煜瀛、汪精卫带领他们的家属一起来到蒙塔尔纪①;1914年春,法国中学准备为就读的中国学生开设一系列课程,借此契机蔡元培做了演讲;汪精卫在法期间,每周日上午都去做报告。

表面上,对俭学运动最重的打击是战争的爆发。但战争同样为俭学运动提供了新条件,推动它进入下一阶段,即勤工俭学运动阶段。1910年前后,因为战争,留法学生被迫与家人分离,物资短缺,很快便经历了严峻的困难:为了继续留法,俭学生需要每年筹集大约1000到1200法郎。然而不管是通过私人经费还是奖学金的方式,在国内都筹不到钱。这一情况对留欧学生的影响尤为突出,很多在德国留学的学生都聚集到法国。他们度过了一段恐慌的时期,并在内部引发激烈的讨论:是否应该参照一些人的提议,在欧洲战事蔓延之前回国?今后他们如何在法国生存?

1914年10月,蔡元培在图卢兹安顿下来。来自不同地方的留学生,都不约而同地来到图卢兹。为了救助俭学生,蔡元培和李煜瀛成立了西南互助会,并写了一篇反对回国的论战文章。② 他们的论据有两个:一方面,回到被内战分裂的中国并不比待在欧洲安全。另一方面,法国会为他们提供出路。通过到工厂做工,他们或许可以找到生存之道;不久之后,大批中国劳工来到法国。留学生有义务对劳工进行扫盲教育,就像他们之前帮助华工那样。正如大家所了解的那样,在当时背

---

① 抵达蒙塔尔纪的第一批家庭都是当地有名望的人。他们每次都会接收而且会被询问一个与身在蒙塔尔纪的中国人有关的问题(参见例如街头卖艺者家庭的经过,《加蒂内人报》,1912年9月29日)。自从1911年初,城市的激进报纸刊登了一篇李煜瀛冗长且充满溢美之词的简历,其中提到了他到协奴瓦小学的简短经过。"李煜瀛是天朝新型居民的典型,脑子里充满自己想象的欧洲观念;他是一位年轻的化学家和农学家。"(《加蒂内人报》,1911年1月14日)然后,这个通常会公布学校光荣榜的报纸也会经常提到那些受奖励的中国学生的名字。

② 参见张允侯主编,《留法勤工俭学运动》,如前文注,第30页及后页。

景下,这一扫盲任务十分必要且合情合理。

这就是 1915 年 6 月留法勤工俭学会(法语名是 la Société de Travail diligent-Etudes dans la frugalité en France)①成立的背景。在李光汉、张秀波和齐云青的推动下,留法勤工俭学会将俭学原则、影响迪耶普华工很深的以工俭学原则以及之前提到的工学互助会的精神融合在一起。工学互助会不久便投入到勤工俭学的行动中。在蔡元培、李煜瀛和吴玉章看来,留法勤工俭学会如果没有法国的支持便无法运行,法国的支持是俭学会得到承认、长期得到资助的唯一方法。由于得不到法国政府的支持,对留法劳工的扫盲教育只能是非正式的。俭学会得到了一些亲华和信奉唯理论人士的支持,蔡元培一直与他们保持联系。1916 年 3 月 19 日,他在拉嘉雷纳-克伦布市(Garenne-Colombes)组织聚会,把一群有共同思想的中法人士聚集起来,成立了华法教育会②,并于 6 月 22 日在巴黎举行了开幕仪式。

华法教育会的创立者有汪精卫(副会长)、李胜忠(秘书长)、李煜瀛(代表)、吴玉章(财长);中国方面的领导人还有李君、张静江、褚民谊、吴稚晖和李光汉。法国成员大多数都是激进主义或自由思想界人士,很大一部分是大学老师和中学老师。③ 法国方面会长是研究法国大革命的历史学者欧乐(Aulard)和穆岱(Marius Moutet)。华法教育会的目标是通过介绍中国学生到法国留学和组织华工教育,密切中法两国知识和经济领域的联系。④

1919 年秋,华法教育会总部设在嘉雷纳-克伦布市盘特街(rue de la Pointe)39 号一栋郊区的小房子里。同年 8 月底,它成为"法国华侨协社"的会址。法国华侨协社花了大约 5 万法郎购得这座粗砂岩质地小楼,把它打造成"中国式建筑",里面配备会议厅、图书馆、中国产品

---

① 参见张允侯主编,《留法勤工俭学运动》,如前文注,第 55 页及后页。
② 华法教育会在巴黎设了一个办公室,一开始,办公所在地为巴黎 16 区,接近多芬门(Porte Dauphine)布若大街 8 号(8 rue Bugeaud),位于"世俗使团"(Mission Laique)的地址。
③ 在张允侯主编《留法勤工俭学运动》中的名单,如前文注,第 72—73 页。
④ 同上,第 75 页及后页。

展示厅、接待室和住宿区。法国华侨协社为中国协会的联合作出了巨大贡献,中国各个协会相继在法国诞生①,其中有华法教育会的雏形自由教育会会所。经过后期努力,1916年4月3日,华工学校成立:该学校的第一批学生是24名有丰富留法经历的华工。战争期间,为了向这些华工提供基础教育,又有超过20所学校相继诞生。同时,李光汉和齐建东回国动员大批劳工赴法。此时,勤工俭学运动全面开展,尽管过程比较缓慢。经法国政府的同意②,在这种条件下,来自广西和云南的1200名工人来到法国。

战争结束时,出现了中国知识分子留法热潮。一些留法机构建立;各种募捐为在中国成立华法教育会分会提供了条件;各种俭学团体、勤工团体以及留法俭学团体相继出现或重新出现(由于某种原因,一些团体曾经停止运作)。1917年,北京出现了3个团体。在1917到1919年间,华法教育会分会相继在全国出现:济南(1个)、上海(3个)、成都(2个)、长沙(3个)、广州(1个)、福州(1个)和陕西(1个)。③ 依照留法俭学会预备学校(法语名 Ecole préparatoire aux Etudes dans la frugalité en France)的模式,成立一些预备学校。蔡元培、李煜瀛、吴稚晖、汪精卫以及70多名学生在北京出席了留法俭学会预备学校的落成仪式。

在大城市(如上海、长沙、重庆、天津、广州等)、北京郊区的乡镇(长辛店),甚至还有村庄(高阳县④的布里村)相继成立了19所层次和名称不同但目标相同的预备学校。这些学校类型不同,但基本特点相同:都教法语、基础知识和技能,因此某些已经在国内找到工作的毕业生会放弃留学机会;老师特别注重将理论学习与实际情况相结合;关注"生活中的困难",关注劳工生活。为了让那些经济比较困难的学生有条件读书,一些学校采取半工半读的制度。平均学时为1到2年。即将赴法的学生要么靠争取到的奖学金,要么通过资助或借款自己筹措

---

① 《时事新报》,1919年12月14日;John K. C. Leng, *The Chinese Work-study Movement*(《中国工读运动》),如前文注,第263—264页。
② 黄利群,《留法勤工俭学简史》,如前文注。
③ 名单见上书,第16—17页。
④ 同上书,第18页。

经费。

　　总的来说,尽管组织者在管理方面作出很多努力,留学这件事情对学生而言仍然是不无陷阱的冒险,甚至在离开中国土地前就开始了。由于战争,经由西伯利亚的陆路不通了。他们只能通过坐船,但是坐船比较贵,坐经济舱也要400法郎。大多数从上海出发的人选择坐日本客船和法国邮船公司的客轮,如"波尔多斯号(Porthos)""鸯特莱蓬号(Andre Lebon)""保罗·勒卡特号(Paul Lecat)""高贺狄丽河号(Cordilliere)"和"阿尔芒勃西号(Armand Behic)"客轮。船票不好买,留学生去上海乘船,有时为了等船票要在当地滞留好几个月。① 期间,他们会得到自己家乡学生的友好帮助(登船后会受到热情欢送)。这种留学一拥而上:像上文提到的那样,这个时机与当时年轻人的愿望和需求太契合了。

　　需要分析的问题有两个:这个背景下去法国的年轻学生有多少人?陪同人员有多少?从什么时候开始这个赴法群体出现了超员?超员问题是今后那些留法学生遇到的众多困难原因之一(当然并不是唯一原因)。对于第一个问题,中国学者进行了细致分析,主要依据是中国媒体上的数据。确实,正如我们所知,1919—1920年,中国青年知识分子赴法并不是秘密进行的,而是大张旗鼓,他们的留学受到中国知名学者、深受五四思想影响的进步人士的鼓励和支持,同时也得到了法国知名人士的支持。各省的大学生友好协会为他们举办欢送会(并有知名人士到场发言)和"出国指导讲座"。大型报刊,特别是上海和全国性的晨报,如《时事新报》《新闻报》《晨报》《民国日报》都报道了留学生出发的消息,并公布赴法留学生名单。一些特殊的机关刊物也刊登了他们的消息。最常提到的信息是留学生的籍贯(甚至会精确到县)和年龄,有时还会提到确切的留学地址。1919年3月15日,为了讨论第一批赴法团体的出发事宜,在上海召开大会(与会者有300人)。第一

---

① 将要赴法留学的学生里面不乏会因为自己的天真以及对留学抱有过多期望而受到伤害的人。这些潜在的赴法学生在被扔在吴淞时,却是离自杀的道路又进了一步,因为有的人把他们的过路费和留学费用给侵吞了。《中国回声报》,1919年7月。

批赴法学生总共有89人，大多数来自湖南和四川，两天后他们要乘因幡丸离开，这是一艘日本客轮，最终在5月10日①抵达马赛。1919年7月7日，时报记叙了他们出发的情况：在四川学生中，有一个只有18岁的叫陈毅的学生。② 1919年10月24日，《民国日报》公布了乘坐"保罗·勒卡特"号离开的31名学生的名单，里面有李维汉、李富春等。③从1919年3月17日到1920年12月15日，总共有20批赴法学生，他们于1919年5月到1921年1月间依次抵法。大约有1550位年轻男士（还有一些人并不年轻）和女士抵达法国④，很多人对路途条件的描述大同小异：乘坐四等舱，海浪肆虐，出现晕船症状，沿途发现了很多港口，船上有很多华侨团体和短途乘客，客轮上有分等级的小圈子，外面有广阔的世界和各种各样的奇遇。⑤

抵达马赛时，华法教育会、学校和企业代表迎接他们的到来。如果找不到地方安顿，当地负责人会把他们安排到嘉雷纳-克伦布市。盘特街已经住满中国留学生，还有一些人睡在帐篷里⑥，这些帐篷是参议员勒琥（Le Roux）的妻子（美国人）提供的，是战争期间美国士兵遗留下来的东西。

有关这些学生的划分，中国历史学家（例如黄利群）做了很多研究，得出以下数据⑦：

来自省份——18⑧个

---

① 《时事新报》，1919年3月15日。张允侯主编，《留法勤工俭学运动》，如前文注，第506—507页。
② 同上书，第522页。
③ 刘桂生等编，《赴法勤工俭学运动史料》，如前文注，第2卷，（I），这是由张允侯制作的出发和到达人员表格的复制版。
④ 加上俭学生，人数总共达到1700到1800人。
⑤ 参见熊自难的旅行日记，《欧行日记》，发表于《学生杂志》，1920年2月5日、1920年6月5日和1920年7月5日。张允侯主编，《留法勤工俭学运动》，如前文注，第649—674页。
⑥ 江天蔚的回忆（在很多其他著作中），《回忆留法勤工俭学》，收入《五四运动回忆录》第2卷，第2节，北京：社会科学院近代史研究所，1979年，1021页，第943页及后页。
⑦ 张允侯主编，《留法勤工俭学运动》，如前文注，第21页及后页。
⑧ 至于省级分布，见上文内容，第1章。

年龄分布

<15 岁　……≥20 人

16—20 岁……<500 人

21—25 岁……<600 人

26—30 岁……≥100 人

31—40 岁……≥10 人

>40 岁　……3 人

最年轻的学生 11 岁,最年长的 50 多岁①,相对年长者有 20 人。有一些人是以家庭的形式赴法留学(比如蔡和森、蔡畅等)。

赴法前获得学历情况

小学毕业	30 人
初中毕业	>470 人
中等师范学院	≥100 人
大学毕业	≥90 人
专科	≥100 人
农业专科	≥30 人
商科	>20 人
医学院	>20 人
路桥专业	>10 人
军工专业	5 人
茶艺专业	5 人
留法预备学校	>300 人
法律、政经专业	≥30 人
军校	>10 人
日本学校	≥30 人
南洋学校	≥20 人

---

① 出发之时,黄季盛,40 岁左右;蔡和森母亲,54 岁;徐特立,"徐老",52 岁。

赴法前从事的职业

工厂工头	>50 人
中学教师	>60 人
记者	>10 人
银行职员	5 人
出版社职员	4 人
商店雇员	>20 人
护士	2 人
军人	9 人
农民	5 人
政客(?)	10 人

尽管数据不够精确,暂且粗略地分析一下。我们可以从中看出:这群留法学生中很少有人接受过远高于初等教育的预备教育。为了留学,一小部分人放弃了工作,很多人之前在工厂工作。很多人从事比较普通的职业,比如教师、公司职员、商店雇员,还有一些人因为择业时没有更好的选择,去部队当过兵。留法学生的出身与我们之前的猜测相吻合。

"勤工俭学"系统被认为是留法知识分子共同学习的一种方式,它在留学初期发挥过一定作用。但是从20世纪20年代后半叶起,"勤工俭学运动"在各方面受到阻碍。一方面是因为法国局势的发展超出组织者的预期(对这个原因就不深入分析了)。一时间,资金、工作、学习的希望同时破灭。另一方面,尽管袁世凯政权在1916年土崩瓦解,但是不管在政治还是社会方面,中国的形势并不明朗。整个国家陷入了内战。不同地点、不同时间,内战的爆发程度也不同,或处于酝酿阶段或处于全面爆发中。

勤工俭学运动的组织者决定停止招生;1921年初,蔡元培回到欧洲,发现勤工俭学生的困难处境,他与高路、廖世功联名发了一份电报,企求中国教育部号召各省救助他们在法国求学的学生,并要求各省立即停止向法国派遣勤工俭学生。①

然而,其他的学生还在努力奔赴法国,有的超过了原来组织的框架。学生的资质越来越差,越来越难管理,越来越没有准备。这批学生毫无预兆地抵法,再加上留法学生造成的骚乱致使华法教育会难以运行。1921年5月,华法教育会被中国留法青年协济会代替,中国留法青年协济会又在1923年被少年联护委员会代替。② 当然,这些组织的人员设置和思想理念都相差不大。1923年,在蔡元培及其朋友的帮助下,中国公使馆与法国外交部代表、商界和教育界人士一起管理这个组织。为了对华法教育会的解散或者更确切地说留法勤工俭学运动的结束表示悼念,布拉迪耶做了简短的总结:

> 华法教育会会长——索邦大学教授欧乐(Aulard)先生和北京大学校长蔡元培先生之前招收了很多中国学生和勤工俭学生,但现在人数太多。前几批留法学生很快就能进入学校学习,而现在这些学生(约1000人,年龄从18岁到25岁)应该要到工厂工作。
>
> 不过,鉴于现在严峻的失业状况,不太可能给所有勤工俭学生找到工作岗位(……)。另一方面,财政困境使"华法教育会"陷入特别艰难的处境。③

就像报告中提到的那样,这些状况最终使得"勤工俭学计划"破产;但这并不是唯一的原因,其中还牵扯到很多局势方面的问题。另外,还有一个原因就是华法教育会管理不力。确实,当时积累了不少经验,它们也得到了延续;可是这些经验只涉及一小部分学生,他们很快从勤工俭学的模式中脱离出来,找到更为正式、更有选拔性的机构化的留学组织,然而在新的组织中,勤工俭学运动的头几批学生并没有自己的地位。

---

① 《教育杂志》第3期,1921年3月20日。
② 通过合并华法教育会,中国留法青年协济会和中法教育学会同时诞生。华法教育会所在地将会设在法索瓦一世第一大街,中国留法青年协济会紧随其后,把办公地点设在弗勒吕斯街(或巴黎花街)第一大街。参见 A. N. 47 AS 1。
③ A. N. 47 AS 1, *Rapport Bradier*(《布拉迪耶报告》),1921年5月14日。

里昂中法大学

当时发生了一系列事端和各种问题,导致勤工俭学生处境再度恶化。华法教育会的支持者逐渐认为这个学会(至少学会中的大部分学生)是不受欢迎的。除了面临的经济困难,还有一个问题是大部分勤工俭学生不守纪律;赴法前,大多数人就有很明确的政治倾向,他们不仅让负责留学事务的中国领导和外交代表头疼(很快他们便产生直接冲突),还让法方负责人头疼不已。

在中国政治背景不断变化的同时,勤工俭学运动组织者的思想也发生了变化。战争期间,李煜瀛、蔡元培、吴稚晖和张仁江赴法留学,思想越来越接近,变得更加温和:无政府主义由激进转为理性,把经典哲学作为研究方向。当然,这一转变与年龄增长也有关系。

1916年,蔡元培50岁。在法国组织活动的同时,他又开始写作,思考有关道德和美学的问题。8月,他创办了《留欧杂志》(法语名为 *la Revue des expatriés en Europe*);同一时间,上海《东方杂志》刊登了他刚完成的作品节选,题目为《欧洲美术小事》(法语名为"Brève histoire de l'art occidental");出版"欧洲美术丛书"("Collection de livres sur l'art occidental"),后来书名改成《康德美学书》(*L'Esthétique de Kant*);最后,还发表了一篇有关比较绘画的研究文章。①

袁世凯下台后,黎元洪在北京继任中华民国大总统,这两件事很明显地改变了留法学生与中国政府(一个或多个)的关系。同年秋,蔡元培回到中国;在多次推脱无果后,他于1916年12月26日接受北京大学校长一职。一些人形容他接受这个职务是"对革命的背叛",而孙中山个人对此却比较支持。蔡元培担任了10年北大校长,我们都知道五四运动时他在北大发挥了怎样的作用。

作为中国教育界(不管是官方还是非官方)首屈一指的人物,蔡元

---

① 高平叔,《蔡元培年谱》,如前文注,第34页及后页。

培对朋友们的影响很深,使他们走上了与自己相同的道路。在某种意义上,我们认为他的事业取得了政治上的胜利,并成功融入了中国新秩序;由于社会知名度很高,他可以充分融入社会,为了让朋友们在适当时机扮演反对者的角色,号召他们走上与自己相同的道路。由于战争和回国的缘故,李煜瀛在巴黎豆腐公司获得的经验毫无用武之地。蔡元培把他招入北大,为他提供了一个生物学的教席。1916年秋,来北京之前,吴稚晖在《上海中华日报》担任主编,在语言改革和汉字西化研究(正在进行中)的背景下,教育部将一部字典的编撰任务委托于他(该字典于1918年完成),他后来又在唐山煤矿学校担任教师。

所有人都没有失去与华法教育会法国同事的联系。他们对留法人才的培养计划继续进行,特别是对教育领域的人才培养。之前积累的经验如今貌似派不上用场,因此应该在新的基础上重新思考这个问题。现在资金有了保障,也配备了严谨的教师队伍;留学生想要通过工作实现自给自足的想法被摒弃,最后还是采取了比较传统的方法。

这就是里昂中法大学成立的背景。中美就庚子赔款的偿还问题签署了一系列协议。在该背景下,李煜瀛与法国政府进行了长期协商,目的是为了让法方也将庚子赔款用于双方共同的教育事业,在法国成立一所机构专门培养中国青年学生。至于选择里昂建立这所学校并成立一所大学的原则可能是吴稚晖的初衷。① 他的做法得到蔡元培的大力支持。有一点不得不提:当时华法教育会的大多数法国成员都来自里昂。

1919年,在里昂学区长茹班(Joubin)教授的带领下,法国公共教育部代表团访问日本和中国。同年,由李煜瀛、蔡元培、张继等人组成的中国代表团来到法国。他们在巴黎会见了欧乐(Aulard)和贝斯那(Besnard),正如我们所知,一开始这两人便对中方提出的计划很感兴趣。后来,代表团又来到里昂,受到多重接待:爱德华·哀里欧(Ed-

---

① Tcheng Tse-sio, *Les relations de Lyon avec la Chine*(《里昂与中国的关系》),如前文注,第149页;John K. C. Leng, *The Chinese Work-study Movement*(《中国工读运动》),如前文注,第389页及后页,概括了吴对此计划的大量论据。

ouard Herriot)和马利尤斯·穆岱(Marius Moutet)代表市政府和市议会,里昂大学校长茹班(Joubin)、医学院院长让·勒比内(Jean Lepine)、里昂大学中文教师莫里斯·古然(Maurice Courant)代表教育界,马如雷(Marjoulet)将军代表军队接待了他们。①

中国代表团在巴黎大会上提了很多与科学领域相关的、雄心勃勃的方案,他们建议由双方政府出资、在巴黎成立一所中国高等研究院。法国外交部部长班乐卫于1920年5月出访中国,期间他应该提到了这些计划②,同时还提到另一个计划:专门为中国人成立一所高等教育学校。双方在这一点上达成共识,计划实施只待找到资金。在该问题上,有关人士也表现出积极的参与度。上海《中国回声报》的一名记者评论班乐卫访华的意图,他认为可以肯定的是:"所有法国人所乐意看到的结果是班乐卫先生成功从双方政府那里得到所需的补助,建成'里昂中法大学'并维持其运作。"③

1920年9月17日,《中国回声报》刊登一则消息:蔡元培要求中国政府出资25万元,成立中法大学。事实上,广东政府出资20万到法国,这笔钱原来是作为西南大学的启动资金,中法大学可被视为西南大学在法国的姊妹学校。北京政府也捐款10万元。以上资金主要用于场地布置。校舍借用法国废弃军营,在这种特殊情况下,"得到马如雷将军(军事统帅)的支持,国防部将圣·伊雷内堡的闲置军营(后改造成'里昂中法大学'的校舍)划归公共教育部;1920年9月,布置工程开始动工。"④

---

① Tcheng Tse-sio,*Les relations de Lyon avec la Chine*(《里昂与中国的关系》),如前文注,第149页。参见 Maurice Courant,*L'Institut Franco-chinois de Lyon*(《里昂中法大学》),收入 L'Asie Française(《法属亚洲领地》),1922年4月,第167—168页。

② *La Mission Painlevé en chine*(《班乐卫出访中国任务》)(1921年6月—9月)的论文集报告,北京,*La Politique de Pékin*(《北京的政治》),1921年;《中国回声报》(上海)中,1920年8月5日、6日、8—9日以及19日、9月3—17日、12月8日和17日。1925年,中国高等研究院很快与中国古代史教师一职共同设立,该教师一职由马塞尔·葛兰言(Marcel Granet)担任。

③ 《中国回声报》,1920年9月7日。

④ Maurice Courant,*L'Institut Franco-chinois de Lyon*(《里昂中法大学》),如前文注,第167页。

11月,蔡元培作为中国教育部调研团领队,再次动身前往欧洲①,受到正式接待,并被索邦大学授予"名誉博士"称号;1921年春,他来到里昂,为中法大学各项计划的实施出谋划策。该大学预计接收200名中国学生,在北京、上海和广东组织考试并选出候选人。7月8日,茹班学区长和中国赴欧大学使团团长高碌代表双方政府签署协议。协议确立了学校的制度,"包括三部分:遵守'里昂大学'与'中国校际委员会'之间签署的协议;遵守'中法大学联合会'②章程;遵守'里昂中法大学'③规章制度"。中法大学与法国在上海成立的法中大学都是混合体制,都按照师范学校的模式运营。中法大学为中国学生提供赴法留学机会,但他们要经受严格考验。莫里斯·古然明确指出:

"里昂中法大学"是一所面向中国学生的师范学校(……)。考试和学习计划大纲于去年夏天确定。

考试内容主要是中文、法语、英语等;学历要求为中等教育以上。该考试主要在中国进行,由中国高等教育机构组织;但类似考试也会在法国设立相应考点,考点专门为留法学生开设。通过此

---

① 事实上,这涉及到一个很漫长的任务:在欧洲之行后,蔡元培来到美国(在美访问期间,他获得了纽约大学的荣誉博士学位并为北京大学图书馆募得资金),在1922年回国之前,他参加了太平洋地区教育大会。参见 Howard L. Boorman 编辑,*Biographical Dictionary of Republican China*(《民国人物辞典》),第3卷,第298页;高平叔,《蔡元培年谱》,如前文注,第57页及后页。

② 由1901年律法确立中法大学联合会,它的成立在1923年夏罗讷省省长报告中也得到明确,"是为了确保里昂中法大学的成立和运行……"最后,经过各方面努力,里昂中法大学的校舍被设立于圣鞠斯山上的圣·伊雷内堡闲置军营,圣鞠斯山与富尔维耶尔山近在咫尺。"中法大学联合会"由42位成员组成的委员会管理,在42位委员中,有半数为法方代表,半数为中方代表。法律规定以下机构对里昂中法大学的运行负有责任:里昂市市长、罗讷省议会主席、里昂工商局局长、里昂高等职业教育对外发展协会会长、中国校际委员会代表、北京大学代表、西南大学代表(广东?)、艾诺大学代表(或艾默?)、里昂中法大学校长……里昂医学院院长勒比内教授担任里昂中法大学的法方校长,负责"中法大学联合会"在日常生活中的所有活动;里昂中法大学的法方秘书长由里昂文学院教授——古然担任。(1923年8月28日给国家安全部的报告中写道。A. N. F 12900)。

③ Maurice Courant, *L'Institut Franco-chinois de Lyon*(《里昂中法大学》),如前文注,第167页。

类考试,对学生的知识水平、品行和支付能力进行检验。学校课程为汉语(由中国老师教)、法语、英语(课时很少)、数学、物理和基础化学(由法国老师教)。经过一年或两年的预备课程学习后,当时考试成绩最高的那部分学生,根据分数,可以继续选修法国大学或高等技术学院的课程;而成绩一般的学生虽然没办法继续选修课程,但可以与我们学校老师或法国教育界人士继续保持联系。①

中法大学的学生有能力支付留学费用,他们或者通过家里,或者拿到了奖学金。然而,他们在某些方面受到限制,没有办法真正接触法国的高等教育。这种状况与在华的法国商界人士脱不了干系,他们认为不应该过多地培养高水平人才,因为他们最终会成为自己的竞争对手或潜在威胁②;最好培养一些有技能的监工(介于干部和工人之间),让他们在法国工厂工作或监督其他工人工作,更好地指挥中国劳工。另外,通过严格要求学习水平,法方希望在学生心目中树立起法国科学质量卓越的观念,对此中国学生似乎一直没有足够信服。③

在最开始的事件之后④,尽管财政方面有这样那样的问题,但里昂中法大学应该可以撑到1949年。在中法大学的中国学生看来,学校只不过是一个寄宿的地方。学校当时还接收了好几批留学生,中法大学的学生与在勤工俭学运动中来法的学生在家庭出身方面有差异,但也不是大相径庭,这些差异是由当时的环境、特殊或意外局势造成的。⑤

其他方面的区别明显是政治性的,我们在下文中也会看到。政治领域的差异、经济领域的绝境(完全不能回避)是教育界无政府主义者(如蔡元培、李煜瀛、吴稚晖)采取后退立场的原因。在他们看来,勤工俭学生已经主要不是被互助精神所激发,而是被政治团体所控制(受

---

① Maurice Courant, *L'Institut Franco-chinois de Lyon*(《里昂中法大学》),如前文注,第167—168页。
② 领事信件,上海,1922年. A. E.,亚洲,1918—1929年的中国,E 485。
③ 参见《在华法国报刊摘录》,A. E.,亚洲,1918—1929年的中国,E 485。
④ 参见下一章。
⑤ 例如,里昂中法大学在初期接收了很多广东学生,广东政府向里昂中法大学提供财政支持可以作为这个事实的论据。

控制程度深浅不一)了,其意识形态的选择虽然开始时与无政府主义者有共同的思想源泉,但完全是另一回事,这种选择是留法之后才产生的。对他们来说,原来非正式的留法系统和相对修修补补的方式让位给有组织的学生移民,因为要层层选拔,名额有限,故需考虑身世背景。1923年,罗讷省省长这样描述中法大学的学生:"他们的生活方式很严谨。很多人在里昂大学取得了杰出的成就。中国学生在学校组织了多次上午的活动,当地知名人士到场出席,大获成功。里昂高等教育界人士对他们颇有好感。"①然而,该校中国负责人吴稚晖和中法大学协会副会长、秘书长褚民谊并不这么认为。

还有一部分中国学生既不属于勤工俭学,也不属于里昂中法大学交流项目(名额很有限),他们自己来到法国寻求留学机会。据现存的各种资料显示,1920—1925年间,通过自己的方式赴法的学生和年轻知识分子总数可能大大超过通过这两种方式(即勤工俭学和里昂中法大学交流项目)留学的人数。1921年,中国留法青年协济会着手统计勤工俭学生人数,此次统计本着自愿原则,有1209人在协济会建立个人档案;1922年,共有1228位中国青年得到协济会帮助。②

有一部分人放弃或拒绝加入协济会;经过大概的估算,我们可以得出一个结论:1922年,勤工俭学生大概有2000人。把留法年轻人统一归入"知识分子"行列(如勤工俭学生、大学生、曾经的或所谓的大学生),这一时期他们的实际人数或许要更高一些:尽管很难获得确切数据,经过推测可能是上面人数的三或四倍。正如Y. C. Wang(汪一驹)根据一份留美中国学生期刊的资料上所推测的那样,1920年人数可能达到6000人,他认为法国当时的环境完全可以支撑这一数据的可靠性。在留法人数统计上,John K. C. Leng并没有指出任何特别的证据,

---

① 1923年8月28日向国家安全部递交的报告,A. N. F 12900。
② 1922年"中国留法青年协济会"年度报告。在 *L'Asie Français*(《法属亚洲领地》)上发表,1922年9月,第259—262页。

他认为在1913—1925年间人数可能达到8000人。①

这些令人困惑的数据需要参考当时法国政府的估算。1925年6月21日,发生骚乱事件。事后,二局根据提交的一份报告,参考内政部和"中国留法青年协济会"提供的数据,估算当时留法中国人总数不超过4000人,其中有1000名学生(严格意义上讲),该数据在《中国教育界》②的一篇文章中得到证实。到1925年才对留法中国人进行统计,确实有些迟;1923年前,法国经历了一些事件和危机,我们可以推测该局势大大限制了中国赴法人数。"中国留法青年协济会"为留法人数统计提供了数据基础,数据翔实可靠,通过他们提供的数据,我们可以认为:除了勤工俭学生,其他类型的留法人士要么数量不大,要么不稳定,时常换地方、流动性很强,从1922年起,大部分人可能回国,或去了别的国家。

不管怎样,有一大批中国青年知识分子是在上述有组织的渠道之外来法国的,迄今为止,勤工俭学和中法大学交流项目几乎吸引了研究者的全部注意力。那么,这些人是谁呢?周太玄1926年写道:

> 现在,如果统计所有类型(如国家奖学金获得者、自费学生、俭学生、半读半工者)的留法学生,人数可能会达到1000人,每年离开的人数与新来的人数相抵。(……)里昂和巴黎是留法学生最多的地方。在巴黎,几乎所有人都在郊区,而且大部分都是勤工俭学生(……)。在里昂,大部分都是奖学金获得者。③

还有"自由"奖学金获得者,他们或者得到了中国中央政府的奖学金,或者得到了省政府的奖学金,很难统计他们的数量。其他自费学生

---

① *The Chinese Students' Monthly*(《中国学生月刊》),1921年1月。参见Y. C. Wang(汪一驹),*Chinese Intellectuals and the West, 1872—1949*(《中国知识分子与西方,1872—1949年》),如前文注,第110—111页;John K. C. Leng, *The Chinese Work-study Movement*(《中国工读运动》),如前文注,第1页。作者并没有指出是否计算了整个时期留法学生的数量,在那个时期考虑到流动人员(抵法和离法的人)的情况,是否当时的人数有所变动。

② 布里索-戴马伊埃(Brissaud-Desmaillets)将军报告,1925年6月26日,A. N. F⁷ 12900。《留学问题专号》,《中国教育界》,1926年3月。

③ 周太玄,《留法学生情况》,是上面提到的《中国教育界》中的文章。

依靠家里供应,他们可能都是来自富裕家庭的学生。有些人既是奖学金获得者,又是自费生,前者与后者可能并不是毫无关系。广东学生石俊华(音译)就是这种情况。他 1919 年来到法国,申请进入圣希尔军校读书;布拉迪耶在他递交给外交部的档案中加入一份手写的材料:"该学生是广东省奖学金获得者,他的父亲(将军)也会给他寄钱,看起来很是严肃认真。"①

在这些很难归类的情况中,还有一个例子——李书华,后来他成为著名物理学家:1912 年,为了去日本留学,他获得 500 元直隶省政府奖学金,后来又获得了 100 元的额外补贴。但听说在法国的勤工俭学生预计花费 600 元,他又决定去法国留学,并于 1918 年在图卢兹大学注册;第二年来到巴黎大学,在导师让·佩兰(Jean Perrin)的指导下,于 1922 年获得法国国家理学博士学位,博士论文是研究极化膜的渗透作用②;1922 年夏,他学成回国,博士论文选题帮他获得了北大物理学教授一职。另外一个例子——郑毓秀,在法国时更喜欢别人叫她郑苏梅或者 Soumé Tcheng。她曾在北京勤工俭学预备学校上过课,但到法国后,她放弃了勤工俭学。她家境很好,很快成为巴黎社交名媛,并以优异成绩获得法学博士学位。俭学生与她所有的头衔相比,简直是天壤之别,她在中国留法青年协济会成立之初入会,担任中国妇女协会主席和中国留法女学生会会长。③ 然而此人并不是毫无争议的,她在某些方面的立场有点模棱两可。她经常出席中国驻法公使陈箓举办的晚会④,把李合林(又名李鹤龄)当作秘书和挚交,李合林是纨绔子弟、无政府主义者,1922 年曾试图在某个晚会结束时刺杀陈箓。⑤ 要不是他与郑毓秀关系亲密,怎么有机会这么做?

在中国奖学金生之外,还有一部分人享受法国政府奖学金:1923

---

① A. E. 亚洲,中国 1918—1929 年,E 484。
② 巴黎,*Annales de Physique*(《物理年鉴》),1922 年第 9 期,第 475—503 页。
③ A. N. ,47 AS1.
④ 陈箓用了"中国驻法公使"这个称号,而不是"大使"的称号;驻法的中国代表只是一个简单的头衔,在南京国民政府成立后,这个头衔才会升至大使级别。
⑤ A. N. F⁷ 12900;参见下面章节,第三章。

年,法国外交部发放6个奖学金名额(总额为32900法郎);1925年有20个名额,有些奖学金金额很少(共44173法郎)①。然而,还有一些学生要一边学习,一边靠工作和断断续续的救助维持生活:这是很多受到雷明远(Lebbe)神父②庇护或是加入基督教青年会的学生的情况。

总之,各种人物都会出现,从过着放荡生活的家里独子到经常出入咖啡馆的懒散诗人,从勤奋好学、穷困潦倒、操劳忙碌的学生到享受奖学金的优秀人才……那么周恩来属于哪一类,能从表面上把他归为勤工俭学生吗?他是勤工俭学运动的组织者,但毫无疑问在法国从未做过学生。他在法国学到了不少东西,经常出差,离开法国,在英国或德国逗留后,又再回来。然而,我们没有找到任何证明他取得过救助款的签名的痕迹。他在天津一家天主教日报《益世报》当过记者,主要涉及的题材是旅游以及勤工俭学生遇到的问题,人脉特别广泛。后来,直到他住在巴黎第13区戈德弗鲁瓦街17号(17,rue Godefroy)的时期,才加入巴黎共产主义小组。他的一切不同寻常,很难真正给他贴上某个标签。③ 像他这样的情况可能并不多见,但也进入到这个范围。尽管他们都属于我们所研究的勤工俭学潮流中的人物,却有着各自的多样化的一面。

生存、学习、工作

赴法回忆有什么价值吗?以哪种统一标准来评判这些回忆?巴金眼中的法国是对比鲜明的:雪景中昏暗、寒冷的巴黎郊区和时而漂亮、时而"动荡"、肮脏不堪的马赛④;漂泊者何长工眼中的法国是通俗、勤劳、有爱的⑤;透过周恩来的文章和书信,我们可以发现,他眼中的法国

---

① A. N. 47 AS 1。《外交部获奖学金者名册》。
② 雷明远卷宗,A. N. 47 AS 7。
③ 参见由 D. Wilson 撰写的周恩来传记。
④ 巴金,*La nuit de Marseille*(《马赛的夜》),收入 *Le secret de Robespierre*(《罗伯斯庇尔的秘密》),如前文注。
⑤ 何长工,《勤工俭学生活回忆》,北京:工人出版社,1958年。

是政治的、不择手段的、吸引人却也是毫不宽容的①;在施益生的叙述中,法国是怀有敌意、依靠警察维持统治、难懂、恐怖的国家②。随着后来遇到的大小困难越来越多(如食物等),在大多数勤工俭学生心中,初来乍到时惊叹的心情被后来失望的心情所替代③。除了个别例外,很多人对这一时期法国的总印象是相对晦暗的。

但当我们与前留法学生会面聊天时,对法国的描述并不总是这么负面。比如我们在1981年夏见到了萧三,他坚持要为我们提供一杯法式咖啡,来展现自己并没有丢掉法语,这位病弱的老先生不久便与世长辞,但当他回想起小酒馆、面包、正午的熏咸鲱、巴黎十三区冰川街(rue de la Glaciere)云母工厂的女工时,脸上总会浮现出微笑。后来我们又见到了王德阳,他是法国国家理学博士(索邦大学)、前里昂中法大学学生(第一届)、奖学金获得者、优秀留法学生,也是厦门大学前任校长、中国众多学术协会会员;他说自己去过很多次法国,每次去都很愉快,带着相同的乐趣。1984年夏,我们又遇到了彭鑫(Peng X.),1920—1930年间,他在法国生活和学习过,在那里拥有不同的人生体验,比如戛纳和轿车、巴黎和第五区加尔姆大街(rue des Carmes)3号简朴的小旅馆。因为身体缘故,他已不能继续旅行,他的愿望是得到一张巴黎的照片,那里有他经常去的地方,比如加尔姆大街、圣日内维耶图书馆、先贤祠、莫伯尔广场……确实,年轻的时光已经流逝,并成为人们心中永远的遗憾。在那些曾经的挫折磨难中,哪些对他们来说更为沉重一些呢?

大多数留法学生,不管他们的社会地位如何,去法国的目的都是为了工作和学习。他们能在那里工作和学习吗?毫无疑问,这个答案对于大多数人来说都是否定的,特别是勤工俭学生。很多人通过各种方式进入学校读书,但是他们中接受高等教育的比例很低,那些完成大学

---

① 周恩来,《旅欧通信》,北京:人民日报出版社,1979年,第299页。
② 《天津文史资料选辑》,天津:人民出版社,1981年。
③ 参见 Geneviève Barman、Nicole Dulioust,"La France au miroir chinois"(《中国镜像中的法兰西》),如前文注。

学业或者达到大学教育水平的人更是少之又少。如果这些数据还不太有说服力,袁同礼对1912—1962年间留法学生博士论文答辩的情况的统计则提供了一个有意思的参考数据。①

这个统计显示:各个学科加起来共有582名中国学生于1912—1962年间在法国完成论文答辩(需要指出的是:在同一时间段,746名学生在德国完成论文答辩)。其中,1912—1925年(包括1925年),只有31名学生完成论文答辩,占总人数的5.32%。论文选题划分如下:

文学	4篇
法律	17篇
科学	2篇
医学和药剂学	8篇
总数	31篇

虽然论文数量有限,但还是应该做些评论。大约95%的人是在1925年之后拿到博士学位,也就是大批勤工俭学生离开法国后。他们或被驱逐,或自愿离开。1925—1927年,中国经历了很多重大事件,包括南京国民政府成立。大多数优秀学生都是在这个阶段选择赴法留学的。他们的社会地位和经济条件给他们打开了法国大学的大门。探索真正实用的科学成为当时思想的主流,激励着20世纪20年代的年轻知识分子们。但令人惊讶的是选择科学和医学领域作为研究方向的人并不算多,只有10篇论文,占总数的三分之一。很少有人选择纯文学方向,这意味着什么?这一事实可能反映出文凭获得者在西方文化修养,特别是法国文化修养方面的局限。

在勤工俭学生中有这样的弱点实在不会令人惊讶。首要的原因可能是学历差别太大,留法前的学历太低(上文提到过)。华法教育会把他们分配到与自己水平相匹配的学校接受教育,这个任务可不容易。

---

① 袁同礼,*A Guide to Doctoral Dissertations by Chinese Students in Continental Europe 1907-1962*(《1907—1962年间欧洲大陆中国留学生博士题名录及博士论文索引》),如前文注。这个统计并不完整,而且与其他国家和学院的论文并没有什么不同。然而它成为了计数工具的雏形。

因此1919年中旬,以此为目标,华法教育会成立了"学生事务部",总务仍然由刘厚和萧子升负责管理。①

勤工俭学生在法国遇到各种困难,其根源是预备学校在招生时标准太多样。某些高等预备学校招收的是中学或技术学校毕业的学生。在华法教育会支持下,1918年在北京成立高等法文专修馆,招收高中、专科毕业生,该校也对女生开放,课程的时间设置比较长;有基础课和专业课,按一周15—20学时计算,要上超过2年的课,重点是法语和一门专业课的学习。② 保定留法预备学校的特点与法文专修馆基本相同,教授法语课和与冶金相关的29门专业课。③ 这些学校都要收学费。而长辛店高等预备学校与它们不同:虽然入学要求都一样,但它的原则是鼓励学生半工半读,学生每个月可以领3元钱。形成对比的是,1917年9月,高阳贫困县布里村成立了布里村留法工业实习学院,该校招生标准很低,只要小学毕业或同等文化水平就可以入学。1918年,学校搬迁,稍微提高了招生标准;教学内容包括法语、中文(蔡和森在这里教过中文)、日常实用知识和冶金。学制为1年,1年后,学生需要通过自己的方式找到留学资金。后来,这所学校的72位毕业生赴法留学④,他们大多数都来自普通的农村家庭。我们可以举出更多这样的例子。所有例子都表明了一个观点:大多数俭学生或半读半工生得到的教育还不及国内中等教育水平。⑤

对于那些(少数)在预备学校受过教育并完成学业的学生而言,事情也并没有得到解决。事实上,法国大学并不承认他们的学历。所有那些(不管是否参加勤工俭学)自以为可以接受法国高等教育,甚至是

---

① 别名刘大悲和肖瑜。后来还专门成立了财务部负责处理经费问题。不少留法生先期到达法国,例如李璜和罗世安,在这一时期,他们的任务之一就是在马赛迎接勤工俭学生,再把他们护送到目的地城市。参见梁 J. K. , *The Chinese Work-study Movement* (《中国工读运动》),如前文注,第263页及后页;与罗世安的谈话,1982年11月。

② 根据华法教育会的一份出版物,1919年,在张允侯主编《留法勤工俭学运动》中提到,如前文注,第161页及后页。

③ 同上书,第164页,Y是指学生李维汉、李富春和刘少奇,他们都没有离开。

④ 张允侯主编,《留法勤工俭学运动》,如前文注,第165—166页。

⑤ 当时国内中等教育也刚刚设立。

进入法国大学校的学生,都必须申请学历对等和入学许可,而且要在其能力得到证明、其学业水平在法国足够优秀的条件下。① 不言而喻,最终被接受入学的学生数量非常有限(看看之前提到的1912—1925年获得博士学位的人数),虽然有一些人在法国获得博士学位,职业发展顺利,比如郑毓秀,但这毕竟是极少数。还有一些人认为在学校做个旁听生就够了,他们即使刻苦努力也拿不到任何文凭。

事实上,大多数人找到了一种方法:蒙塔尔纪中学在1912年开设特殊课堂。这种特殊课堂需要收费,其他中学也想紧随其后开设这种课程。应该专门分配老师去教这群法语水平马马虎虎、超龄的初中或高中生,而不是让他们跟法国学生一起上课。由于赴法人数增多,一群学生挤在一间教室学习的状况愈演愈烈:某段时期,仅蒙塔尔纪男生中学就有超过100位中国学生,他们挤在同一间宿舍里,处于一种"中国式"的群居生活。② 然而,貌似大多数年轻学生对这种方式还挺满意。华法教育会的章程中不是规定他们可以通过1到2年的学习,进入专科学校学习,甚至是经过5年最后进入大学学习吗?因此华法教育会加强在整个法国的联系。根据该协会在1920年10月③所做的统计来看,576名中国学生(女生人数很少,只有15人,占总数的2.6%)分布在法国的62所学校,其中巴黎医学院有2名学生,还有25所初中、16所高中、17所职业或技术学院、2所私立中学、1所小学(高年级)。④

---

① 参见不同的推荐情况,为了参加住院实习医生考试,获得参加巴黎综合理工学院的考试资格,进入军校,有的要得到中国公使馆的推荐,有的则要得到驻京法国使馆的推荐。A. E. 亚洲,1918—1929年的中国,E 47,第68页。

② A. N. 47 AS 2,1921年初的情况。

③ A. N. 47 AS 1,10月份学校的情况(1920年)。

④ 相关城市有:蒙塔尔纪、默伦、德勒、蒂耶里堡(或雷堡)、圣日耳曼、枫丹白露、蓬图瓦兹、迪耶普、蒙塔尔纪、普罗旺斯、格拉斯、戛纳、弗莱尔、康弗伦斯、瓦锡、托内尔约纳、翁弗勒尔、塞纳—夏狄戎、圣罗、科恩、贡比涅、库洛米耶、布吕耶尔、贝叶、拉米尔、博维(初中);穆兰、旺多姆、布尔格、翁热、里昂、桑斯、巴约纳、第戎、格勒诺布尔、圣埃蒂安、尼斯、巴黎、蒙彼利埃(高中);第戎(小学高年级);布里夫、索缪尔、弗蒙尼、圣沙蒙、埃弗勒、拉芮欧、热努亚克、南锡(工科技术学校或农业技术学校);巴黎、瓦萨、马赛、格勒诺布尔(专科学校);纳伊、拉盖内(私立学校)。同上。另外有3个人被安置在比利时的匹卢维兹学校。出处同上。在少数情况下,在就学中确立"微型支系"形成了持久的关系。10年以后,瓦锡初中还接收了三四名中国学生。

每个人的实际情况不同,因此需要分配到不同的地方和学校。留学初期,一些人有办法获得经费,他们能全身心地投入学习中。而另一些人只能半工半读,他们的时间很受限。王若飞就是这种情况,下面是他的作息表:

- 上午

5 点	起床
5 点半到 6 点半	学习
从 6 点半开始	喝咖啡、进工厂
11 点半到 12 点半	午饭
12 点半到 1 点	阅读

- 下午

1 点到 5 点	工作
5 点半到 6 点	晚饭
6 点半到 9 点	学习
9 点半	睡觉

王若飞这样评价他的工作时间:"统计每天作工八点钟,读书五点钟,睡眠七点钟。其实认真研究学问,每日读书的时间,并不在多。果能做到心不外驰,读一点钟,可比别人读三点钟和四点钟。一天读五点钟的书,已经是很多很多的了。"①

后来,几乎所有人都在读书过程中遇到了资金不足的问题:关于这个问题以及它的影响,我们后面会深入地分析一下。这些年轻人在不同学校都学到了什么呢?一方面,法国教师与行政人员之间互相通信(或者至少他们之间保持着联系);另一方面,"华法教育会"认为,教学的重点应该首先放在法语的学习上,第二要放在专业学科的学习上,这些学科是为了使学生获得实用且对未来职业有帮助的培训。蒙特利马中学的校长迈纳德(Mainard)先生 1921 年 3 月 11 日在给巴黎驻法公

---

① 中共贵州省委党校、中共安顺市委编,《王若飞文集》,北京:人民出版社,2014年,第 26 页。

使的信中写道：

> （……）我们学校接收第二批半工半读学生,我对他们很感兴趣,他们严谨、勤奋、进步飞速,很受老师和法国同学的喜爱。他们的膳食费一直支付到4月10日。其中一个学生告诉我：在他们看来,您是多么仁慈和慷慨,同时他们也配得上这一点。我还知道你们又给他们提供了另外3个月的膳食费,本来维持到4月10日,现在可以维持到7月10日。在这个时间内,他们应该可以学好法语,为职业技术培训打好基础。对了,公使先生,在复活节15天的假期内,如果您允许的话,我想带他们去尼姆（加尔省省会）待几天,那里有工厂、作坊、纺丝和织地毯工艺。花销不会太大。我与技师沟通了一下,让他们给学生尽可能多地讲解有关机器、工艺、工具、制造技术等知识。旅费（火车）和住宿费加起来,每位学生仅需48法郎,所有学生加起来一共539法郎,这次旅行可以带来多么大的收获！在7月份还会带他们去里昂参观那里的工厂和作坊。在参观完尼姆和里昂最著名的工厂后,他们将会得到很多有用的信息,为将来在这一领域成为真正专家和一流的技师打下坚实的基础（……）

在这些未来的"一流技师"中,我们可以发现傅钟,他并没有参加之前由17个人组成的参观团。事实上,其他学生后来都去了巴黎、靠近格勒诺布尔的福尔日、圣沙蒙。他们中还有两个人去了另外一个地方,即如今"主宫医院"①的所在地。

这封信函并不是例外,它体现了(老师和学生)对于学习目标有不同的观点。语言的学习要集中、简洁。如果说语言并非是技工需要掌握的一种技能,那么他们学法语有什么用呢？因此,参观工厂成为他们课程的一部分,因为这比学术知识更实用。

很难从广义上对这一时期留法学生获得的学术知识进行评价。诚然,就像我们之前看到的那样,在所有学生的经历中,有些人进行着正

---

① A. N. 47 AS 2.

式和规律的学习,比如李书华、郑毓秀、李璜和汪德昭,举这几个例子足以证明确实有人学业有成。但他们规律的学习也可以与参加政治社会活动并行不悖,几乎所有的例子都可以说明这一点。社交活动、为稻粱谋、动荡不安在他们的生平中同样有一席之地。因为当时几乎所有年轻学生(学生或半工半读生)都参与到了激进的活动中。对于半工半读生而言,学习就是到某个中学待上两三个月,然后又换到另一所学校;教学没有延续性,尽管老师都很用心地教,他们也用心地学,但法语水平仍然很有限。因为学费很贵,当时也遇到了很多问题(比如等待救助、经济困难、焦虑、找工作),很多留法学生(并不是全部)不得不心情沉重地离开学校。之后我们将会深入分析这一情况。1921年9月,"蒙特利马中学"的一位学生以一部分同学的名义给校长办公室寄了一封信,这封信意味深长,通过书面形式和字里行间的忧虑,表达了他们壮志未酬的心情。下面就是这封信的具体内容,原来的用词和拼写都保留下来了。

(塞纳)

1921年9月1日

亲爱的校长先生,亲爱的迈纳德女士:

我们已经抵达巴黎,得到了华法教育会的帮助。非常感谢你们为我们付出的努力。

如果华法教育会送我们回来的话,我们真的非常想再回到蒙特利马中学!华法教育会要在9月15日解散了,因为这里有太多的学生需要他们帮助,可是他们没有钱。

如果我们没有机会再回去,我们会感到非常难过!哎,现在我们不得不再次请求你们,帮我们在里昂、瓦朗斯、马赛或任何地方的纺丝厂找到工作。因为我们父母没有办法立即给我们寄钱,如果华法教育会不继续为我们提供援助,我们可能没钱吃饭了。

校长先生、迈纳德女士,要相信我们都是忠厚老实的人,希望你们能同情我们。

你们听话的学生

【签字】陈家图
地址：
菲利克斯·福尔街,24号
拉加雷讷科隆布市
（塞纳）

　　当校长和迈纳德女士收到这封写在小学生作业纸上的信时会不会笑呢？这封信还是用斜体字写的,上面是蘸水钢笔字的粗细笔画。我想他们应该不会。这些贫困的留学生说自己很快便要陷入绝境,事实可能正是如此。收信人(即迈纳德先生)也很善良,他在信下面凌乱地写道"(……)我跟他们说过,重复说过(当他们到蒙特利马时,他们一句法语都不会说),'蒙特利马中学'只是临时的去处,他们应该很快进入工厂或工场,在那里接受实际的培训,这是他们来法国的目的(……)"。① 我们已经看到,对于这些年轻人来说,"求学"在中国是不可能的,很快在法国也变成泡影,等待着他们的是其他方面的学习。

　　对于大多数年轻人来说,在法国工作是他们最初的打算,同时也是他们留学计划成功的必要条件。另外,工作本身对社会和人的士气也会有很大影响。工作很快成为大部分人谋生的必要手段;他们以俭学生的身份来到法国,身上带了一点钱,需要继续赚钱维持生活。当时法郎不是贬值得厉害,在法国的生活应该比在英国便宜得多吗？另外,他们当时加入了一些协会,这些协会和家里人会给他们寄钱;省政府也会给他们提供奖学金。难道在这里生活要比他们预想中花钱更多？难道正好赶上那些组织经费用光、省政府的管理者食言、已经深陷困难的家庭无钱可寄？他们应该采取半读半工的方式或在必要的时候离开学校,等赚够钱再回来读书。有的人已经决定:一到法国,先去工厂工作,等赚够钱,再开始学习。这是可行的,李煜瀛和蔡元培用亲身经历证明了这个决定的可行性。

　　出发时,他们便对这一想法充满信心。法国缺少劳动力;这是确定

---

① A. N. 47 AS 2.

无疑的,这一事实也得到第一批留法学生的确认。1919 年 12 月,他们中有一位叫沈易佳的学生发表了一篇文章。他之前在夜校给华工上课,通过自己的方法留在法国。他发表在《安徽教育期刊》①上的文章被准留学生们如饥似渴地拜读。他在文章中解释道:法国在战争中有 200 万人丧生,这为 200 万中国劳动者提供了空缺,如果没有中国劳工,法国工厂便无法运转。另外,那里的工资待遇也不错:那些当初因为战争协议来到法国的华工现在已经攒了不少钱。1919 年 5 月,驻英大使透漏:当时在法工作的华工在银行的财产共有 5100 万法郎;这笔钱是 13 万工人 19 个月的存款,也就相当于每人每月存 20.65 法郎;还有那些在法国北部工作的工人(雇主是英国人),北部花费更低,他们每人每月能存 25 法郎。②

战后,还有一些客观因素可以支撑这些乐观的想法。沈易佳的计算可能并非像看来那样简单。法国失去了很多人:大约有 130 万,相当于 99% 的劳动人口,其中工业领域失去 41.5 万劳动者;有将近 39 万人落下残疾。青壮年(20—45 岁)人口损失了 20%。③ 另一份报告显示,战后法国法郎的地位削弱,1919—1922 年间,币值持续下降;在 1920 年 4 月和 12 月出现两个低潮期。在 4 月份,与美元相比,法郎损失了超过三分之二的币值。事实上,美元决定了法郎的币值水平。1920 年 1 月,1 美元能兑换 11.74 法郎(1 英镑兑换 43.16 法郎);6 月份,1 美元能兑换 16.24 法郎(当时 1 英镑可以兑换 63.92 法郎)。④

当然,物价的发展趋势对普通工薪阶层是非常不利的:1914 年起,物价不断上涨,它与工资无规律的变化是有关系的。"这种上升使工

---

① 《第一报告书》,《安徽教育月刊》1919 年 12 月第 24 刊。这是一篇很有影响的文章,尤其对俭学生团体影响重大。

② 1919 年 5 月 26 日的电报。陈达,《法国的华工》,如前文注。

③ Georges Dupeux(乔治·杜培),*La société française 1789-1960*(《法国社会 1789—1960》),巴黎,A. Colin, coll . U,1964 年,第 222 页。参见 J. J. Becker(约翰·约瑟夫·贝克)和 S. Berstein(斯蒂芬·伯恩斯坦),*Victoire et frustration*(《成功与挫败》),1914—1929 年,《现代法国的新历史》第 12 卷,巴黎,Seuil(塞伊出版社),1990 年。

④ A. Sauvy, *Histoire économique de la France entre lès deux guerre (1918-1931)*(《两次世界大战之间[1918—1931]法国经济史》),如前文注,第 44—45 页。

资水平差距增大。一些人的工资增长很快,有时甚至超过物价,而另一些人的工资没有增长,因此他们的购买力自然而然地受到削减(……)。自从大革命后,零售价从来就没有经历过这样的变动,而且不受当地环境的影响,比如在巴黎的商场。"1919 年一直出现物价上涨的趋势。但是 1920 年春,"突然,在商品的压力下,受到英国或美国政策的影响,金融投机反转;价格(例如汇兑)开始下降。"①这种下降也标志着两年经济危机的开始,这是场由战争投机行为引发的"结算"危机。② 总体来说,这些年的局势对于劳动者是非常艰苦的,尤其是对工人阶层而言,然而工业正是留法学生所要从事的领域。直到危机前,还有很多空职,然而到了 1920 年中旬,失业问题就出现了;在 1921 年春,失业问题达到顶峰;1923 年招工量与 1919 年相差甚远。③

失业问题完全受到局势影响。由于战争,很多职位出现空缺,1919—1931 年,由于外来劳动力不断增多,这种空缺逐渐被填满。阿尔弗雷德·索维(A. Sauvy)对这十年的情况明确表达了看法,"估计外来移民男性人数大约有 100 万,相当于战争损失人数的四分之三。这是法国步入年轻化的原因,这一情况正好弥补了战前由于出生率下降而减少的年轻人数量"④;综合考虑,这 10 年内,就业市场呈现繁荣景象。

从某种程度上说,中国年轻人不太走运。不管动机是什么,他们来到法国时,正巧遇上战后劳动力在世界范围内流动的大潮;另外,就像我们之后看到的那样,前几批赴法年轻人不算艰难地找到了工作,而 1920 年的留法学生就没那么幸运了,之后来的人就更加不幸。短暂的危机直接影响到他们:失去工作或一直找不到工作,遭遇艰难时刻。这

---

① A. Sauvy(索维),*Histoire économique de la France entre lès deux guerre*(*1918-1931*)(《两次世界大战之间[1918—1931]法国经济史》),如前文注,第 331—333 页。

② "真正的清算将会更滞后,更艰难。"同上书,第 333 页。

③ 根据统计,在 1920—1925 年间,失业工人数量分布如下:1920 年:290000(几乎比战前人数多);1921 年:535000;1922 年:380000;1923 年:305000;1924 年:265000;1925 年:315000。同上书,第 218 页。

④ 同上书,第 220—221 页。

种情况一直持续到1923年经济复苏。

1920年代初,他们与其他劳动者(移民或非移民)都受到工业社会变革以及工人条件恶化的影响。这种恶化分为两方面:一是生活水平的恶化,二是工作条件的恶化。Gerard Noiriel(热拉尔·努瓦利耶)强调:"工人阶级在总体上并没有享受到工业蓬勃发展的成果,生活水平没有得到改善。"①之前提到的物价上涨问题并没有立刻得到弥补。战后单身工人的生活状况糟糕,至少在1930年代是这样的。基于这种状况,政府为工人提供补助金(大多数中国勤工俭学生就是依靠这些补助金生活),基础限额为:1911年100法郎,1921年涨到407法郎,1924年达到483法郎。② 工人的小时工资变化情况如下(1911年为100法郎):

- 巴黎大区
  1921   401
  1924   440
- 外省
  1921   502
  1924   563

总之,战后不久,外省工人的工资得到改善,但巴黎大区的情况并没有改观,不幸的是年轻中国学生大多集中在巴黎大区。因为战争结束和技术发展(之前由于战争造成技术发展停滞),企业集中到一起,工作条件变得更加恶化。"战后出现各种琐碎的小活,它被乔治·弗里德曼(G. Friedmann)③称作'小碎片工作'。(……)事实上,没有职业证书的熟练工人可以在不同公司之间流动。因此,大企业越来越不需要固定的劳动力;只要几天的时间,在工作的地方,就可以形成一个

---

① Gerard Noiriel, *Les ouvriers dans la société française*(《法国社会的劳工》),巴黎,Seuil(塞伊出版社),coll. Points,1986年,第150页。
② 同上书,第341页。
③ G. Dupeux(乔治·杜培),*La société française 1789-1960*(《法国社会 1789—1960》),巴黎,A. Colin, coll . U,1964年,第260—261页。

小型的劳动力市场,该市场变得越来越开放;不管是谁都能干一些基础琐碎的小活。在工程淡季,雇主会大量辞人;在工程旺季,又会大批招人。工作的不稳定性是造成熟练工人士气低落的主要原因。"①

"熟练工人"可能是大多数留法年轻人找到的工作类型。这样说比较中肯:每个人的具体情况很不一样,比如在时间分配和技能方面。就像上文提到的那样,找工作这件事对前几批赴法中国人来说并不十分困难;华法教育会(马上把帮助学生找工作这项任务指派给李光汉)曾做过调查,一些人已经在作坊或工厂找到工作。之前提到过,1920年10月华法教育会做了一个统计:在1414人中已经有498人在工厂找到工作,超过总数的三分之一。② 我们可以注意到当时有575名学生在学校学习。这时在工厂的勤工俭学生是非常分散的。他们分布在法国的46家工厂,而且每个工厂人数分布不均:从53人(圣埃蒂安的勒弗莱夫工厂)到1人(7家工厂)。从数字看,雇主主要是冶金厂厂主,这或许符合勤工俭学生的愿望和招工的需要。冶金厂主要有菲尔米尼冶金炼钢厂(36位工人)、哈弗勒城(45人)、夏龙苏尔索恩、塞纳河畔香槟省、克鲁梭的施耐德公司(分别有10、9和20人),还有圣沙蒙的拉玛黑纳冶金炼钢厂(30人)。其他行业有化学、汽车和电动机械。还有一些特殊的岗位:在实业银行(B.I.C.)上班的雇员(1人)、给个体工作的秘书(9人)、译员(5人)。

工厂条件之艰苦使勤工俭学生震惊不已,但是其他工人也要经历这种艰苦,没有任何证据能证明中国工人的条件要比其他移民劳工甚至是法国工人更艰苦③;除了艰苦的条件,他们还经历了其他的遭遇,最主要的是失去了社会地位。1920年,克鲁梭施耐德公司雇佣中国工人,不管这些工人的年龄和技术,他们都要干学徒工,工资为一天10法

---

① G. Dupeux(乔治·杜培),*La société française 1789-1960*(《法国社会 1789—1960》),巴黎,A. Colin, coll . U,1964 年,第 228 页。

② A. N. 47 AS. 参见附件。

③ 关于这个问题,参见 R. Schor,*L'opinion française et les étranger France*,1919-1939(《法国人对外国人的看法(1919—1939)》),巴黎:索邦出版社,1985 年,第 849 页及后页。

郎,相当于当时工人平均工资的一半。① 鉴于此种情况,大多数人很快发现:他们现在的工资水平根本攒不了钱,也没办法供自己读书。1920年中旬起,失业危机爆发,这种状况变得更加糟糕。从这时起,追要补助和找工作,成为大多数没有稳定经济来源的学生的主要任务。

华法教育会很快也面临巨大困难。很多没有住所的人聚集到华法教育会,因此那里的卫生条件变得越来越糟。在中国外交部的支持下,华法教育会向巴黎银行和荷兰银行借款 25 万法郎,打算为最贫困的学生提供"危启费"(secours de dépannage [weiqifei],救急/解困的资金)。这笔钱可以为那些没有工作的勤工俭学生每天补助 3 法郎,帮他们解决一直到 3 月份的入学费用。② 4 月份,补助增加到每天 6 法郎,但华法教育会拒绝为他们长期支付学费,因而收到一大批来自学校总务和校长的抗议信。③

同一时间,中国政府的补助金消失殆尽。1920 年 5 月,一群勤工俭学生给中国政府写了一封申请救助的信。④ 华法教育会管理者与学生之间的关系逐渐走向恶化的境地,后来又发生了几起暴力冲突事件(该内容我们稍后再说)。华法教育会声称对学生的救助不会持续到秋季,对此勤工俭学生怀疑是内部人员侵吞财产。1921 年初,一些协会在中国举行募捐,为留法学生提供救济款,可是在受益人名单方面引发了难以避免的纠纷。面对来自各方的指责,蔡元培于 1921 年初来到法国,决定了结这场纷争:他分别在 1 月 12 日和 16 日发表声明,宣布停止所有救助。众所周知,他这会儿正忙着让各省停止向法国派送留学生。

蔡元培宣布停止救助留学生的行为引发了留法生们的恐慌和反抗,最后以华法教育会解散而告终。1921 年 5 月,华法教育会被中国留法青年协济会代替,继续努力募集资金。不同来源的资金被从中国

---

① A. N. 47 AS 8.
② Wang Tseng Sze(王增思)报告,A. N. 47 AS 1。
③ A. N. 47 AS 1,第 2—7 页。
④ 《时报》1920 年 5 月 20 日。

寄到法国,不同机构或申请加入协济会的法属企业(银行、冶金工业工会等)也贡献了资金。在布拉迪耶的介入下,法国外交部拨给协济会15万法郎,协济会的流动资金立刻增加到60万法郎,专门用于解决最紧急的问题。① 确实,布拉迪耶在1923年的通知中这样写道:

> 1920年,失业危机、物资缺乏以及其他原因使得华法教育会难以实现其目标。1921年2月,800—1000名中国学生得不到帮助,失去任何实际援助;因长期深陷金融、经济和政治危机中,北京政府也无力救助在法同胞。需要注意的是:那些被中国政府公派留学的年轻人处于最悲惨的境地,他们得不到任何奖学金的支援。
>
> 1921年6月,在危机局势下,临时成立了中国留法青年协济会。当时,我们在中国的声望不佳。中国留法青年协济会由政府官员和对远东事务感兴趣的个人组成,它的成立备受赞誉:大批学生报名加入;公共或私人机构在物质或精神上给予了大力支持。
>
> (……)多亏各界人士对协济会呕心沥血的付出,它才能最终获得确切、可观的成果。现在,几乎所有中国年轻人,包括学生和勤工俭学生在内,都在高中、初中或工厂找到归宿。协济会还会继续关注他们在学习和工作中的动向;给他们提供建议和劝告,帮他们结识一些有用的人;如有必要,随时告知中国大使他们的动向,向商人和工业家询问有关技术和职业技能的事情。②

对有关学生而言,1923年意味着最糟糕的时候已经过去了吗？事实上,救助仍在继续进行;1921年夏,协济会以公使馆的名义为所有入会者每人每月发放60法郎的补助。这时候还有许多人需要领取补助,金额有逐渐减少的迹象③;受益者签字、中文和法文名、地址都可以帮助我们更好地了解留法学生的动向。补助虽然拯救了很多人,但也引发了一些问题:救助是私人的,这就使得零散分布的年轻人需要聚集到

---

① 从1923年开始,救济金额跌至将近30万法郎,大约相当于中国留法青年协济会的平均预算。参见 A. N. 47 AS 1。
② A. E. 亚洲,1918—1929年的中国,E 483,1923年2月20日的标注。
③ A. N. 47 AS 20-27。

巴黎来领取补助。同时,协济会还想要吸收学校贷款。北京政府已经同意在此期间给予财政上的支持。

另一方面,协济会给各个企业寄了无数封信,希望它们帮忙安置勤工俭学生。这是它的主要任务,这一点在协济会成立之初,在由国民教育部、就业部和商务部共同批准的通知中得到明确:

(……)协济会荣誉主席:班乐卫先生和朱启钤先生①。

就像协济会的名字一样,它的目标是为年轻学生和勤工俭学生赴法运动指引方向,自从战争胜利后,勤工俭学运动的地位变得很重要。法国只能留住和吸引一部分精英,从法国对华影响力来看,这群年轻人将会成为教育界和工业领域最优秀的人才。

协济会负责安置赴法学生、领取政府援助、获得自由支配资金,它会谨慎妥善地管理这笔资金。中国使馆应该把北京政府或省政府发给学生的奖学金也交到协济会(……)。②

然而,协济会想要包揽所有工作:比如,安置③和推荐学生。1921年6月,协济会决定如下:

协济会尽力帮助这些年轻人更容易地进入上文提到的那些工厂或机构,并时刻关注他们在工作或学习方面的动向,必要时给他们提供建议和帮助。

为了得到协济会的帮助,年轻学生应该尽快向协济会④提交申请并得到许可。

如果通过协济会的帮助,他们被安置到上文提到的那些机

---

① 关于这个人的情况,参见下面的章节。
② A. N. 47 AS 1,1921 年 5 月 14 日的会议。
③ 这个选择自然是 1921 年 2 月事件的代价,该事件在下文会涉及。
④ 由每个希望得到"中国留法青年协济会"救助的年轻学生填写的个人申请表会交到那些以接收或雇佣中国学生而闻名的学校和企业,在这些个申请表上要有"相关人签字和两张照片"。接收申请表的学校和企业规定:"自此(由协济会[填写]的)个人申请表收到之日起",每位被雇佣者要向这些学校和企业上交自己的身份证。A. N. 47 AS 1,1921 年 6 月 13 日。

构①,那么没有得到协济会的同意,他们不应该以任何借口离开。

从布拉迪耶的报告来看,为解决学生失业问题,协济会曾进行各种尝试,这些尝试得到了相对不错的结果:"现在的金融危机和失业危机对这些尝试是很不利的:不管怎样,3月份以来,还是有将近400名年轻人能够找到工作。"②协济会与公司之间有很频繁的联络:各种申请信、推荐信以及有关安置问题的讨论会……通过这些文件,虽然不能评估协济会取得了怎样的成功,但可以看出协济会确实在这方面做了很多努力。

联络的公司从来都毫不犹豫地将应聘结果告知协济会,有时甚至会立即将协济会的登记文件寄还。虽然应聘失败的案例不胜枚举,但在这频繁的联络中(信件、名册、统计表等),仍能找到几个成功的例子③:

> 拉玛黑纳·奥美古河冶金炼钢厂人力资源部主管写给协济会的信(1921年11月17日):
> 我们非常荣幸向您寄送文件,按照您的指示,内附已填好的48页表,里面有中国工人的名字(……)。非常感谢您向我们寄送大量申请表。事实上,我们已经雇佣了其他中国人,我们会将那些被损坏或信息错误的文件寄还;还有一些人在圣沙蒙工厂做工,随着工作完结,我们将会把这些人的文件寄给你们。
> 此致敬礼(等)。

> 同上,勒弗莱夫公司,圣埃蒂安(1921年7月16日):
> 鉴于您在7月8日给我们写过信,在此我们要作出回复。我们对部分学生和"勤工俭学生的安置问题"进行了研究。在此,我想跟您说:因为失业危机,我们的工厂现在不能接收这部分年轻人。几个月以来,我们在圣埃蒂安已经切身感受到失业问题的严

---

① A. N. 47 AS 1,1921年5月14日。
② A. N. 47 AS 1,1921年5月14日。
③ A. N. 47 AS 8。

重性。

我们现在必须在受失业影响的地区减少招工需求,那么在这种背景下,更不可能接收这批中国学生。

从1920年3月到1921年6月,仍然有部分年轻学生被中法劳动联合会送到我们的调研办公室或12车间;留在我们工厂的还有73位年轻人,他们是我们之前接收的学生。剩下的大多数人在工厂待了大约5个月后就离开了。

(……)我们一得到这些个人申请表,便迫不及待地让申请者把他们填好,我们会尽快把申请表寄还,方便协济会为这些人办理身份证。

此致敬礼(等)。

中国留法青年协济会负责人写给讷伊普莱桑斯法国玩具公司人力资源部主管先生(1921年11月9日)的信:

11月7日,给您写过两封信,这是第三封,我很荣幸在7号那天给您送过去最后一批学生,他们一共9个人,信后面有他们的名字(……)。

直到7号,我已经给您送过去21位年轻人,就像5号会谈时我们商量的那样(……)。

我希望这些年轻人能很快投入工作岗位中,我相信您对他们的表现一定会很满意。

如果您向我要求不再招收学生,我将不会再派人过去。我想向您表达衷心的感谢,因为就像之前我们商议的那样,没有协济会签名的推荐信不予接收,您遵守了诺言。

此致敬礼(等)。

中国留法青年协济会负责人写给"巴黎印刷、扇子及人造花厂"厂长尚布何朗先生(1921年10月21日)的信:

之前给您打过电话,这次写信想告诉您:中国留法青年协济会将尽快为您派遣100名年轻学生,您之前同意招收他们。

这些年轻学生都来自很棒的家庭。大多数人心灵手巧,我希望他们能令您满意。

此致敬礼(等)。

中国留法青年协济会负责人写给巴黎印刷、扇子及人造花厂厂长尚布何朗先生的另一封信(1921年10月22日):

我在21号给您写过信,这次写信是想告诉您:我在21号给您派遣了一批年轻工人;信后面附有他们的名字(名单中有邓希贤,工号238,又叫邓小平)。

此致敬礼(等)。

……

信的内容有时很搞笑,通常都是重复性的,通过一些细节,透露出一些细小信息:如对法国招聘方式的偏爱(在当时背景下,如何对此表示惊讶?),出于"种族"原因,雇主对中国人在某些工作中的能力深信不疑,特别是女工方面(工资相符①),协济会想一直独揽供应中国劳动力的差事,禁止工厂或公司雇佣非协济会成员。我们还注意到其他信息,这些信息与心理层面有关,留法学生和法国人民双方互相交换看法、成见、误解、褒奖和不同程度的嘲讽。

还需要提到这些留法学生的个人层面。他们之前经历了一些困难,考虑到这一点,不免让人有些许疑惑:为什么大部分学生即便遇到各种困难,还会一直坚持勤工俭学?不管在什么样的情况下,勤工俭学的条件如何脆弱,他们对这项事业有怎样的看法?

就像我们之前在文章中看到的那样,战后华工②的人数急剧减少

---

① 可能在此有偏见,但是由于没有选择,中国人通常都会接受"女性工作"的工资。参见作者与萧三的会面,萧三在云母生产商——德鲁埃公司工作,这些云母生产厂不只雇佣女工。

② 1925年6月,布里索-戴马伊埃将军报告中提到他们的人数至少有4000人。参见 A. N. F 12900。

(事实上,自从 1921 年危机,人数就开始减少),1920—1925 年的学生和勤工俭学生的人数却只增不减。1925—1927 年,中国爆发各种危机;1931 年起,国内经济出现萧条景象,这些原因使他们又回到法国。至于确切原因,还不能完全下定论,也没办法确定勤工俭学生回法的真实原因。①

同时,我们可以注意到一些有用的信息。第一,大多数留法学生在对待回国这件事上有些犹豫:尽管他们在法国的希望已经破灭,但当华法教育会解散,中国公使馆建议把那些想要归国的人遣返回国时,仅有 21 位勤工俭学生接受了这一建议,这份回国名单②到现在还保留着。之前已经提到过很多次,1920 年 10 月,有 13 位学生离开法国,去了别的国家:其中 6 人去了德国,3 人去了英国,剩下 5 人去了美国。③ 确实,我们可以发现:这些年轻学生有一定的流动性,就像前面例子显示的那样。周恩来是最典型的例子,他去过法国、比利时、德国、英国,然后在 1924 年夏彻底离开欧洲。但在整个留学团体中,像周恩来这样的例子毕竟是少数。虽然国内环境没有丝毫改善,回去后得不到任何工作保障,但考虑到他们对勤工俭学事业的坚持,便可以理解他们这一举动。当然,每个人对这份坚持的看法是不同的。就像我们之后提到的那样,对于共产党员或共产主义信仰者来说,如果从 1923 年起,共产党领导人要求他们回国,毫无疑问,他们会立即回国。直到 1925 年,还有一些人是因为这个原因回国,但当时也有很多人是因为被强行遣返④而回国。

另一个要注意的地方:所有人都不直接回国。对于那些已经成为无产阶级战士、以中共党员身份著称的知识分子,他们通常会选择途经德国去苏联。1922 年,萧三是最早选择走这条路的人之一,下面是他

---

① 这个话题参见 John K. C. Leng, *The Chinese Work-study Movement*(《中国工读运动》),如前文注,第 576 页及后页。
② A. N. 47 AS 1,"1921 年 5 月被遣返回国的 21 名学生"名单。
③ A. N. 47 AS 1.
④ Nora Wang(王枫初),《打陈箓!》,此文章与在巴黎发生的"1925 年 5 月 30 日运动"有关。*Approches Asie*(《走近亚洲》)1984 年 3 月第 7 期,第 25—52 页。

回忆的内容:

  1922年底,我独自一人前往莫斯科;正是由于这次机会,我开始了与共产国际的第一次接触。我想要先游览一下苏联,然后再回到中国。我还有一个任务:与"中国共产党代表团"在苏联见面,他们来到这里是为了参加"第三届国际共产主义大会";然后向他们询问有关300名留法中共党员下一步活动的指示。代表团建议我去"东方工人大学"学习,而且也号召所有留法学生去"东方工人大学"读书。①

随着时间的推移,这种方式得到"德国共产主义运动"的支持,变得非常有组织。当然还有一些特殊例子,一小部分人比如盛成和罗世安(上文提到过)因为衰老、孤独或贫穷(甚至三者兼备),很晚才回国。还有一部分人并没有打算长期留在法国,他们不想一大把年纪再回国。比如这位共产主义战士(罗世安),1927年后他加入法国共产党中国分支(当时在法国还没有中国共产党支部),作为法国共产党的抵抗战士牺牲在占领者的枪弹下。

法国印象

  学生、勤工俭学生和没有具体职业的知识分子共同经历了一些事情。当他们思考法国印象时,会发现一些共同点:有限的好奇心、外在的情感、团结、孤独、对技术的崇尚、鲜明的政治观点等。我们可以想象,每个人都有自己不同版本的法国印象。总之,对于这种亲身经历,要么毫无感慨,要么感慨泛滥:当时,有一些人把自己在法国的生活经历记录了下来。传记作者的任务就是探寻他们每个人当时内心的恐惧、希望、兴奋和反抗。何长工、王独清、盛成②就是其中的几位,他们

---

 ① *Approches Asie*(《走近亚洲》)1984年3月第7期,第199—208页。
 ② 何长工,《勤工俭学生活回忆》,北京:工人出版社,1958年;王独清,《我在欧洲的生活》;盛成,《海外工读十年纪实》,上海:中华书局,1932年;李璜,《学钝室回忆录》,台北,1973年。

把自己在法国的生活全部记录下来。而周恩来、李金发、施益生、陈毅、沈易佳、王若飞、赵世炎、孙福熙、萧三、蔡和森、徐特立、周太玄只是简单或者局部地概述法国的生活。还有另外一些人,不管他们后来出不出名①,都记录了一些留法经历。后来,很多专业作家②不断地模仿他们的文章,走他们的老路,最终笔调都变得一致了。

  留法学生很少评论法国的教学制度。确实,大多数人很少有机会真正地感受法国的教育体制,而且在正常的条件下,他们很少有机会在正常的条件下与法国学生一起上课。与中国教育制度相比,或者说与我们熟悉的教育制度相比,法国学校在他们看来是专制、组织严密、纪律严明、不够灵活的:盛成、李璜和何长工在这点上不谋而合,这与他们离开时中国教育界的无秩序状态形成强烈对比。然而,这一点与法国在他们心中的印象并不吻合,他们眼中的法国是自由的国度。还有一点不得不提,就是法国人自发形成的无政府主义。"法国学生真的很缺乏自律。他们对自己的行为没有严格的标准,高中学生总是处于不断反叛的状态。"③另一些观点与他们表达的意思正相反:学生年龄都比较小,法国初中不太约束或限制他们的行为。1920年春,蔡和森在写给毛泽东的信中提到:

  我不去上课,也不读书,只吃面包。就这么过了一个月,我的身体还很健康。每天,我会看法国报纸,因为(蒙塔尔纪)中学的课程内容都很浅显,而我想深入地学习,我不想去教室,喜欢随身带着一本字典和两页报纸。这就是现实情况,这便可以解释我为什么不参与任何活动了。这也是我经常想给你写信,最后却没写

---

  ① 参见刘桂生等编,《赴法勤工俭学运动史料》,如前文注,第2卷,(1),第161—334页。
  ② 参见张允侯主编,《留法勤工俭学运动》,如前文注,介绍;黄利群,《留法勤工俭学简史》,如前文注,第35—47页;张洪祥、王永祥,《留法勤工俭学运动简史》,如前文注,第53—72页;John K. C. Leng, *The Chinese Work-study Movement*(《中国工读运动》),如前文注,第6章;M. Levine, *The Found Generation*(《被发现的一代》),华盛顿大学出版社,1993年。
  ③ John K. C. Leng, *The Chinese Work-study Movement*(《中国工读运动》),如前文注,第274页。

的原因。

> 此刻,我完全听不懂法语也不会说法语(因为我没有把注意力放到学法语上,也不与法国人直接接触),但我并没有失去阅读能力。我自己慢慢建立了一种读报纸的学习方法,现在每天可以看懂一个或两个有关各国社会运动的信息,我想把这些信息汇集起来,当作资料,然后通过信跟你一起分享(除了这些,没有什么值得说的事情)。①

蔡和森当时喜欢看《人道报》,别看他年轻,却是经验丰富的活动分子。他并不准备浪费时间;之后,他会把要做的事情说明白。② 他认为中学的教育没什么用处;对与法国人的会面不感兴趣,他想要在语言学习方面有所进展,主要是为了收集大量的的文件和材料。

> 我在法国待了将近5年③,第一年,没有参加任何活动,我把时间都用在学法语上。我想首先深入地了解所有国家的社会主义政党、工会以及国际共产党的资料(……)。期间,我读了很多报纸和杂志。第二年,训练法语沟通能力和听力。④

在他有条理的计划中,并没有发现他对法国产生过一点好奇:他并不认为这样会给他带来什么问题,或让他变得更勤奋。跟其他人不同的是,蔡和森的信件中并没有出现任何抱怨的情绪。虽然生活拮据、条件困难,但他追寻的目标使他对那些物质的东西并不在乎。他干巴巴地叙述了赴法过程:

> 2月2号,母亲、警予⑤和我悄无声息地抵达巴黎。母亲的精力太旺盛了,一到巴黎,在船上经历的各种疲惫和难受,都一扫而

---

① 给毛泽东的信,1920年5月28日。中国社会科学院现代史研究所,《一大前后》,第1卷,北京:人民出版社,1980年,第123页及后页。
② 参见李维汉,《新民学会与蔡和森同志》,收入《回忆蔡和森》,如前文注,第20页。作者自己也相信这些方法。
③ 一些事情(或者是蔡和森自己)将导致他作出另外的决定。参见下文,第4章。
④ 给毛泽东的信,1920年5月。
⑤ 向警予。

光。一到这儿,我的老毛病又犯了,我的身体太虚弱了,没过多久,我就跟母亲、咸熙(蔡畅)以及其他同学一起来到蒙塔尔纪。为了完善在法语方面的学习,我们去了不同学校,这里有男校和女校之分。母亲和咸熙住在一个房间,她们一起去上课。我当时决定要开始散步和体育锻炼,这有点像以前在骊山的情景。我每天的生活都是在各大公园度过。①

蔡和森在中国已经展开了对共产主义的研究。总之,奥尔良内就是他该研究的一个延续。尽管他想要研究的是整个世界的共产主义运动,但他还是把这项研究的出发点放在中国。而另一些人则把注意力更多地投入到会面中,比如盛成;或者更关注周遭环境中日常发生的事情,慢慢地融入法国社会,更加深入地了解到生活的磨难。

这就是大多数在工厂工作的中国学生的情况:这些年轻人,一般都来自普通家庭,除了几个特例。不管之前家境如何,他们在中国从来都没有真正接触过这种体力劳动,或者说很少有人去过工厂工作。在他们看来,这种经历有点残酷,工作关系和招聘环节太过复杂。他们的加入为外籍劳动者增添了一些特殊元素,这就是热拉尔·努瓦利耶强调的"隔离效应":不同的外籍家庭在法国组成一个真正的聚居区。之前在讲到洛林和法国北部时也曾提到过这种现象,在所有矿藏丰富的地区也会出现这种现象。(……)在谢尔河的"加德煤矿"或"罗司雅冶金厂"也出现了这种聚居现象。之前,在谢尔河地区做的一项研究表明:"1936年起,人种和语言成了这种隔离现象的主要划分因素。"正是出于这种原因,不同国籍的人对自己的源文化产生归属感,并希望有一天可以回到自己的国家。②

1924年4月初,我决定回到雷诺工作;但当我来到招聘办公室要表格的时候,被拒绝了。没有其他办法,我去找周恩来寻求帮

---

① 给毛泽东的信,如前文注。
② Gerard Noiriel, *Les ouvriers dans la société française*(《法国社会的劳工》),巴黎,Seuil(塞伊出版社),coll. Points,1986年,第152页。

助。他立刻答应了我的请求,借助之前建立的人脉,他推荐我认识了一位在雷诺工作的中国工人,这位中国工人姓石。当我认识他以后,他对我说:如果我想在雷诺工作,首先要给包工头送100法郎作为见面礼。然后,他又帮我写了一封介绍信,直到这会儿,招聘办公室才答应给我报名表。正是通过这种方式,我在1924年4月中旬才回到雷诺工作。

在雷诺,我干的是非常繁重的流水工作。起初,每次上完班,满手是血。在这里,计件领工资。因此,我每次都赚不了多少钱,靠这点微薄收入,根本养活不了自己。然而,经过一个多月的训练,我的工作速度开始有所改善。双手皮肤变糙,然后磨出茧,后来每个月的工资都提高了很多。从200法郎涨到400法郎,然后是500法郎。除了住宿费和伙食费,还剩下一些钱,可以寄给协会、共产党或者用作别的用途。①

并不是所有人关于工作的回忆都是痛苦的,但大多数人每天都过着离群索居的生活。工作一结束,法国工人和中国工人就都离开工厂,前者回家、回到自己的地方,后者则回到租住的旅馆,通常那些旅馆最终只剩他们一群顾客。

在戈德弗鲁瓦街上有一个小旅馆,我们在那里租了2到3个房间;一个大房间,另外几个都是小房间。除了我的两个同学——赵世炎和陈延年以外,还有其他合租者。赵世炎和陈延年不在工厂工作,每天只为我们组织的事情忙碌。而我与其他合租者都在离这不远的云母厂工作。云母是一种很轻的材料,这个工作比较适合女人和年轻姑娘干。一天工作9小时,赚9法郎;上午干3个半小时,下午干5个半小时。有半个小时的吃饭时间。女人和年轻女孩住的比较近,都回家吃饭。我们会去附近的小餐馆吃饭。在餐馆买一块面包、一大杯白(或红)葡萄酒、一块干鱼片。我就

---

① 施益生,《天津文史资料选辑》,如前文注,第114—130页。

这样干了 9 个月①。

中国年轻人聚集在法国的各个地方。事实上，大多数人没有另外的谋生手段：那些可以花钱住在富裕居民区的人少之又少；在这种情况下，通常都是好几个人住在一个房间。1930 年 10 月 18 日，住在格雷奈尔路 30 号的退役驱逐舰舰长艾瑞克（Commandant d'Auriac）在写给警察局局长的信中提到了这群中国年轻人的情况（这会儿才提到他们，确实有些迟），他们住在他楼上的房间，传出了留声机的声音。

> 他们的歌声伴随着《国际歌》和其他革命乐曲（……）。通过在格雷奈尔路 30 号房间里收集到的信息，可以看出：合租同一间房的四个外国人唱了好几遍《国际歌》《卡马尼奥拉曲》和其他革命歌曲。②

这些房间不是公寓套房，而只是一些没有任何生活设施的简陋住房。大多数留法学生都是住这种房子。举一个例子：1925 年夏的那起事件之后，邓小平在被遣返回国以前，与傅钟、杨平孙在布洛涅-比扬古市卡斯特加街 3 号合租了宾馆的一个房间。这个房间不仅是他们的图书馆，还是油印室，邓小平在那里工作。③巴黎拉丁区（例如：侯兰路、杜索默拉尔街、圣杰克路④）的某些出租房（带家具）以及布洛涅-比扬古（例如：儒勒费里街、摆渡街、卡斯特加街、纳西诺路街）和伊西莱-穆利诺（如儒勒盖弗劳特街）的某些街区，成为了中国人的聚居区，这些聚居区不是很多，在巴黎诞生了真正的"中国城（唐人街）"。因为某些需求和政治动机，他们更愿意在日常生活中找到共同点。

---

① 萧三，谈话，1981 年夏。参见 Approches Asie（《走近亚洲》）1984 年第 7 期，如前文注。

② BA 288 警察局档案室。然而这件事跟 4 位"可靠"的学生和奖学金获得者有关，其中就有汪德耀，他正在写生物学的国家论文。

③ 警察报告，1926 年 1 月，A. N. F 12900。参见 Nora Wang（王枫初），*Deng Xiaoping: the Years in France*（《邓小平：留法岁月》），*The China Quarterly*（《中国季刊》）1982 年 12 月，第 698 页及后页。

④ 在里昂火车站街区，同样有一部分中国人生活在这里，但是比起学生，甚至是半工半读的俭学生，这里更多的是工人或流动商贩。

他们与法国社会相对隔绝,只在教育、职业或治安方面与社会有所联系,根据大多数单身男性的叙述,与法国社会的联系仅限于物质、治安或协会领域。移民和劳工群体的命运大多离不开疾病、贫困、需求的相互依赖以及冲突。

华法教育会在1920年10月做的一项统计(上文提到过)表明:当时有3名中国人死于事故,3名死于疾病,8位患者正在接受治疗。在中国政府资助下回国的21名勤工俭学生尤其需要救治,因为当时他们的身体状况很不好。① 布里索-戴马伊埃将军在1925年夏的报告(见上文)中指出:"中国学生都处于极度不适的状态,很多人去工厂工作,都是为了养活自己。(……)一部分学生和工人想要回国。但中国驻巴黎总领事馆没有钱资助他们回国(……)。工人们都抱怨自己受到不公平对待,工资不如本地工人多。尽管自己干活慢,但他们也想得到与本地工人相同的工资待遇。那些学徒工并不知道自己的工资比普通工人少。"②在留法的5年间,勤工俭学生的状况并没有得到改善。他们想在法国干好学徒,但是这个学徒的工作与他们之前想象的并不一样。

勤工俭学生与法国社会产生某些隔阂,一方面与他们外国人的身份有关,当然这也与他们的态度密不可分:有时他们会不自觉地抗拒周围的社会,不能融入其中,当然这只是暂时情况。大多数法国人对这些移民既不表现出怀疑,也不表现出敌视,而是对他们漠不关心:当处于相互不了解的状态时,就会出现各种成见。

有时,人们会对这种现象的蔓延感到惊讶,当然也包括那些公开主张国际主义的阶层。法国共产党积极分子也是这种情况,他们对中国人一无所知,甚至对那些住在布洛涅或伊西莱-穆利诺的中国共产党党员或共产主义信仰者一无所知。在巴黎1925年夏的事件中,《人道报》的一位记者"冒险"来到拉加雷讷科隆布市和比扬古市的移民住宅区。因为这位记者完全醉心于这个地区的美景,因此报道内容很友善:可以说报道与之前人们想象的场景完全相反。舆论会受到大销量报刊

---

① A. N. 47 AS 1.
② A. N. F7 12900,1925年6月26日。

的影响,舆论也会通过报刊得以传播,在大部分社会舆论中,某些陈词滥调根深蒂固。《比扬古,"中国人的社区"》,这是《共产主义日报》在1925年7月刊登的一则报道的题目。

> 到了该吃午饭的时间:我们到了朋友家,这时发现饭桌上围满了天朝之子(中国人)。大家进行自我介绍,以兄弟般的方式握手等……
>
> 大家把米饭作为主食,茶杯里冒着热气,它是一种传统的东方饮料……大家都用黑色筷子吃饭,他们用筷子的速度简直令人难以想象。①

《日报》中提供的场景则主要弥漫着担忧的氛围。

> 比如比扬古市的311名中国工人住在大型汽车厂周围,他们在汽车厂担任工人,或操作工。比起租住在备有家具的小房间,大多数人更倾向于租住甚至购买一整栋房子。每栋房子能住四十来个人,每个人都睡在小隔间里,隔间挨着隔间,他们就像住在同一马厩里的马一样(……)。里面只有24位女租客,其中23位法国人,1位奥地利人。他们房间里恶劣的卫生条件是导致女租客少的原因吗?(……)在比扬古市周围,有2到3家餐馆,中国人可以在那里吃到家乡菜,他们可以一边喝红茶(就像我们的咖啡),一边品尝炒甘蓝和炒粉丝。
>
> 他们有自己的洗衣工和理发工,有自己的酒饮零售店。在那里,他们有时可以品尝到法国的甜烧酒。(……)他们跟其他顾客、其他工人以及邻居一句话都不说。有时,他们只是略微笑一下以示礼貌。人们都不明白这微笑的含义。
>
> 对于当地社区的群众来说,他们真是一群安静的邻居。哎呀!中国人的心思真不是一般的精明。这群身材矮小、沉默寡言的中国人也会变得很暴力,他们想的事情跟他们平时表现出来的老实状态完全不符。他们的怒火就像炸药桶一样一触即发。一天晚

---

① *L'humanité* (《人道报》),1925年7月16日。

上,可能是为了某个政治问题争吵,或是为了某个女租客(24位),也可能是为了从他们嘴里说出来、但没人能听懂的一句话,他们在住所附近开了几枪。说是在外面闲逛,简直太可疑了!(……)接着,宁静又重新笼罩这片社区。他们谨慎又神秘。警长可能一会儿就赶过来了;但他找不到任何蛛丝马迹。

在很多文件中,我们会隐约发现一些偏见和成见。这种成见是来自双方的:比如,一位年轻的中国学生娶了里昂高中老师的女儿,并给他生了孙子。教师不无苦涩地告诉布拉迪耶①:这位年轻学生的父母断了他所有的经济来源,"也许他们并不了解这桩婚姻是十分光彩荣耀的"②。在有关移民团体的不同报告中提到的跨国婚姻并不多。③1925年,由法国第二局进行的调查结果显示:"在移民团体中,一共有70位工人娶了法国人;30多个家庭有了孩子,他们都处在极度贫困中。"④对于富裕阶层结婚的人数,在报告中并没有提及。没有任何说明,因为这种情况少之又少。

专门的观察家更喜欢在中国人中分辨好坏。另外,他们对好坏的定义各有不同。《人道报》斥责道:"那些来自富裕家庭的学生大都倾向于法西斯主义,喜欢参加一些反抗运动和进行一些不值得推荐的消遣活动,比如他们经常去蒙马特尔和蒙帕纳斯的夜总会。"⑤就像布里索-戴马伊埃将军之前提到的那样:中国的杰出人士太少了,这些杰出人士包括使馆和领事馆的公职人员、记者和商人。他认为中国留学生中还有一些不受欢迎的人和臭名昭彰、危险的闹事者,对这些人的驱逐将会是维护社会治安必不可少的工作。⑥对需要驱逐出境者的筛选范围不只在社会层面进行,还要在政治方面:20世纪20年代初,在那些留法中国知识分子中,有一些人在赴法前就已经有明确的政治倾向,而

---

① *Le fournal*(《日报》),1925年7月6日。
② A. E. 亚洲,1918—1929年的中国,E 484。
③ 同上。
④ 布里索-戴马伊埃将军报告,A. N. F 12900。
⑤ *L'humanité*(《人道报》),1925年7月16日。
⑥ A. N. F⁷ 12900。

另一些人则是在赴法后有了政治倾向,没有政治倾向的人很少。

勤工俭学生特殊的经历在移民的大环境下不会显得那么特殊了。这个大环境有两个特点:第一,他们想要依靠的社会网很脆弱,或者说受到某种程度上的限制;第二,人们对勤工俭学这件事本身存在误解。他们自己的经历叙述给人这种印象,法方观察者也作出这样的结论。带着特殊的计划来到法国,大多数勤工俭学生很快陷入了绝境:这种绝境首先是物质上的(面对法国出现的危机,他们只能改变自己的计划),其次是教育和知识方面的。在法国教育体制中,他们不能找到一个属于自己的稳定位置,一小部分留法学生初到法国时就遇到了问题,然而他们的问题远未得到解决,尽管得到很多好心人的帮助,但仍然暴露出准备不足的缺点,尤其表现在他们欠缺的法语水平上。很多人认为自己成功跻身精英之列,或者是准精英之列;即便是经过思考,但还是对当时社会状况不理解(融入法国社会并不是他们首先考虑的问题,因为他们认为这种尝试只是暂时的),当时的局势让他们很快成为与别人一样的外籍劳动者。很容易将他们与其他殖民地人民混淆,尤其是与印度支那人。有些人吸取了初到法国时的教训,很快便离开法国;另一些人,我们都知道,仍然坚持下来。很多人在留法的这几年收益颇丰,确切地说,他们作出了政治上的抉择。

第四章

政治活动:从抵达法国到"攻击"里昂(1920—1921年)

所有或几乎所有1920年代赴法的中国年轻知识分子都在参与政治。对此,他们自己、他们的对手、观察者和他们法国、中国的导师有着不同的印象。但是他们都同意一个观点:作为中国赴法团体的一部分,他们身处的形势使其很少能摆脱活跃的政治色彩。正如1925年布里索-戴马伊埃将军在报告中说的那样,"精英(在法国的中国精英)安静又勤奋(……)"。他感叹道:"可惜这群精英人数太少了。"[①]确切地说,1925年,在法国有大约3000名工人和1000多名学生,事实上大部分学生也在工厂工作。问题就出在这里:"总共有4000名学生和工人,大约有1000名是共产党员,其中四分之三的人因为中国国内局势恶化,以工人或学生身份来到法国;其中很多人是激进的布尔什维克主义者。"

布里索-戴马伊埃将军还提到:"大多数中国学生有着先进的政治

---

① "［les］ fonctionnaires de la Légation et des consulats,［les］ journalists et［les］ commerçant"(《公使馆和领事馆的官员,记者和商人》),A. N. F^7 12900,1925年6月26日。

倾向。他们中的一些人甚至是无政府主义者。他们读过一些来自外国,尤其是苏联和德国的报刊、小册子和书籍;还有许多人为了去国外旅行办护照和签证。"①

被送交到法国第二局(法国参谋部第二情报局)的分析材料证实了留法学生在法国的所作所为。而且这群年轻知识分子中的"好学生"通常也难免受到影响:里昂中法大学于1921年秋开设,大学的学生们虽然不采取公开的方式宣扬自己的主张,但并不意味着他们对政治的思考就少,他们明确的政治态度让学校的教师难以忽视。②他们中的一部分人对无政府主义潮流表示或保持认同态度;对于社会各界围绕区声白、刘师复、刘宝书③的文章展开的一系列反宗教活动表示支持。1922年,日本人坂江大杉来到法国,他们为坂江大杉准备了欢迎仪式。他的此次访问最后以被驱逐出境和强行遣返回国而告终。

此时,知识分子阶层的政治色彩是很浓重的;在这一点上,留法青年学生几乎与所有海外留学生相似。他们的示威游行活动扩大了范围,超越了团体内部的界限,不断扩大在法国的影响力。这种行为引起了法国政府的恼怒和担忧;尽管这次骚乱的目标主要针对中国的政治人物,但对法国也造成了影响,体现在与中国的外交、金融以及国际地位上。

各个阶段

事实上,自1921年初至1925年6月,中国留学生群体经过多次行动,已显示出他们在政治上的参与度。群体或个人连续遭到驱逐出境,形势随之恶化。1925年夏发生的最后一次驱逐是个例外。这以后,留

---

① "[les] fonctionnaires de la Légation et des consulats, [les] journalists et [les] commerçant"(《公使馆和领事馆的官员,记者和商人》),A. N. F⁷ 12900,1925年6月26日。

② "Rapport du Préfet du Rhône concernant l'Institut Franco-chinois de Lyon"(《罗讷省省长关于里昂中法大学的报告》),1923年9月12日,A. N. F⁷ 12900。

③ 指1921年秋里昂中法大学事件。1922年出版的一本合集《无所觅宗教》,参见修文堂,如前文注,第54页。

法的中国人显然仍持有自己的主张，但他们保留在心中，不对外宣扬，总之，都表现得很规矩。据比扬古市公共安全局统计数据表明，1927年比扬古市大约有200或250位中国人"以很大的兴趣跟踪现在仍在他们国家进行的事件。某些人不隐藏他们对共产党和和支持中国革命的苏维埃政府的同情(……)"①。同一份报告明确记录：

> 不管怎样，人们并不知道这些外国人进行了外部政治活动，或在当地组织了集会。
> 比扬古市的法国居民对他们的评价很正面，觉得他们非常安静。
> 最终，几乎所有留学生都对我们国家满怀好感。
> 他们很满意我们国家在失业危机中对他们采取的救助措施，因此，他们通常支持法国在处理对华事务时所采取的政策。

中国学生对法国一致赞许，我们可以对这种看法保持怀疑，但1927年以后，在涉及政治风潮的话题时，留法中国学生几乎不再让别人谈论他们了。

这与前几年相比，完全是鲜明的对比！1919—1925年这段关键的时期，中国赴法勤工俭学生的政治历史充满了标志性的事件，与团体遭到驱逐、领导人换届②相重合，并加快了对抗性政治团体的形成③。1919—1921年的阶段正值第一次行动浪潮兴起，形势变得更加明朗。第二个阶段，即1922—1925年，各种组织建立并蓬勃发展，这也是思想斗争深入发展的阶段。1925年，以共产主义团体在留学生中的最后一次出手，和大多数行动主义者被从法国驱逐为标志。

需要多加注意这几个历史分期。对年轻的共产主义者或同情共产主义的人而言，这些转折点十分关键，这让他们的创举变得更有价值：确实，在参与政治的学生中，共产主义者占大多数。即使在学说层面上他们不是共产主义者，在派别上他们也还是属于其中的一员；他们与其他团体之间的争论是很激烈的。自1922年起，他们与青年党以及公开

---

① 公共安全局报告，1927年5月24日，S.L.O.T.F.O.M 第8章。
② 指1921年秋的"里昂中法大学事件"。
③ 在1921年2月28日运动的影响下出现了这样的集中。

的无政府主义者①进行辩论,坚持认为自己在辩论中取得"胜利",然而在很多问题上,保持了略微谨慎的态度。

还有第二点因素需要强调。在有关文献中我们惊讶地发现他们对1921年秋以后的所有事件关注甚少。张洪祥和王永祥用6页纸②叙述了五卅运动时巴黎的情况。当然,从某些层面看,1922—1925年是个过渡时期。我们可以看到,结束这一时期的1925年6月的"政变"是最后一战。后来,与留法学生有关的内容被历史学家一笔带过,这种做法与当时已经跻身在法中国共产党高位的领导人性格密不可分。1927—1928年后,任卓宣(叶青)③加入国民党,并成为国民党主要理论家之一,专门从事与共产党的论战。从这个角度看这件事也就不奇怪了。在这一时期,邓小平所处的位置不那么引人注目,他也是赴法勤工俭学的学生之一,后来加入中国共产党,他在法国待了很长一段时间。

因为任卓宣后来的政治抉择以及叛徒身份,他通常被中国的历史学家所"遗忘":不仅要谨慎地提及他革命者的身份,而且他在理论方面的成就也被单纯地忽略了。1921年以后,发生了很多重大事件。他在这些事件中应该扮演了很重要的角色。任卓宣,1896年出生在四川一个贫穷的农村家庭,家里5个孩子,他是老大。虽然家里的条件非常不好,但他还是得到了去村里的小学读书的机会,后来在南昌中学和成都师范学校接受中学教育。他在学校得到了校长张澜的照顾。张澜是20世纪初的革命家,因为他的资历和知名度而在1920年担任四川省省长。

张澜是四川著名的知识分子。1949年以后,与宋庆龄一起,成为受人尊敬的无党派领袖。我们对此不会感到惊讶:多亏张澜的推荐,任卓宣才能进入留法预备班(北京高等法文专修馆)学习法语。他还在北大学习过一段时间,拿到了四川政府奖学金。多亏这笔奖学金,他在1920年才能赴法留学。之前,他是工读互助团的组织者之一,这是他

---

① 参见在几个组织喉舌刊物上进行的论战,《少年》,后又出现了《赤光》。
② 张允侯主编,《留法勤工俭学运动》,如前文注。
③ 以叶青为名。参见 Howard L. Boorman 编辑, *Biographical Dictionary of Republican China*(《民国人物辞典》)第3卷,第216页及后页。

第四章 政治活动:从抵达法国到"攻击"里昂(1920—1921年)

与社会主义思想的第一次接触。在法国,这一接触继续深入:他当时在里昂附近的一家钢铁厂当学徒,后又在巴黎近郊的一家工厂做技工。当留法中共组织成立时,他是最积极的成员之一,当时担任留法勤工俭学会秘书一职,后在1923年接替赵世炎,成为中共旅法团体的负责人。他是学生运动的杰出组织者(1925年证明了这一点),还对时局问题口诛笔伐,成为内行的辩论家,与陈独秀两个儿子(陈延年、陈乔年)一起对无政府主义的论题进行驳斥。以此身份,他为《少年》杂志贡献了不少文章。1925年,他被定罪、驱逐出境,在中共的安排下,进入莫斯科中山大学学习。中山大学是共产国际为了培训中共干部在莫斯科成立的。

1921年,蔡和森被驱逐回国,自此任卓宣成为留法中共党员中真正的理论家。在很多人看来,他是有知识分子气质、受人关注的人物。1925年6月,任卓宣被拘留,在此期间,警察对他在巴黎Bièvre街18号的住处进行搜查,除了一大笔钱外,还发现了非常丰富的藏书。① 任卓宣长期写作,坚持不懈,在拘留期间,向中国共产党政治机关报《向导》投了很多次稿,《向导》创刊于上海。在医院调养期间,他与中共通过书信取得联系,详述1925年巴黎事件的经过②,然而由于版面空间有限,报纸并没有刊登他的其他文章,其中一篇是他在诉讼时所作的冗长的

---

① A. N. F⁷ 12900。

② *L'humanité*(《人道报》),1925年10月17—18日。任卓宣对法国大革命思想家的兴趣在之后似乎并未减少(或者说,尽管改变方向,但他与中国进步分子的联系并未立即终止)。事实上,他自1926年回国,承担广东省共产党的领导责任。1927—1928年发生了一段插曲,关于这个插曲存在不同的版本。任卓宣被国民党抓获,面临处决,他决定追随国民党。这一经历使他最终加入了对立阵营。如果不是,那么在第二次被捕之后,他的意愿才慢慢发生了转变。不管哪种情况,1929年秋,他在上海开了一家小型书店,书店的招牌分别用中文和英文撰写——"新垦书店"(Librairie Think)。书店里卖希腊哲学家赫尔巴哈、狄德罗、孔狄雅克还有拉法格、普列汉诺夫、赫胥黎、马克斯·普朗克和爱因斯坦等人的书。郭沫若、鲁迅和茅盾经常光顾。至于任卓宣自己的著作,里面包含了对胡适还有陈宝达的攻击。书店在1936年关门。正是在书店关门的第二年,任卓宣转而信仰孙中山的思想,慢慢地成为一名激烈的反共分子。1949年后,以叶青为名,他成为台湾的笔战者。参见Howard L. Boorman编辑,*Biographical Dictionary of Republican China*(《民国人物辞典》)第2卷,第217页及后页。

自我陈述。

我们可以询问这些运动在法国或欧洲引起了怎样真正的反响。有时影响力是很难估计的:年轻的中国学生自然而然地认为他们的示威游行和学生运动能在法国或欧洲的政治世界引起极大的轰动,最起码能在一定程度上撼动某些事情。1925年6月,任卓宣在巴黎领导了一场十分壮观的示威活动,对此他写道:"这是中国人民的要求,他们为了推翻帝国主义的勇敢运动,以及他们与欧洲人民的真诚联系,所有这一切展现在整个欧洲的目光下。这次行动的深度和规模是史无前例的,这比我们之前出版的所有书籍和报刊都要有效率和影响力。"①有关示威者的被捕,他写道:"法国帝国主义就是以这种方式镇压留法中国学生的!法国帝国主义就是以这种方式憎恨参与反帝运动的中国人的!"②在涉及1921年和1925年的事件时,大多数留法学生也会有同样的表达,因此很多中国历史学家也会这样记述。③ 这些亲历者的叙述是了解史实的主要来源。还有一些外部因素,例如当时法国政府要对出版物进行严密的检查,如若发现问题,便要求他们调整言论。留法学生的政治运动参考了报纸上的某些言论,事实上,从一开始,这些政治运动也吸引了某些报纸的注意。除了在种族和社会阶层上有明显不同外,他们偶尔能引起法国当局的关注,这种关注的主要目的是为了维护共和国秩序和维系法中友好关系。

考虑到这些年中国的政治生活,可以发现这些海外留学者的政治传奇故事并非微不足道,尽管事情在当时并不明朗。④ 他们的激进活动发挥了直接或间接的影响,作为赴法团体的大部分成员,这些年轻学生为"中国共产主义运动"奠定了基础,为新中国的政治生活勾勒了蓝图。但在当时,这些影响可能只牵涉到一小部分人和某些"地下组织"

---

① 参阅任卓宣在《向导报》(1925年10月12日和30日)发表的回忆文章。
② 同上。
③ 参见张洪祥和王永祥的评论,《留法勤工俭学运动简史》,如前文注,第5章。
④ 中国驻法公使陈箓认为这件事纯粹是一些肇事分子所为:主要是出于维护在法国政府那里的面子;但某些留法学生的未来以及他们以后的职业发展在当时的确不可预见。

成员(指未公开组织)。在这一时期的留法学生中,有未来的总理、中国共产党的总书记、经济学家、文学艺术大师;还有20世纪80年代现代化的总设计师(邓小平),他后来以国家元首的身份,会见美国总统。

但从周恩来1920—1924年在法国拍的众多照片来看①,他只是一个谨慎、清瘦的年轻人,面庞光滑,浓眉大眼,目光深邃,举止优雅。照片中,他坐在小船上,面无微笑,看着镜头;或站在巴黎13区一个普通的旅馆门前。某些照片中的画面有些模糊了,从这些照片中勉强可以看出一群人,穿着庄重,在蒙塔尔纪的公园或巴黎的布洛涅森林公园端正地站成几排;邓小平②站在最后一排,显然比照片中的其他人更小、更年轻,面庞圆润,戴着一顶大盖帽,有一种街头顽童的感觉……从路程的一个终点到另一个终点需要数年的时间;穿越动荡、危险的沙漠,有时甚至需要几十年的时间。当时,这批在蒙塔尔纪或巴黎留学的年轻人思想最前卫,他们与以后的年轻人不一样。他们中的很多人确实都很优秀,却惨遭迫害,英年早逝。③ 很多人的恐惧并不是来自法国,而是来自中国。④

总之,在历史上,这些旅法年轻人是很典型的案例。年轻知识分子留学海外的模式很经典,从他们中诞生了很多中国未来的政治人物,尽管后来改变信仰的人也不少,也不是整个群体都成熟到最终掌握政权。虽然留法知识分子在后来的政治和生活中经历了很多波折,但该群体的重要性是显而易见的。

---

① 参见 Huai En(怀恩)推荐的画集《周总理青少年时期诗文书信集》,成都:四川人民出版社,1979年,第2卷,612页;《周恩来旅欧通信》,如前文注;自然还有张允侯主编的《留法勤工俭学》,如前文注;刘桂生、《赴法勤工俭学运动史料》,如前文注,第1卷;等等。最有意思的收藏保留在北京的"革命博物馆"。参见《北京日报》,1981年8月8日。
② 1920年,邓小平(希贤)16岁。
③ 1931年,蔡和森在中国被处决,享年36岁;1927年,赵世炎被处决,享年26岁。
④ 参见石毅升回忆文章,如前文注。

法国交往的作用

A. Kriegel 在 1968 年写的文章中探寻这些勤工俭学生的战斗精神和信念根源。他提到苏联作家 Garuchyants 的一篇文章。苏联作家 Garuchyants 认为这些中国留学生之所以会有这种政治觉悟,并投身共产主义,是因为他们在法国与国际共产主义的代表进行过多次接触。Garuchyants 写道:"在巴黎的工厂里,这些中国未来的'战士'(指中国留学生)与法国共产主义工人走得很近,这些工人经常与他们一起组织政治时事研讨会,并以共产主义思想影响他们。"中国共产党旅欧支部由此成立。① 总之,中国的未来领袖(指留法学生)积极投入政治运动,并加入共产主义阵营,这个决定性的选择是共产国际的杰作,也是共产国际在法国产生影响的实际效果。

这也是法国政府,尤其是内政部和殖民部的部分观点;通过勤工俭学生的示威游行活动,他们敏锐地察觉到国内工会团体的介入和煽动。在这些煽动者背后,是法国共产党和莫斯科。② 法国第二局(法军参谋部)给殖民部递交了通报,提醒其法国共产党的"特别宣传部门对殖民地"的影响作用不容小觑。

> 特别部门从莫斯科的穆斯林共产主义宣传部门接受指示。(……)殖民地在法国逗留的学生是宣传的特别目标,目的是把他们培养成可能挑动起来的国内运动的领袖(……)。③

同样的,法国第二局的专家发出的另一份通报专门针对在法的中

---

① A. Kriegel, *Aux origines françaises du communism chinois*(《中国共产主义的法兰西血统》), *Preuves*(《证据》)第 209—210 期,1968 年 8—9 月,第 25 和 41 页。Garuchyants, *La lutte des marxistes chinois pour la foundation du P. C.*(《为中国政党的建设在中国进行的马克思主义斗争》),见 *Cahier franco-chinois*(《中法备忘录》),第 15—16 刊,1962 年 12 月,翻译成俄文。A. Kriegel 认为 Garuchyants 在没有证据地进行推论。
② 1922 年 6 月 22 日报告。A. N. F^7 12900。
③ S. L. O. T. F. O. M. 第 3 章,有关海外省的革命宣传(1923 年 3 月),注解 92 a/s。

国青年。①

1922年6月8日。

利用留法中国学生宣传布尔什维克主义。

列宁本来决定利用大批中国学生在法国宣传共产主义。

列宁,苏联共产党中央委员会总书记,在了解到接下来的事实后,更应该做上面那个决定:

首先,中国学生非常易于接受布尔什维克主义理论,他们对自己觉得好的思想,会为了宣传它而拥有极大的热忱。其次,中国学生学外语学得很快,尤其是法语。中国学生既不爱玩,也不贪图享乐,他们持之以恒,对要完成的事坚持不懈。他们以小集体的形式在国外会合,这样便利了资金支持、命令传达或政治宣传资料的传递。另外,中国学生在法国名声好,很受欢迎,法国并不怀疑他们。

因此,中国学生今后将会成为列宁和苏维埃政府的特派人员,负责在法国宣传布尔什维克主义。

方案很清晰:年轻学生成为布尔什维克政府的理想人选。因为他们听话顺从、容易渗透、刚刚加入共产党、安全可靠,而且有语言天赋。就这样,中国年轻人被苏联"收入囊中",成为布尔什维克主义的宣传者。另一些分析专家坚信,他们也可以为好的事业(这里指传教)服务。吉伯特神父,负责江南传教事务的教士、震旦大学巴黎代表,在给外交部的通报(照会)中写道:

(……)战争开始前,中国学生都到美国、英国、德国留学,自从我们取得胜利后,他们纷纷前往法国留学。他们被法国在战场上发挥的作用震惊了。他们知道自己的国家是如何被践踏的,因此他们赞赏我们国家并非出于征服的思想而是为了法律和正义的胜利去战斗。显然,这就是我们的关切点;这些年轻人,受的教育跟我们不一样,没有受到我们思想的影响;在政治和管理方面,他们并不是我们制度的拥护者或能为我们服务的人,正相反,他们可

---

① 由内政部转达给外交部的公文,委员会主席。A. N. F⁷ 12900。

能会成为我们的敌人。①

在以上两种情况中,我们可以发现这样一种确定的观点:留法学生的政治倾向受到外部机构的干预,这种干预来自国外或布尔什维克党,它们直接或间接地通过学生内部招募的煽动者施加影响。对于这些分析者而言,这个问题仅限于他们在法国受到的影响,他们并没有意识到很多留法学生在赴法之前就已经有了自己的政治倾向。有些学生来法学习,有意识地充实自己的政治信仰并为其搜寻资料。② 通过寻找与1919—1926年赴法学生潮有关的资料,我们能清晰明了地概括出主要观点。战争部的工作人员收集到这些资料并将之特别标注为"很有价值的资料":

> 战后,主导着决定开展留法学生运动人士的主要思想就是加强我们国家在远东地区的影响力和威望。(……)出于对现在、未来利益的考虑,我们认为让中国年轻学生到法国学校学习是一个好政策(……)他们来到法国(……),并受到了热烈的欢迎。(……)
>
> 好日子不能长久。资助的留学经费也逐渐减少。
>
> 面对这种情况,通过某些部门的协调,法国政府要求企业家接收中国学生到工厂工作。
>
> 因为这样不幸的遭遇,中国学生被投入到法国工厂布尔什维克主义的"汪洋大海"中。这些学生茫然不知,却以极大的热情参与到工作中。共产主义工人,热情且能说会道,应该可以通过宣扬自己的理论,吸引到这批年轻知识分子。
>
> 另一方面,在里昂、克鲁梭、巴黎的工厂里,还有一战时赴法的中国工人。他们在这里受人排挤、遭受不公对待、忍受苦难。

---

① 给"中国留法青年协济会"德·佩雷蒂的介绍公文,1923年2月。A. E. 亚洲,1918—1929年的中国,E 483。
② 在法国外交使团以外,尤其是上海,能够见证1919年的事件以及更清楚地估计事件的影响。

(……)①

对于大多数人来说,学习马列主义是一件很难的事情。20世纪20年代初②,用中文写作的文章相对较少,后来,推广马列思想的资料逐渐面世。1925年,法国警察对傅钟、邓小平和杨平孙在比扬古市的住所进行搜查。从搜查报告中我们发现:这些勤工俭学生手中有宣传性的刊物,这些刊物来自苏联,里面还有一些专门用中文出版的杂志。③但是这些刊物比较旧了,是很早以前出版的。正如蔡和森在信中写的那样,大部分学生都迫不及待地想要知道接下来的方向。蔡和森的信在之前就提到过。看起来他们从法国共产主义运动中得到的帮助是很有限并且分散的;没有任何证据能证明中国人被法共总体接手,更不用说对勤工俭学生进行整体的资助,这就是李璜想要表达的意思。

我们通过查找资料可以发现,其实这些学生还是得到了一些帮助的。任卓宣就是一个例子:他在圣埃蒂安与法国共产党有过接触,并接受了他们的教育,后来加入了法国共产党。这一插曲无据可循,因为证实这一插曲的资料已经找不到了。④

另一个例子是湖南人萧三(原名萧子璋)。他在1920年夏来到法国,尽管作为蒙塔尔纪学校的学生,他当时感觉自己的想法与无政府主义者十分接近。7月份,经过与蔡和森激烈的讨论,他明确表示自己已经改变想法。他开始强化阅读,在里昂事件过后,他觉得自己的马列主义思想修养还很欠缺。这也是当时其他中共党员的想法,为了尽早与法国共产党接触,他们开始努力获取这方面的知识。他们与法国共产党的接触源于一个偶然的机会,这个机会是在阮爱国(越南革命领袖胡志明)的帮助下实现的。阮爱国当时是法国共产党殖民部的负责人之一。萧三回忆说:

---

① 1927年4月28日的公文。A. E. 亚洲,1918—1929年的中国,E 483。
② 书店有售的列宁作品清单,见《共产党》第1期,1920年11月。
③ A. N. F^7 12900。
④ 参见 Howard L. Boorman 编辑,*Biographical Dictionary of Republican China*(《民国人物辞典》),第217页。

在这个时期，法国共产党经常在巴黎组织一些街道游行活动，我们会去参加。在一次游行活动中，我们遇到了一个越南人，他长得很像广东人；另外，他说广东话，我们都听不明白。他就是阮爱国。他中文写得很棒。我们谈话的时候，经常混杂着文字、法语和广东话。他来我们的住所聊过几次天。

通过这次接触，法国共产党吸收了5个中共党员。萧三是其中一员。后来，萧三经常去找尤里斯·勒里什（Ulysse Leriche），他在法国共产党殖民部里有点影响力。①

（……）我请求他给我们派一位老师，这位老师能帮助我们练口语，也要非常精通马列思想，能够给我们讲苏联、共产国际和马克思主义。

后来，殖民部派了查理·拉帕波特（Charles Rappoport）。这位老师身材魁梧，后来我得知他是原籍苏联的犹太人。他给我们讲过几节课。就在这会儿，我又认识了一位姓金的中国学生，我觉得他不是"留法勤工俭学运动"的成员，他在法国待了很长时间，先是在法国读书，后来娶了一位法国妻子。这位法国女生，我也见过。他中文和法语都说得很好，他跟我们班的一个同学是老乡，我们班那位同学让他帮我们当翻译。在3个月的时间里，从1922年10月到12月，拉帕波特同志给我们做了有关马克思主义、共产国际等话题的讲座。金先生为我们翻译。每个周日，我们会在一个咖啡馆里聆听这些讲座。在咖啡馆里，不能白坐，我们多少得消费一点。当时听讲座的大约有20—30人。

（……）我们也听他讲过加香（全名马塞尔·加香）：加香是一位负责工人运动的同志。他的口才很好，带给我们双重体验：除了讲座内容，还听到了纯正的法语。②

---

① 萧三，*Comment j'ai adhéré au Parti Communiste Francais*（《我是怎样加入法国共产党的》），文件，（由 Nora Wang［王枫初］和 J. F. Vergnaud 收集的资料），见 *Approches Asie*（《走近亚洲》）1984年第7期，第199—206页。

② 同上书，第204—205页。

这个培训的性质限制了它的影响力。法国共产党殖民地方面的负责人对中国学生进行培训,大多数人法语说得实在很差,必须得有翻译帮助。有的课突然就停了,会议的参与度也得不到保证。对马克思主义的深入学习只剩两个途径:一个是用与外界隔绝的方式自学(或互助学习)——比如由阅读或者领悟能力强的人给其他人讲课,特别是给华工讲课;另一个就是在中国与共产主义者进行交流。

1920 年代,一些观察家指责法共的宣传和华工散播谣言,而中国留学生这段真实的生活经历反而很少被提及。我们不会过度夸张这段经历的地位和作用,但似乎有必要描述一下大多数学生经历过怎样的生活。穷困潦倒、遭到性别歧视、饱受病痛折磨的日子简直不堪回首。社会的孤立更加深了他们的痛苦,就算找到工作也于事无补。总之,他们要考虑到一个事实:通过自己的思考、阅读和五四运动的经历,他们在赴法之前已经有一个相对明确的政治方向,赴法后,通过在比扬古市或克鲁索的生活,他们对阶级斗争或国家之间的等级关系有了更深的认识。

这也是多种因素单独或共同产生的结果:对一个不受欢迎充满敌意环境的恐惧、希望工作的强烈愿望、对工人条件得不到保障的担心、种族主义遭遇以及同胞之外团结友爱的稀缺。1921 年 1 月 26 日至 2 月 7 日,上海法租界机关报《中国回声报》上刊登了一篇文章,题目为《一个留法中国学生的日记》[①],作者是王若飞(文章并没有署名,当时是发表在一份法国报纸上)。文章表现在法国表面"甜蜜"生活的背后,尽管有着良好的愿望,留法学生对发生的事件作出的反应和敏感程度。王若飞的描述让人们明白一个事实:法国方面的态度、捉襟见肘的经济条件、憧憬被抛弃、各种失败经历是怎样为失望和极端化开辟了一片沃土。

  4 月 11 号 有人从巴黎来对我们说:"之前在这里工作的人,他们中有 4 或 5 个不能准点上工(……)在工作的时候,他们怕冷

[①] *L'écho de Chine*(《中国回声报》),1921 年 1 月 26—31 日,2 月 2—7 日。

或怕累。(……)"因此,圣埃蒂安不愿意再接收中国工人。

4月13号　我们到达巴黎。我们刚刚问刘先生(Lieou)招工的情况。他回答说:"先生们,你们中的大多数学生都没有学过任何技能,不能让你们做艰难的工作。所以最适合你们的就是当学徒(……)"

4月14号　华法教育会派了一位代表来跟我们说:"我们刚刚收到'福尔日—圣沙蒙炼钢厂'的一封信。它同意接收25名中国学生,邀请我们立即前往。(……)"

4月15号　我们下午6点出发去枫丹白露。

坐火车去枫丹白露,花了我们42法郎。中间需要倒两次车(……)。白天天气特别热,我们都穿着春装就出发了。晚上,在站台上,风迎面吹来,我们冻得瑟瑟发抖。

4月16号　火车到达圣埃蒂安(……)。我们在圣埃蒂安换乘火车,半个小时后,到达圣沙蒙(……)。

从车站出来时,我们抬头看到的只是黄色的尘土。到处都是黑烟,天空阴沉,河水十分浑浊,房屋也不漂亮。我们遇到的人都是浓眉大眼,他们穿着破衣烂衫,可能都是工人。(……)一会儿,我想工作的心情又重新占据上风。(……)这些粗鲁的工人也不是那么一无是处的,我为什么轻视他们?(……)

我们很快找到了我们要工作的工厂。(……)等了半个小时后,来了一个雇员,问我们的姓名,又给我们一张纸,让我们写一下自己想干的工作(……)。我们写完以后,他把纸拿走,之后又开始了漫长的等待。最后,他又出现,对我们说:"你们下午2点钟再过来一趟,给你们答复。"话音刚落,我们就离开了,来到一个咖啡馆(……)。我剩下的钱只有30多法郎,这笔钱是我在华法教育会领的补助。我还没买工作服,还没找住的旅馆。

因为这顿饭,我面临严峻的经济困难。

该地区的人对我们的态度有点蔑视。如果我们想从他们那里买一件东西,这件东西明明在货架上摆的到处都是,但他们会跟我们说:他们没有这件东西。如果我们对他们表示礼貌,他们总是装作没听见。

(……)我们担心旅馆的主人不愿意让我们住,因此拜托办公室负责人(圣沙蒙工厂)替我们写了封介绍信,希望他们能够接收我们。

我们去了第一家旅馆,把介绍信递给宾馆主人,可是他实在太多疑了。他跟我们说他这里没有空房间。去了第二家、第三家旅馆,我们得到了相同的回复;第四家旅馆一开始也是这样回答的。但到最后他同意让我们住了。

4月18号 今天是星期天,所有的工厂都停工了。(……)

在公园里,我们遇到5个中国工人。他们也在这个地区工作。在不远处看到我们,他们把大盖帽拿在手中,向我们示意(……)。然而,就在这时,我的两个同窗走远了。为了让法国人能够在我们和工人之间作出区分,他们不想跟这些工人走得很近。他们说:如果我们经常跟这些工人接触,我们也会像他们一样受到鄙视。但我不这么认为。(……)

5月11号 今天上午,在我们去工厂的时候,看到法国总工会的很多领导,他们胳膊上都带着红袖章(……)。这些代表阻止工人回到工作岗位上。但是没有人听他们的。不远处的几个人是轮班的士兵,他们都配着枪,负责监视这些人的一举一动。因此,他们不敢对工人采取任何行动。

5月17号 (……)通过布告栏,工厂提醒某些工人今天恢复工作(……)。另一边,为了防止工人们重返工作岗位,法国总工会的领导们把守在工厂的几个交通要道。还有一些领导夸夸其谈(……)。警察为了维持秩序,示意这群讲话者闭嘴。他们拒绝离开,看到警察给手枪上膛,他们最后不得不散开。然而,这些人并不想放弃抵抗。警察最后把他们抓走了(……)。

现在的政府是资本主义政府,法律是用来保护资本主义者的。(……)普通工人缺乏知识,但有一些特殊工人有学识,可以帮助普通工人理解财产分配的道理(……)。①

翻译王若飞信件的人评论道:"这些学生将要回到中国,用不太流利的法语记述法国的所见所闻(……)对法国永远的印象就是阶级斗争(……)除了这些,他们在法国什么也看不到,什么也学不到。真拙劣!(……)在他们的历史中,难道不能把法国最好的一面展现出来吗?法国是如此高贵、如此英勇、如此崇高。他们的这种做法,会使真正的法国、圣路易的法国、少女贞德的法国的一切湮没在历史的尘埃中。"②这个评论并非没有道理。这是王若飞自己的总结:"为了实现中国的转变,我们应该寻找更好的行动方式(……)。"

中国的序曲

法国的背景,无论是其引起的思考,还是给留学生们造成的境况、使他们结识的人物,尽管深浅程度不一,都成为勤工俭学生政治道路上不可否认的一部分。但1919—1920年抵达法国的一部分青年知识分子出发之前在这方面就已经是背负行装的。很多人对政治动乱和辩论早已司空见惯,有时在很短时间内就成为半个职业论战家,或初级理论家,留学海外的经历启发他们生成的思想得到进一步明确和发展。在这里,应该提到一点:五四运动中的某些观点与赴法留学运动相互渗透、紧密联系。例如,很多四川和湖南的学生在出发前涌入留法预备学校,为赴法留学提供了众多坚定的候选人。

在湖南和四川这两个省,诞生了许多具有爱国主义和现代思想的协会。由于当时的经济和政治背景,很多经历过五四运动的学子纷纷加入这些协会。作为"少年中国社""觉悟社"和新民学会的成员,他们出国前就开展了激烈辩论,辩论内容在留学过程中得到充实和发展。在他们的尝试中,留学是思想进步的重要途径,而不是偶然的抉择。在某种程度上,新民学会的成员(这里只提到他们)认为自己肩负使命,

---

① *L'écho de Chine*(《中国回声报》),1921年2月6—7日。
② 同上。

蔡和森致毛泽东的信件中就体现了这个思想。蔡和森打算在法国待5年,"首先,深入了解所有国家的社会主义政党、工会以及国际共产党";"(毛泽东)在湖南待两年也是非常重要的经历"。① 总之,他们的任务都已经分配和规划好了,赴法留学有着明确的功用。

在这些组织中,结构最严密、理论色彩最浓的可能是著名的新民学会。这里提到新民学会,并不是为了详细讲述它的发展史,而是为了说明它的成员在法国华人界和在赴法勤工俭学运动中总体发挥的作用。② 当时,湖南形势岌岌可危,袁世凯倒台,五四思潮席卷中国,新民学会就是在这种背景下诞生的。五四思潮作为一股知识思潮,在1919年影响了中国的大部分地区。新民学会的出发点是作为《新青年》的联络站,宣传进步思想。《新青年》创立于1915年,之后便成了毛泽东和罗章龙交流思想的平台。毛泽东当时是湖南省立第一师范的学生。通过一次会面和几次交谈,毛泽东和罗章龙开始了书信联系。同一阶层年轻人之间的交流逐渐频繁起来。这里的同一阶层是指师范学校的学生或者有文凭的小学教师,蔡和森就是小学教师中的一员。③

在这些会议上,他们讨论"我"与集体的问题和救国救民的方法。会议以湖南知识分子传统的方式展开。在他们的讨论中,经常涉及新文化运动倡导的新思想:消除知识分子之间的孤立,在保留自己文化根基的前提下,学习外国先进思想、互帮互助、生活节俭、改变社会。具体地说,新民学会的创立者想要成立一个结构严密、有组织有原则的社团;将海外留学的人组织起来,一起寻找当时热点问题的答案。只有通过出国留学,这些年轻知识分子才能获得真正的本领和技能,对整个世

---

① 蔡和森(Linpin),1920年5月28日的信,如前文注。
② 参见重要的文件集(由革命纪念馆和湖南省博物馆共同编录),见《中国现代革命史资料丛刊》收藏,《新民学会资料》,北京:人民出版社,1980年,第606页;同样还有宋斐夫,《新民学会》,长沙:湖南人民出版社,1980年,第131页。那些文章都是与新民学会有关的(见参考文献)。人们会在与那个时期社团相关的不同资料集中找到这些文章,其中有张允侯的著作《五四时期的社团》,如前文注,第1卷,与五四运动有关,自然也与勤工俭学运动有关。
③ 罗章龙的回忆,《回忆新民学会(由湖南到北京)》,《红旗飘飘》,第19卷,北京:中国青年出版社,1980年,第344页。

界和劳工世界有总体的认识。①

  1918年4月,他们真正迈出了第一步。13位年轻人来到蔡和森在长沙的住处。这间房子是他与一位姓周的同事合租的。除了蔡和森、毛泽东,参加者还有许多将要留法的学生:何叔衡、萧子升(又名萧瑜)及弟弟萧子璋(萧三)、张昆弟、罗章龙。除了罗章龙,其他人都是湖南省立第一师范的学生或校友。他们之间这种特殊的团结关系(打打闹闹)可能与校友情谊是分不开的。另外,几乎所有人都是杨昌济(1871—1920)的学生,杨昌济曾是湖南省立第一师范很有威信的老师,1916年受蔡元培邀请,赴北京大学任教伦理学,他曾在国外留学10年,先后到过日本、英国、德国;杨曾为学生教授西方哲学通史和德国新康德主义思想。

  他们的关系之所以这么亲密,还因为新民学会的事情在某些方面就像"家庭事务"②一样:学会的很多成员都有兄弟或亲属关系。③ 另一个特点是:新民学会支持女性参加,尽管当时的知识分子界还是男性独掌江山。新民学会曾提出:不限年龄、不限学历,只要是思想进步的女性就可以加入学会。这些加入新民学会的女性后来成为第一批出国留学的人。新民学会内部有特殊的凝聚力④,后来,出国学生与国内学生通过信件交流思想、传递情感。我们都知道,蔡和森是与他的母亲葛健豪以及年轻的向警予一起去的法国,他于1920年5月28日在从蒙塔尔纪写给毛泽东的信中提到:"警予和我确立了恋爱关系,我们还写了一篇小文章,稍后会寄给你……"⑤

---

  ① 周思创的回忆,在宋斐夫的《新民学会》(长沙:湖南人民出版社,1980年,第15页)中提到过。
  ② "一件家务事",参见 John K. C. Leng, *The Chinese Work-study Movement*(《中国工读运动》),如前文注,第159页。
  ③ 除了已经提到的萧氏兄弟,新民学会中还有陈氏兄弟(陈绍修和陈淑农)、熊氏姐妹(熊志广和熊书彬),至于蔡和森家里,则是一兄一妹(妹妹蔡畅),此外还有蔡和森的未婚妻——向警予。北京"革命博物馆"中至今仍保留着几件葛健豪和蔡畅母女俩做的针线活(蔡畅是李富春的未婚妻):毛衣、缝补的袜子、织的用来卖的手袋。参见1981年的展览。
  ④ 觉悟社也是如此,参见下文。
  ⑤ 参见《新民学会资料》,如前文注,第124页及后页。

新民学会成员分享着相同的组织兴趣(观念)和对理论的热情,组织是很有必要的。就像宋斐夫①强调的那样,那些年,离开家乡并不是件容易的事:当时交通不便,没有公路;想要走水路,船并不时常通航;湖南的第一条铁路是在1918年9月开通的,连接武昌和长沙两座城市。

在蔡和森、陈绍修和萧家二兄弟的组织下,20多名学会成员中有一半人立即投入了勤工俭学运动和留法预备班的学习。1918年6月,蔡和森率先到达北京,与杨昌济和另一位湖南学生罗学瓒会合——罗学瓒已经参加了勤工俭学运动。他们的帮助是非常可贵的,杨昌济和罗学瓒帮他做了很多联络工作,8月份,会议决定让毛泽东作为湖南学生在北京的联络人。新民学会在长沙招了大约30名学生赴京,其他人也陆续来京,总共50多名学生。

有了湖南同乡的友情帮助,他们得以找到住处,只是住所比较狭小。多亏老师杨昌济的帮助,他们结识了蔡元培和李煜瀛,顺利进入留法预备学校学习。很多学会成员要求也不高,由于各种关系的帮助,他们找到了三种资助方式。侨工局同意雇佣25名学生,去法国为华工进行扫盲教育。华工教育的拨款分散到其他十几个候选人身上。在离开法国之前,每个人都在找工作,以便获得积蓄。② 最终,财团成立:目标是通过收集那些最富裕人员的钱财,用于那些没有任何保证人的学生。③

新民学会参与到勤工俭学运动中,应该被视作整个运动的一个重要组成部分,学会对如何有效推进运动的方法进行了探索;理论上进步也非常重要,学会从来没有在这方面停下前进的脚步。留法学生中最激进的一群人来自湖南,我们对此并不感到惊讶,归根结底是因为他们受到更加宏大的政治计划的激励;之前所做的尝试为他们之后在法国的行动、他们在留法学生运动中的地位做了铺垫,为他们广泛参与到1921年巴黎事件指明了方向。我们都知道,新民学会为1919—1920年赴法团体总共输送了超过300名学生。

---

① 宋斐夫,《新民学会》,如前文注,第2章。
② 除其他事情外,杨昌济还替毛泽东在北大找到了一个普通工作。
③ 《新民学会会务报告》,第1版,见《新民学会资料》,如前文注,第1—14页。

少年中国学会虽然也是以五四精神为指导的组织,但更具特殊性。① 少年中国学会和新民学会都是通过校友情谊维系,都对勤工俭学有共同的兴趣,但是他们的共同点也仅限于此。学会成员大多来自四川省,起码其核心成员在家庭出身上属于社会地位比较优越的阶层。大多数人,如王光祈、周太玄、曾琦(武汉)等,都在成都高等学堂读过书。出于效率的考虑,少年中国学会并没有把那些即将赴法留学的学生作为主要招募对象;学会的创立者是留学归国者,尤其是在日本(例如曾琦)、德国、美国留过学的年轻人。他们在职业生涯中都遇到过困难,都有满腔爱国之情,都经历过五四运动;不管是在理论研究还是在学会组织方面都具有很大的灵活度。

创立者给他们社团取的名字是很有意义的。少年中国学会的基础筹备于1918年夏,1919年7月1日在北京正式成立。② 学会很快聚集了一些政治派别不同的人物,有些甚至是完全对立的:李璜、曾琦、何鲁之(新民学会成员),他们三个在法国成立保守派中国青年党;李大钊,马克思主义思想的理论家;张申府,中国共产党主要创始人之一;还有周太玄、毛泽东、田汉。③ 矛盾的是,少年中国学会成员虽然不像新民学会成员那么年轻,却在信仰国家主义和社会主义之外,特别称颂青年,将其视作中国的中流砥柱和民族复兴的力量。周太玄在1919年12月的一篇文章中,呐喊道:"青年,青年呀!我们是中国的青年,我们对变革中国担负着不可推卸的责任。"④

少年中国学会维持了两年,便走向分裂,这可能是由于理论基础上的薄弱,但这并非是其成员而是整个群体思想理论上的弱点。如果说新民学会在构建理念方面是一个政党的雏形,那么少年中国学会则是一个汇集性的组织,其成员会为互相对立的思想摇旗呐喊。对于某些成员来

---

① 李义彬,《少年中国学会内部的斗争》,见《近代史研究》,1980年第2期,第116—138页;张允侯及其著作《五四时期的社团》,如前文注,第21—572页;等等。

② 周太玄,《关于参加发起少年中国学会的回忆》,见张允侯,《五四时期的社团》,如前文注,第536页及后页。

③ 参见《少年中国学会周年纪念册》中所收集的成员肖像,1920年,第73页。

④ 张允侯,《五四时期的社团》,如前文注,第317页。

说,在日后的留学过程中,少年中国学会并没有像新民学会发挥的作用那样,提供斗争的武器,而是仅仅成为一个不同政治取向相互斗争的平台。

就像这两个例子(新民学会和少年中国学会)所显示的那样,赴法学生中有一部分拥有政治斗争的经验,这一部分学生的数量不容小觑。总之,除了思考的体验,还有论战经验、组织体验、战斗体验,甚至是被监禁的体验。大多数学生都经历过五四运动,都知道如何进行前期动员,如何示威,在游行时宣传和呐喊过口号,都把"求学"和"救国"联系起来。在这一时期,所有的思想主张和真性情都同时迸发出来:对方法的掌握(蔡和森)、对理论学说的兴趣(毛泽东)、爱国(所有人)、女性解放(向警予、蔡畅)、领导能力的锻炼和被监禁的体验(周恩来)。

很有必要花一些时间讲一下周恩来和觉悟社的例子:不仅因为人物的独特性,还有许多其他特点,使周恩来非常具有代表性。他去日本留过学①,由倾向于马克思主义变成地地道道的马克思主义者;他也是诗人,曾经参加过爱国示威游行运动,曾因领导学生运动而被捕入狱;他毕业于天津南开大学②,是一位有经验的活动组织者;他出生于官宦之家③,家境优渥。1920 年 11 月 7 日,周恩来与几个朋友及 200 多名留法勤工俭学会的成员一道乘航海公司的"波尔多斯号"客船,到达马赛。

---

① 1917—1919 年,周恩来旅日,先是在东京留学,后来去了京都。
② 自 1920 年春起,通过同学们的帮助,周恩来在天津组织了各种马克思主义主题的讲座,这些讲座后来还延伸到监狱。五四后周恩来回国,成为学生运动和天津地区抵制日本帝国主义的主要组织者。参见周恩来,《青少年时代纪实》,见《天津文史资料选辑》第 15 期,天津:天津人民出版社,1981 年,206 页,第 1—85 页;《周总理青少年时期诗文书信集》,如前文注。1920 年 1 月 29 日,天津爆发了一次学生运动,聚集了 5000—6000 位年轻学生,此次运动后,周恩来和其他同学被捕入狱。经过 1920 年 7 月 17 日的审判后,周恩来被保释出狱(同上书,第 38 页及后页)。
③ 1898 年 3 月 5 日,周恩来出生于江苏一个传统的官宦知识分子家庭。他的叔叔们思想很开明,在上海和沈阳接触到现代主义思潮,周恩来的启蒙教育就是受到他们的影响。同上书,第 1 页及后页;D. W. Klein 和 A. B. Clark 编纂的 *Biographic Dictionary of Chinese Communism 1921-1965*(《1921—1965 年中共党史人物辞典》),剑桥:大众出版社(Mass.),哈佛大学出版社,1971 年,2 刊,第 1 刊,第 204 页及后页;D. Wilson(威尔逊),如前文注,等等。随着时间的推移,他生命中遇到的很多外国人也见证了他传奇式的一生,他们认为:他具有的贵族气质一直延续至其生命最后一刻。参见 Donald(唐纳德)、Snow(斯诺)、Malraux(马尔罗)、E. Manach(伊·玛纳实)等人的见证。

严格意义上讲,觉悟社可以说是五四运动的直接产物。觉悟社把大学和城市作为活动阵地,相比来看,由湖南学生创立的新民学会在某种程度上略显粗糙。觉悟社聚集了天津一些大学的高等知识分子,后来也发展到北京和上海的学校。这些知识分子思想进步,视野开阔。① 觉悟社成立于1919年9月,是天津第一个男女混合组织。② 两个月后,北京的一家报纸用下面的话向由这些杰出年轻人组成的社团致意:"这是一个由天津最卓越、最有爱国精神、最有战斗精神、最有觉悟的青年学生组成的社团,(……)我们可以说他们是天津最闪亮的'星辰'。"③想要进入觉悟社需要满足以下几个条件:必须有3名以上社员介绍,赞同会规,尤其要有"批判精神和接受批判的精神",要进行自我批评,对所有重大观点进行集体讨论。他们对外废除姓名,每个人以代号代替姓名。④

1919年11月5日,他们出版第一期刊物《觉悟》。社论是周恩来撰写的。他还写了一首诗。觉悟社组织者的主要目的是宣扬思想。天津的其他协会似乎并不认同觉悟社的观点。⑤ 成立之初,他们邀请李大钊加入。李大钊在1919年9月21日来到他们中间,给他们讲布尔什维克主义、十月革命和无政府主义者的缺点。1920年8月,中国主要的5个学生社团⑥在北京召开大会,李大钊在会上做了同一话题的发言。大会先在陶然亭举行,后又在北京大学召开。

《觉悟报》的编辑将社会批判和女性解放⑦作为报纸的主要板块。

---

① 该话题参见 John K. C. Leng 在 The Chinese Work-study Movement(《中国工读运动》)中的评论,如前文注,第167页及后页。

② 张允侯,《五四时期的社团》,如前文注,第2卷,第299页及后页。这个特点不是偶然的,而是天津女子师范生的活动结果,这个群体的学生领袖包括郭隆真、后来成为周恩来夫人的邓颖超和鲁迅的夫人许广平,她们的活动直接引发了天津的五四学潮,并筹备了天津女界爱国同志会。

③ 《晨报》,1919年11月25日。

④ 张允侯,《五四时期的社团》,如前文注,第2卷,第299页。

⑤ 参见 John K. C. Leng, The Chinese Work-study Movement(《中国工读运动》),如前文注,第173页及后页。

⑥ 除了觉悟社,工学互助学会、光明学会、人道学会和青年中国也派代表出席了会议。参见《天津文史资料选辑》第15期,如前文注,第47页。

⑦ 张允侯,《五四时期期刊介绍》,如前文注,第1卷,第807页。然而,其中一篇文章与苏联有关(第100页)。

报纸只出了一期就停刊了,但是主要方向已经确定。1920年春,周恩来因为领导学生运动被捕入狱,在里面待了6个月,他给狱友讲历史唯物主义、深入群众的必要性以及深入群众的方法。6月,觉悟社成员周恩来作为勤工俭学生出发奔赴法国,他是这么评价他要前往的"巴黎公社的故乡"——法国的:"三个月之后/在马赛码头/在巴黎市郊/或许我能看到你。"①

觉悟社成员很少有人选择赴法留学,他们这时已经形成了比较明确的思想观点。他们有的投身共产主义事业,有的则参加世界工人运动。他们对大批学生留法的事情,有的持保留意见,有的同意,有的反对。各种压力驱使学生赴法留学。他们抱着救亡图存的愿望,面对军阀统治下中国前景闭塞的状况,想要寻求出路,走前人走过的路,受到政治理想的召唤。在赴法前,很多人已经准备好战斗的武器,准备战斗到底,决不放弃。

1919—1921年:明朗化

接下来的一个时期比较复杂,分析难度较大。多重线索的事件同时发生并相互影响。一个是1920年秋,华法教育会解散,它的解散并不完全是学会组织者的责任,远远不是这样。我们都知道,当时法国遭遇经济危机,他们无力解决财政亏空的困难,又遭遇年轻的勤工俭学生蜂拥而至。他们毕竟有不足的地方,对时局背景和被置于他们保护之下的留学生情况认识不清,还有点冒险主义。第二个因素更为关键,华法教育会的解散使留学生反抗运动迅速兴起:一开始,他们分散行动;后来,很快兴起了有计划、有组织、轰动一时的运动。还有第三个因素,当时的社会形势、留法学生的计划和有些从中国出发前就已经开始的论战,让他们在法国成立了不同类型的组织——工会、协会和真正政党的雏形,其短期的目标(还有雄心勃勃的国内长期计划)便是组织了这

---

① 《天津文史资料选辑》第15期,如前文注,第45页。

场动乱,所有的因素都导致了动乱的最终爆发。

之前已经提到,大多数勤工俭学生都经历过五四运动,都有社团和组织经验。他们对北洋政府驻法代表及其代表陈箓十分怀疑,很快连带对华法教育会也产生了怀疑。驻法全权公使孙宝琦卸任后,1920年12月,陈箓接任他的职位。陈箓1876年出生于福建,在大多数学生眼中,他是旧社会"残余",受人唾弃。但他本人曾留学法国,1903年开始外交生涯还是清政府资助的公费生,他曾在巴黎大学学习法律,学习期间担任清政府驻法专员的职务。1907年回国后,他很快平步青云被委以重任,曾担任"清政府外务部考工司郎"一职,1911年大革命也没有影响到他的地位,在共和国初年其原来的职位得以保留。1915年6月,他被委任为中方"会议外蒙古事件全权专使",代表中国签署《中俄恰克图协约》①。随后,他成为当时中国处理蒙古事务的首席长官;1917年,他结束了"戍边"任务;次年,出任外交部次长;随后,还曾以外交部次长的身份短期代行外交总长职务。

1920年,北京政府任命陈箓为驻法国全权公使,他在这个位置一直做到1927年。为了双方的利益(这里指南京国民政府和留学生),国民政府在1928年解除了陈箓驻法公使的职位。陈箓会讲法语,同时也是亲法派。他第一次到法国时,便与法国各个阶层建立联系。用布里索-戴马伊埃将军的话说:"驻法公使陈箓先生,在知识界地位很高,他的谦恭、他的机智、他的文学才华为人称道。"②

由于秉承北京政府意旨办事,陈箓成为留法勤工俭学生和很多留

---

① 通过签订该协约,中国政府完全保留对蒙古名义上的宗主权,承认该地区的自治权。该进程由此开始,促进了蒙古共和国的成立。
② 报告 cit. ,1925年6月。A. N. F⁷12900。人们都认为陈箓践行的是任人唯亲的原则。由法国殖民部起草的公文可以证明这一点:"在位于巴比伦大街57号的中国驻法使馆工作的人员分为:第一阶层——4个办事员或专员,有大使的侄子陈先生、大使的姐夫(或妹夫)李先生、大使的女婿欧阳(Ouang)先生和目前在中国的令先生;第二阶层为两个接待人员和一位法籍门房。"(S. L. O. T. F. O. M. 第2章第4节,机构[部门机密],特工"希望",1925年12月22日。《中国外交汇编》确认了这一说法,Ar. 南京)除了小人物之外,中国公使团的事务有点像"家务事"。随着1928年国民党上台执政,陈箓随后的职业生涯逐渐走下坡路,这是因为他与北方派别的小集团走得太近。10年后,他选择进入南京伪国民政府。1939年初,一伙抗日分子把他杀死在上海的家中。

法学生攻击的对象。自《中俄恰克图协约》①签订后,他就被认为是"叛徒",学生们觉得他不正直、贪污腐败、唯利是图,后来有一些激进的留学生对陈箓展开了各种形式的斗争和打击活动,这些打击活动直到他卸任驻法公使、离开法国后才结束。各种事件证明他是一个多么善于耍手腕的精明人,甚至可以说是一个狡猾的"演员"。在处理华裔群体的小问题时,他不愿意求助法国官方。

1920年秋以来,最迫切需要解决的问题是勤工俭学生面临困难的物质环境。随着新一批赴法学生的到来,寻求解决问题的办法迫在眉睫。这些勤工俭学生不断地聚集在一起,讨论对策。他们与各个团体接触,也与在法华工接触,通过对华工的扫盲,让部分华工加入到他们的行列。1919年5月15日,李煜瀛鼓励所有想要参加工作的学生参观巴黎中国豆腐公司;自7月份起,在周太玄的陪同下,李煜瀛在蒙塔尔纪主持了华工储蓄会的大型会议。在该市工作的中国劳工(一部分人为哈金森集团工作)被邀请来到学校,拜访勤工俭学生。7月14日,勤工俭学生在工厂组织了小型聚会:周太玄借助这个机会讲话,在华工中间宣传五四运动思想。大部分留法学生被分到蒙塔尔纪学校读书,尤其是新民学会的湖南学生,他们中既有男生,也有女生。次年(1920年)初,第一批赴法学生在留法学会核心领导人的组织下在蒙塔尔纪重聚,这些核心领导人分别是蔡和森、蔡畅、葛健豪、向警予——1919年12月25日,他们成为"上海勤工俭学党"的成员,该党有大约50人。留法学生不断抵达法国,分布在各个城市。1920年底—1921年初,留学生分布最集中的两个地区是加蒂内与巴黎大区介于枫丹白露和科隆布之间的地区。

留法学生很快达到2000人。他们面临物质匮乏的窘境,1920年夏他们的补助被暂停发放,加上他们不停的论战,挑起了激烈的群体活动。1919年7月以来,蒙塔尔纪和莫琳的留法学生频繁进行接触,为留法勤工俭学生会的成立奠定了基础。1919年8月3日,留法勤工俭

---

① 黄利群,《留法勤工俭学简史》,如前文注,第134页及后页;张洪祥、王永祥,《留法勤工俭学运动》,如前文注,第68页及后页。

学生会正式成立。12月,湖南学生向警予和蔡和森成立女子留法勤工俭学生会。两天后,江苏和浙江相继成立留法勤工俭学生会,总部设在巴黎。

由于思想和区域因素,效仿勤工俭学生会的团体如雨后春笋般兴起。同时,年轻留学生致力于联合华工:在1919—1922年间,三分之二的华工回到中国,但是战争后,留在法国的华工仍然有大约10000人,许多人加入了无政府主义阵营。1919年10月10日,法国华侨协社(l'Amicale des Chinois expatries)将其在拉加雷讷科隆布市德拉普安特街(rue de la Pointe)的场地开放,举行了纪念1911年辛亥革命的大型集会。正是在这次纪念会上,旅法华工会诞生。旅法华工会合并了三个既有的华工组织①,倡导华工自治,团结统一,提高文化水平和觉悟,但并不是政治性组织。协会的主要组织者是一位叫马致远②的工人。

出版物是组织的核心。旅欧周刊社和华工杂志社由此成立。在当时的形势下,诞生了很多协会。这些协会围绕某个具体要求开展活动。这些协会迅速席卷法国,并吸引了以五四思想为向导的中国年轻人。③

其中,有3个组织在成员数量和思考工作方面遥遥领先,并在指导留学生政治运动上发挥了最突出的作用。一个是新民学会法国支部,其他留法人士更习惯称它为蒙塔尔纪派。事实上,就像我们了解的那样,蒙塔尔纪市聚集着大量的湖南学生,至少在初期是这种情况。研究勤工俭学运动的所有历史学家都强调,可能马克思主义思想就是在这批湖南学生中传播并发展壮大的。蔡和森作为湖南学生的代表,个性鲜明、好学不倦,在马克思主义学习上,并不满足于读和写的阶段,他以自己的魅力领导着这个湖南学生群体。这个群体积极地信仰马克思主义,他们在所有集会中张贴马克思主义大字报,猛烈地抨击无政府主义。④

---

① 华工会,中华工团和华工工会。同上。
② 随后成为中国共产党党员。协会很快陷入绝境。
③ 张允侯,《五四时期的社团》,第1卷,如前文注,总介绍。
④ 参见 John K. C. Leng, *The Chinese Work-study Movement*(《中国工读运动》),如前文注,第348页及后页。

马克思主义能在这群留法学生中得到传播和发展,其中一个因素就是蔡和森和毛泽东通过写信交流思想(基本围绕理论和策略问题进行讨论)。1920年8月,蔡和森在写给毛泽东的信中提到:"社会主义是改革当今世界最合适的方法。中国也脱离不了这个准则。社会主义必要的方法是通过阶级斗争,无产阶级夺取统治地位。我认为这是当今世界革命取得胜利的唯一方法。(……)我认为在当今世界,无政府主义是行不通的。事实上,现在存在两种完全对立的阶级。如果我们想要推翻资产阶级的统治,就要夺取无产阶级的领导权,粉碎所有反动势力。俄国是一个很好的例子(……)。我认为首先应该建立一个政党,一个共产主义政党。因为共产主义政党是革命运动的引擎、宣传者、先锋和战斗力量。如果我们审视中国当今的形势,就会得出结论:在中国,首先应该建立一个政党,然后建立工会和合作社。"在信中,他还预言在中国进行革命需要3—5年的时间,先进行"二月革命",然后进行无产阶级革命。他说:"我希望你能在中国酝酿一场与'俄国十月革命'类似的革命。"

在共产主义政党的组织上,蔡和森有一个非常清晰的设想:"我这个方法是跟布尔什维克党人学的(……)。我们可以先在国内组织和成立这个政党,然后派成员去苏联学习。"他又深入地讲:"我觉得当我们的运动走向成熟时,应该可以和苏联结盟。"①在一封9月份的长信中,他又深入地聊这个话题。他谈到历史唯物主义,批判社会民主,解释西方国家、中东和印度共产主义政党的组成。他认为成立共产主义政党是一个历史趋势,一个无法抗拒的世界潮流。"这就是为什么一场社会主义革命在中国是不可避免的(……),这也是为什么我认为建立一个政党是非常重要的。"②为此,他制定了行动计划。蒙塔尔纪派非常明确地准备在中国建立一个共产党。当然,这一决定并没有考虑到成员对马列主义思想的认识程度。对大多数人来说,这一任务略显

---

① 1920年8月13日的信,见中国社会科学院现代史研究所,《一大前后》,第1卷,北京:人民出版社,1980年。

② 1920年9月16日的信。同上书。

仓促。

从一开始，大多数留法学生的思想就很接近，这种思想促使他们一起赴法求学。1920年2月底，李维汉、李富春、张昆弟和其他成员（这个组织的成员共有30人①）成立工学励进社。工学励进社的理念是工读主义和无政府主义者互助原则。这是勤工俭学运动的根基：即通过工读并进，改善世界状况。事实上，工学励进社的创立者大多数是原新民学会成员。他们团结起来所追求的目标是更好的物质上的组织，还有能够帮助他们抵御一切违背自己原则诱惑的精神上的支撑。

另外，工学励进社还是一个信息小组，帮助成员和还在中国的勤工俭学生获取信息。就像罗学瓒②说的那样，所有信件和文字汇总到他这里，然后由他寄到中国（毛泽东是他在中国的联系人），或在报纸上出版，或加入新民学会的报告中。依照规定，这些调查信息应该只涉及6个具体方面：工厂里的状况、工人的生活、华工的生活、勤工俭学生的生活方式、法国社会的状况以及留学生的生活印象。工学励进社以非常明确的方式拒绝蒙塔尔纪学生提倡的政治行动方式。

在新民学会成员中马克思主义者和亲马克思主义者所开展斗争行动的影响下，工学励进社发展迅速。1920年7月6日—10日，新民学会在蒙塔尔纪③召开的全体会议上，一致通过把口号定为"改变中国、改变世界"，从此与工读主义思想划清界限。自9月份起，工学励进社追随蒙塔尔纪派，并宣布从此投身马列主义思想和苏联革命的学习中，还改名为工读世界社。

但当时很多留学生仍然是严格意义上的无政府主义者。1907年，

---

① 黄利群，《留法勤工俭学简史》，如前文注，第68页。
② 1920年7月14日给毛泽东的信。见张允侯，《五四时期的社团》，如前文注，第1卷，第22—23页。
③ 对"蒙塔尔纪会议"更详细的分析，参见张洪祥、王永祥，《留法勤工俭学运动简史》，如前文注，第69页及后页。

第四章 政治活动:从抵达法国到"攻击"里昂(1920—1921 年)

李煜瀛和吴稚晖在巴黎共同发表了剧本《夜未央》①,该剧本在 1920 年被重新出版。就像上文提到的那样,这两个人是激进的无政府主义者,他们的思想随着年龄的增长以及受尊敬程度的变化逐渐缓和。但此时在中国②,无政府主义活动发展到巅峰。无政府主义在勤工俭学运动中的影响是很显著的。受无政府主义影响的成员主要有陈家兄弟(陈独秀的两个儿子——陈延年和陈乔年)、李左、李何林(李何林是一位很特殊的人物,如果有机会的话我们会再深入地谈一下他),他们在华工中很有影响力。当时法国工人界弥漫着"无政府—工会主义"的氛围,可能对"无政府主义"的发展也产生了一定影响③。

勤工俭学会是有马克思主义倾向的第三个团体。它以工人运动为中心,进行了多次尝试,因此他们对马克思主义并不陌生。这个团体在赵世炎、李立三以及勤工俭学生中年龄最大的徐特立和黄继生的努力下发展壮大。1921 年初,领导核心选择将行动重心集中在科隆市华工界和工厂里。他们在为学会命名时,踌躇不定:一开始叫作"劳动学会",之后又换了几次名字,最终决定保留"勤工俭学会"④这个名字。其成员为中国工人组织了一些"俱乐部",帮助他们扫盲,同时对他们进行政治教育。这项任务使勤工俭学会成员在华工中很有影响力。周钦岳说:"每个周末,学会成员都会与华工在宿舍里谈论工作条件、国内外事件,教他们写信或帮助他们办手续。"⑤

就这样,大多数留学生的思想集中到了一点。很显然,在周围无政府主义的影响下,一批坚定的团体崭露头角,为共产主义运动奠定了基

---

① 文学作品中讲到"还未到午夜",这是选自《诗经》中的一句话。完整的引用为"夜如何其? 夜未央,庭燎之光。君子至止,鸾声将将。"(第 3 章第 8 节,S. Couvreur[顾赛芬]、Cheu King[邱庆洲]、Ho Kien Fou[何坚缶]译,天主教会印刷厂,1896 年,556 页,再版;Tahung[洪明达],光启出版社,1967 年,第 212—213 页)。参见张允侯《五四时期的社团》中的内容,如前文注,第 4 卷,第 325 页及后页。
② 见《中国无政府主义和中国社会党》,如前文注,第 28—168 页。
③ 一个信息很重要:在法国进行的中国共产主义运动不停地使中国工人改变自己的政治主张。
④ 黄利群,《留法勤工俭学简史》,如前文注,第 68—69 页。
⑤ 周钦岳,《关于留法勤工俭学片断回忆》,见《赵世炎烈士资料汇编》,北京,打印版,1962 年,2 部,405 页,第 1 卷,第 63—71 页。

础。还有一小部分留学生思想保守,他们不愿接受无政府主义的影响,自己创建了一些机构和组织。在此,我们不应该忽视这一点:不管留法学生有没有接受正规的学校教育,阅读法国报纸都是他们学习的一种方式。他们没有忽视1920年底法国工人运动掀起的风波,其中少数人紧密跟踪当时法国的政治生活。留法知识分子界洞悉中国和国际形势,其内部争论更加激烈。在一些事件的驱使下,在一些人的提议下,他们的思想信仰逐渐明朗化。

一次法国的五四运动?

1921年初,出现了各种困境,这令贫困的留法学生难以忍受。大多数人交不起学费,被学校退学,有的人只能通过借款和不断的口头许诺维持,他们不知道要怎样面对这种空洞的许诺。很多在工厂或车间工作的学生失业了,他们有一种被抛弃,甚至是大祸临头的感觉。1921年1月1日,最激进的学生尝试(第二次)召开华工的全体大会。可是,除了已经回国的人,大部分还在法国的华工因为没有钱而无法参加。

12日,陷入绝境的华法教育会宣布将自费留学的俭学生与勤工俭学生另编名册。① 学生们有理由从中看到分化甚至是分裂的政策,这也是他们被华法教育会抛弃的开端。16日,蔡元培在巴黎宣布:华法教育会从此不再在经济上帮助留法学生,但是它可以作为一个指导或咨询性质的机构继续为他们提供服务。我们都知道,两天后,蔡元培和廖世功发电报向中国各级政府求助。这里各级政府是指中央政府(即北洋政府)和省政府。21日,17个省政府纷纷发来电报,但结果是令人失望的:都说目前没有办法。

大多数留学生此时内心充满了失望和愤怒。正如何长工讲述的那样,正值寒冬,在巴黎或其他地方的留学生们饥饿交困,身体每况愈下,

---

① 黄利群,《留法勤工俭学简史》,如前文注,第142页及后页。

蜗居在简陋的佣人房中,痛苦的境况让他们想到了自杀。① 在23日至26日期间,最果敢的一群学生派了几个代表参加在巴黎召开的大会。他们在会上明确表达了自己的要求:希望北京政府给他们每人每年4000法郎,期限为4年。同时,他们想要把这个要求告诉华法教育会的工作人员,因此派了一组代表来到巴黎巴比伦大街。所涉及部门(中国公使团、领事馆和华法教育会)的主要负责人接到通知后,聚集在当地领事馆,决定转达学生们的请求。然而,2月初得到的是同样令人失望的答复。过了一段时间,北京政府承诺为自愿回国的勤工俭学生提供路费②。我们知道,只有国内的一些社团为改善留学生境况作出了努力,在国内组织了募捐,但是留法学生对这笔钱的实际用途感到怀疑③。春季,中国留法青年协济会最终成立。此时最激进、政治信仰最坚定的留学生决定组织一场示威活动。

对于"二二八运动"的具体情况,有很多种版本的叙述。这些叙述来自该事件的参与者,来自那些听别人讲述事件经过的人,还有来自研究勤工俭学运动的历史学家。④ 自1921年2月23日起,许多留学生决定包围公使馆。他们在同一天向法国内政部递交请愿书,希望内政部批准组织这个示威活动。他们在请愿书上署名"所有留法的中国学生"⑤。他们是这样解释活动计划的:"2月27日,我们打算集体去找我们的驻法大使寻求帮助。我们想要向他询问继续留在法国完成学业的办法。我们的意愿并不是扰乱公共秩序。我们请求法国政府批准这次

---

① 何长工,《在无产阶级的熔炉里》,见《青年运动回忆录》,如前文注,第263—288页,第276页及后页。

② 有21位勤工俭学生接受了该条件。见前一章。

③ 黄利群,《留法勤工俭学简史》,如前文注,第49页及后页;张洪祥、王永祥,《留法勤工俭学运动简史》,如前文注,第74页及后页。

④ 同上,及参考文献。为了简化名称,该运动也被很多亲历者或作者称作"二二八运动"(Mouvement du Deux-huit),在某些人的认知里对该运动的概念有些混淆。

⑤ 符合法律规定的举措;但签字人一栏很模糊,可能意味着这一阶段相关团体、学生群体缺乏整体协调,1925年6月也是这种情况。就这样,很多留法学生发自内心地相信:通过一个匿名作者,他们的行为已经被法国警方认可了。这篇黛青(corbeau)的论文,发表在《教育杂志》上,第7期,1921年7月2日。

示威活动。"①25 日,分管警察局的部委对留学生请愿作出指示,国家保安局主任向该部委告知后续内容:

> 我得知中国留学生打算在 2 月 27 日前往巴黎的中国使馆,抗议华法教育会暂停救助的行为。前不久,华法教育会宣告与勤工俭学生脱离经济关系。不过在这群学生赴法前,华法教育会承诺过要为他们提供经济援助。
>
> 我很荣幸能向您报告情况,以备不时之需。

警察局的决定是双重的:它在禁止这一示威活动的同时,准备派治安警察前往巴比伦大街和巴比伦街区对留学生进行保护。

2 月 26 日,留法学生 6 个主要社团的代表聚集在一起,准备派一小组人迅速前往中国公使馆。之前在继续求学这件事上,公使馆对他们作过一些含糊的承诺。27 日,在工学世界社的提议下,在巴黎郊区的一个咖啡馆召开全体大会,几百名勤工俭学生参加了此次会议。其中,来自外省的学生有 200—300 人,来自巴黎和巴黎大区的有 400—500 人。他们都是一些最激进的青年:蔡和森、王若飞、张昆弟、李维汉、蔡畅、向警予和另外 18 名学生。他们发起的口号是"为了生存和学习的权利而斗争"。尽管法国政府明令禁止,他们还是决定在第二天进行示威活动,向陈篆提出两个要求:为每人每月提供 400 法郎的补助,并将蔡元培上一次来法国时提到的里昂中法大学变为"开放式"的半工半读学校。②

尽管警察局明令禁止,但在 28 日上午,越来越多的中国留学生在蔡和森的带领下聚集在乐蓬马歇百货广场(Bon Marche)前的小广场。用警察局报告里面的话说③,他们一边等待同伴的到来,一边高呼前一

---

① A. N. F⁷ 12900.

② 对应该在比利时开办的类似机构明确提出了相同的要求。创办里昂中法大学的消息使留法学生燃起了强烈的希望,后来招生方法被公之于世,他们感到深深的失望。在勤工俭学生最终确认该机构不会对他们开放时,他们感到非常愤怒。

③ 1921 年 3 月 4 日巴黎警方的报告。A. N. F⁷ 12900. 该报告给人的印象是这场群众运动是相对自发和难以控制的。警察局长指出:"我已经请该团体(中法教育学会)去阻止这次行动,该学会所在地位于拉加雷讷科隆布市拉波茵(La Pointe)39 号大街。事实上,大部分人未参加这次行动,但其中有一些没能够及时得到通知的人仍派代表来到使团前,来到乐蓬马歇百货广场(square du Bon Marché)等待同伴。"

天确定的口号,口号反映了他们对"三个权利"即工作、生存、学习的要求。11 名留法学生随后取道巴比伦大街来到集合地,其中包括蔡和森和向警予。沿着百货商场的正门走,就可以抵达广场。然后,他们来到了中国公使馆所在的 57 号大街。陈箓并没有接待他们,他们不屈不挠,面对一些敷衍搪塞的答复,拒绝离开。这可能是担心如果两手空空回去,见到在布锡考特广场(Square Boucicaut)等待的成员时会没法交代。① 到了下午 1 点钟,为了稳定示威学生的情绪②,陈箓决定来到他们中间(从公使馆走到广场大概需要 5 分钟)。在警察局的同一份报告中提到:"大使独自来到广场,这时广场的学生人数在持续增加,大家都围在他身边,在听他讲了一会儿后,进行了短暂的示威,在此过程中他受到了围攻。治安警察立即驱散示威者。"③

治安警察在骑警的协助下驱散示威学生,手段并不是非常强硬,他们仅仅使用披风和枪柄④作为武器。在冲突过程中,示威活动走向悲剧,期间至少有一位学生受伤。一位叫王牧的四川学生受伤最重:在拥挤的人群中,他被一辆有轨电车轧到(当时交通并没有中断),受了重伤,被送到医院,过了不久就死了。⑤ 事后,谁也不再听陈箓讲话,他又回到了公使馆。那里还有一些学生代表决定在没有得到满意答复之前不会离开。警察局局长对此事件作出了结论:这些冲着公使去的学生代表拒绝离开使馆。在下午 6 点钟的时候,公使向地区警察署请求支援,疏散周围的示威学生。这些代表被带到军事学校警察分局,不久后就被释放了。⑥

---

① 参见 John K. C. Leng, *The Chinese Work-study Movement*(《中国工读运动》),如前文注,第 374 页及后页。
② 周恩来的叙述,见《益世报》,1921 年 5 月 15 日;《教育杂志》第 13 卷第 7 刊,1921 年。
③ A. N. F7 12900,同一报告。
④ 与他们认为的正相反,中国人在那里并未受到任何特殊待遇。
⑤ 很多留法学生坚持认为:他是被警察扔到铁轨底下的。参见张洪祥、王永祥,《留法勤工俭学运动简史》,如前文注,第 80 页。
⑥ 1921 年 3 月 4 日的报告,A. N. F7 12900。采用更全面的研究方式,参见 A. E. 亚洲,1918—1929 年的中国,E 483 和 E 544。

勤工俭学生的第一次大型"战斗"就这样结束了。他们在警力面前不得不后退，并付出了有人牺牲的代价。虽然对这些示威学生的处理方式与处理那些扰乱社会治安的年轻人时有所不同，但无论是警察局还是公使馆，都对他们的要求置之不理。

从总体来说，"二二八运动"失败了。公使馆第一时间决定鼓励留学生回国，但由于回国费用太高，这一计划很快就被搁置了。公使馆又着手与学生就读的学校取得联系，帮助他们继续学业，后又为失业的学生提供一些临时工作，帮他们渡过难关。通过少年联护委员会将这些临时性的帮助分发下去。就像吉伯特神父说的那样，这对那些最困难的学生来说是一种暂时的慰藉。在上文中提到少年联护委员会的一份报告中，委员会针对接下来"18个月的工作成果"写了一份总结：

> 少年联护委员会一成立，就通过辛勤的工作一点一点地摆平了各种困难。年轻人报名参加，并取得了信心。有的人继续高等教育，不再有后顾之忧；有的人被安置在中学读书。大部分学生进入商业和工业领域工作。现在他们完全可以自谋生计，心情也因此平复下来。（……）1922年3月1日至9月30日，这总共7个月的时间内，每天给来访学生提供大量就业信息和建议，给他们打了无数通电话，向他们面交655封入工厂或商行工作的推荐信，通过邮局给他们寄出500封推荐信。有215家新商行申请雇佣留学生。其中有一些商行已经正式录用他们。最后，将20位生病学生送往医院救治，还向他们提供了各种其他服务。①

这次失败的示威活动对于那些参与的勤工俭学生来说是一次教训。失败的原因主要是对行动场所不熟悉、参与人员缺乏培训和总体组织缺乏经验。虽然大家反应不一，但这次活动给学生们带来了很多思考。一些学生为了向公使馆讨要说法，放弃了学习，最后满是心酸和怨恨，他们与华工的境遇是何其相似。另外一些学生寄希望于勤工俭学运动的双重目标即学习和工作，因此伺机等待哪怕一点点可能的机

---

① A. E. 亚洲，中国 1918—1929 年，E 483。

会。还有一部分学生任由自己等待别人的救助。① 总的来讲,他们受到了震动,为大规模的极端行动做好了准备。对于大多数学生来说,这个"二二八运动"就是巴黎的"五四运动"。

1921年春夏,同时爆发了两种性质的运动,这两种运动之间相互影响、相辅相成。一方面对"帝国主义反动力量"的公开斗争不仅没有平息,反而愈加激烈,组织了多次示威。另一方面,从会议到辩论,学生领袖们采用各种机制以更好地组织这些运动,并为他们在国内的计划提供了雏形。

"二二八运动"刚刚结束,北洋政府向法国政府秘密借款这一事件又引发新一轮抗议活动。中法实业银行的停业与这次秘密借款事件有关。这次"拒款斗争"成为留法学生的第二次大规模斗争。对此事件主线的梳理给我们的感觉是其所涉及的维度大大超越了勤工俭学生的能力范围。J. N. Jeanneney②(法国国家图书馆馆长兼知名历史学者)说:"'中法实业银行'的停业(……)属于国家事务。(……)人们当时经常谈起它,说这是一件新的巴拿马的丑闻。有人说,某些人相信它能够威胁当局的统治。"这起事件规模太大,涉及的金融利益太广,波及的知名人士太多,通过银行的主要支持者百德罗(Berthelot)兄弟,阿里斯蒂德·白里安(Aristide Briand)本人都被涉及,因此事件注定会被遮遮掩掩,其详情要么成为秘密,要么只能被有限披露,当时最了解情况的人都一直不知道事件是如何结束的③,更何况是这些留法学生,他们被各种谣言所蛊惑,这已经无足为奇,当然留法学生这种直觉性的反应也并非毫无根据。

中法实业银行是打破东方汇理银行(La Banque de l'Indochine)垄

---

① 参见周恩来为《益世报》供稿的文章,1921年12月和1922年1月。转载于《周总理青少年时期诗文书信集》,如前文注,第2卷。

② J. N. Jeanneney, *L'argent caché, milieux d'affaires et pouvoirs politiques dans la France du 20 siècle*(《隐藏的金钱,20世纪法国的商界和政治权利》),巴黎:法亚尔出版社(Fayard),第131页。参见同一作者的文章,"La Revue Historique"(《历史回顾》),1975年4—6月,第377页及后页。

③ A. Sauvy指出:1925年,当安德烈·百德罗被赦免,重新回到外交部工作时,与他相关的文件就被销毁了。

断的唯一的法国金融机构,它成立于1913年,资金雄厚。成立后的7年间,它"经历了高速发展时期,但在1920年年底,突然陷入崩溃状态"①。天津法租界知名人士查尔斯·布夏尔(C. Bouchard)成立该金融机构,主要目的是为中国工业领域的发展提供资金。一开始,法国大型银行和储蓄所无视中法实业银行的存在,直到百德罗兄弟对其产生兴趣,它才真正得到飞速发展。安德烈·百德罗(Andre Berthelot)是企业家、前法国激进党参议院议员,菲利浦·百德罗(Philippe Berthelot)任法国外交部亚洲司副司长。当然,外交部为中法实业银行的成立做了不少斡旋工作。在约瑟夫·裴诺特(Joseph Pernotte)的领导下,他本人曾任东方汇理银行的地区经理,中法实业银行的创始人努力吸引东方汇理的注意力,但拒绝成为其分行。史学家马克·默娄(Marc. Meuleau)不无嘲讽地评论道:自1914年起,"两个银行的激烈游击战将持续6年,原有强势银行的力量和智慧最终理智地接受了新兴机构的平衡与活力"②。

战争期间,中国的局势对中法实业银行的发展十分有利;但自1919年起,各种困难接踵而至。在远东地区的法国金融业务方面,东方汇理银行不太担心中法实业银行能够动摇它的垄断地位。因为中法实业银行影响了东方汇理银行在银行事务上的参与度和控制权,东方汇理银行私下对中法实业银行的业务进行打击。另外,对东方汇理银行而言,与其花时间操控中法实业银行,不如看着它跌入深渊。

中法实业银行破产的原因是其在某些业务上风险过大:比如为存款客户提供的异常利率、有风险的投资、给予客户可观的优惠条件和奢侈性费用。这些都是由于中法实业银行要与东方汇理银行在亚洲地区进行竞争。同时,银行内部还存在管理松懈的问题。简而言之,危机前夕,中法实业银行一直靠其成立之初给中国政府某笔借款3%的月利息维持。可是,北洋政府从来没有把这项"实业"借款用于工程建设,

---

① Marc Meuleau(马克·默娄), *Des pionniers en Extrême-Orient*(《远东的囚徒,东方汇理银行历史,1875—1975年》),巴黎:法亚尔出版社(Fayard),1990年,第252页。

② 同上书,第261页。

北洋政府的支付能力和政府本身的稳定性都无法保证。1920年,保罗·潘勒韦(Painleve)出访中国,并指出裴诺特(Pernotte)在中国的轻率决策。与潘勒韦一起出访中国的还有法学家、财政部长——路易·热尔曼·马坦(Germain-Martin)。热尔曼·马坦认为中法实业银行的通融性贷款给了那些绝对不可靠的部门。① 1920年夏,银行处境不稳定;同年秋,银行已经负债累累,处在宣告破产的边缘;1921年初,如果没有外部援助,中法实业银行显然将无药可救了。

中法实业银行负责人竭尽全力寻找外部援助。着急的不光是百德罗兄弟,还有巴黎银行和荷兰银行的总经理、潘勒韦的朋友——菲纳里(Finaly)。1921年的整个1月份都被他们用来平息忧虑,寻找金融补救办法。第三共和国总统A.米勒朗(1920—1924年在任)向东方汇理银行董事施加压力。董事们在压力的驱使下进行交易,通过建立一个"爱国"银行集团,找到运作资金。1月底,这个金融"窟窿"看起来被填平了。其实这只不过是表面现象:这种现象被J. N. Jeanneney 称作"一月的氧气球"②,它的作用会很快消散。J. N. Jeanneney 说道:"停业那会,'中法实业银行'就一直在申请国库批款。看起来最后也只有国库能为它提供接济资金。"③最保守估计也要提供6亿法郎的接济资金,这也不是一笔小数目。第三共和国总统P.杜美(1931—1932年在任)领导下的银行界(东方汇理银行位居榜首)和政治界,反对任何接济中法实业银行的行为。此时,不好的谣言在中国传播,那些担忧法国在华影响力的爱国派应该竭尽所能遏制这种现象:一是通过使团施压;二是通过当时"殖民地部长"路易·卢舍尔(Loucheur)的干预。这两个团体的公开战争最终决定了中法实业银行的命运。4月份,事件成为公共事件。

现在,应该明确指出中法实业银行与中国勤工俭学生和华工之间

---

① J. N. Jeanneney, *L'argent caché, milieux d'affaires et pouvoirs politiques dans la France du 20 siècle*(《隐藏的金钱,20世纪法国的商界和政治权利》),巴黎:法亚尔出版社(Fayard),第169页。
② 同上。
③ 同上。

的关系。他们中很多人(通常是那些最贫困的人)是中法实业银行的储户,中法实业银行的停业让他们面临失去一切的困境。① 银行身处停业危机时,菲纳里作为希望拯救银行一群人的代表,与北京政府进行交涉。想出的第一个计策是:法国国库购买1.3亿法郎的中国国库券(1931年5月到期),把中国国库券交付给中法实业银行,然后用法国国库券作为交换。但是在反对派看来,这种计策其实就是变相的补助。1921年5月初,法国外交部要求法国政府批准以中法实业银行的名义向社会发放3亿法郎借款,但是该批准遭到拒绝,理由是超过了法国市场的借款需求。5月23日,菲纳里建议直接向中国政府发放贷款,届时中国政府将会加息偿还贷款。然而同一时间中国政府身处危机,使得这一做法"夭折"。

百德罗手中还握有"最后一张牌",计划却马上受阻:既然不能获得中国政府代表的签字,法国政府可以通过中法实业银行保障中国国库券以相同金额贴现。6月,走投无路之下,路易·卢舍尔向福尔日企业委员会和各大银行寻求帮助,但徒劳无功。1921年6月30日,中法实业银行关闭柜台;7月26日,它得到塞纳商业法庭的和解清算权利,避免其立即破产。同一时间,中国政府同意之前菲纳里提出的建议,当然中国政府此时借款并不是因为它更有偿付能力。无论如何,中国政府应该与中国舆论和解,因为中国舆论会通过留法学生在法国社会传播。

然而,在寻求救助的过程中,失望情绪一点一点攒积起来,使百德罗兄弟和约瑟夫·裴诺特备受谴责。后来事情出现了转机:1922年1月和3月,国民议会议员和参议院议员共同通过了一项法律,这项法律批准将庚子赔款用于恢复中法实业银行建设。里昂中法大学原本是这笔经费的直接受益者②,但因为这项法律的出台,使里昂中法大学遭遇

---

① 参见上文。上海回国的华工情况,很不幸的是他们把自己的积蓄都存在了中法工业银行(B.I.C)。
② 参见 Moutet 与 Poincare 的通信,1923年6月,A.E.亚洲,1918—1929年的中国,E 483。

悲剧性财政困难。依照约瑟夫·裴诺特所说,两个政府间这种不正当的具体交易一直持续到1925年;同一时间,银行仅仅偿还了亚洲小额持股人的债务。

可能除了那些使用银行存款业务的学生以外①,其他学生没法立即明白整个事件的影响力,然而某几件事情应该能引起他们的注意。比如,1921年6月初,朱启钤来到巴黎,他是前袁世凯政府官员、第二任中华民国大总统徐世昌的亲信。北洋政府当时交给他5万块钱,让他将这笔钱用于救助留法学生,并以个人名义捐助,理由是为了不引起旅日以及旅美留学生的抗议。② 尽管如此,他的职务还是招致了留学生的敌视:朱启钤被视作北洋政府最忠心耿耿的拥护者。作为徐世昌的专使,他此次赴法是为了代徐接受巴黎大学赠授的文学和法学博士学位。但不久以后财政次长吴鼎昌的到来让某些人怀疑这些访问的目的实际是为了进行秘密的金融交易。那些消息最灵通的人进行多方印证,推断中方代表不断到访法国是因为北洋政府正在向法国秘密借款。③

大多数留法学生对拥护北洋政府的人都很敌视。众所周知,北洋政府的大部分借款并不是出于任何经济目的,而只是为了筹备内战。另一方面,所有借款都以中国的税收来源作为担保,增加了国家对外部的依赖。由于组织方面的进步,针对此次借款问题,对旅法华人的动员是非常迅速的,留法协会都为此行动起来。自6月14日起,由工学世界社印发的宣传小册子被广泛分发。最终在1921年6月23日④,一个超过300人的会议在巴黎召开,由赵世炎主持,与会成员为大部分勤工俭学生和上文提到的众多协会成员。大会发言最终以揭露朱启钤和吴

---

① 例如江苏籍一组学生的情况,1922年回国,不能够使用中法实业银行132000法郎的支票,一直未兑现。A. E. 亚洲,1918—1929年的中国,E 484,1922年11月20日。
② 驻华法国使团的通信,1921年6月。A. E. 亚洲,1918—1929年的中国,E 48。
③ 根据某些人的说法,这是周恩来从1921年6月16日法国官方公报中的议会辩论报告中读到的信息(的确,在7月6日和8日的会议中,人们针对该问题进行辩论),这一消息使得留法学生获知这次借款悬而未决;同时,陈毅通过他所在学院的老师也得知了这一计划。参见黄利群,《留法勤工俭学简史》,如前文注,第52页及后页。
④ S. L. O. T. F. O. M 第9章。

鼎昌的罪状而告终,同时大会通过了一份声明:

(……)我们要对这样的黑暗交易提出严厉抗议,这个交易的参与者是那些不受道德底线约束的人。

我们提请公共舆论注意这个交易内幕是有损于人民利益的。以保护中法实业银行的利益为由,只不过是一个粗劣的借口。

我们要告知的是:中国人民不会为此次建立在违反宪法和违反国家利益情况下的借款行为充当担保人,他们这种行为会玷污未来法中关系的名誉。

(签名):中国国际和平发展协会、中国留法学生会、远东学会、旅法华工会、巴黎中国出版行业代表组织。

后又补充了一份通知。通知内容如下:

(……)中国政府(这里是说由几个人代表的中国政府,这几个人的政治和金融生涯就是一个丑闻)将要向中法实业银行提供2500—3000万股金。中法实业银行向法国政府求助,并在法国政府的帮助下向所谓的中国政府借款3亿法郎,中国政府通过法国银行将这笔钱用中国国库券贴现。7500万—1亿法郎将会落入这群中国人手中,2—2.25亿将会以所谓中国政府的名义存在中法实业银行账户中,这笔钱名义上是为了购买供给和设备,等等。(……)①

就像我们看到的这样,留法学生在这个阶段掌握了更多的情况。同一时间,在相当一部分的法国媒体上开展了激烈的反"菲纳里方案"运动。至于留法学生,他们把斗争矛头指向借款行为。比起在2月事件中的表现,他们这次处理得更为灵活。

这次会议结束后,就像惯例似的,一个代表团又集结到了巴比伦大街,他们发现又是大门紧闭,貌似想要把接待室的小亭子一把火烧了。② 另一组人来到朱启钤住处,成员有蔡和森、赵世炎、陈毅。经过

---

① S.L.O.T.F.O.M 第9章。
② 黄利群,《留法勤工俭学简史》,如前文注,第54页。其他的作者都谈论被烧毁的驻华法国使团的标志。但在所有有关行动的警察文件中都没有找到记录。

激烈论战后,朱启铃选择一种战略性的退却立场。留学生采取的手段很明确:既要避免与法国当局产生直接冲突,又要迫使中国政府代表放弃借款行为。① 事实上,即使是那些最不激进的中国人都不支持北洋政府的这次借款行为。各个协会在巴黎大会上共同起草的声明传遍了整个法国。②

面对此种情形,6 月 30 日,陈箓被迫在巴黎六区丹东第八大街(8 rue Danton)的学会厅召开"旅法华人大会",此次大会共有 400 人参加。驻法领事和张君劢(原名张嘉森)也参加了这次大会。张君劢是留德法学家、梁启超的朋友,大会的受重视程度可想而知。会上一致通过了一个议事日程,该日程几乎完全采用了协会起草的声明文章。③ 7 月 19 日,中国财政部部长退让了。④

但我们知道,当时双方实际上都没有放弃借款计划。夏天,法国报纸开展了大型论战活动,又向留法学生发出了警报。从 7 月底起,他们用抗议电报作为武器"炮轰"公使馆和中国政府。另外,领导地位得到进一步确立的赵世炎、蔡和森和周恩来等人想要重演 6 月 30 日的那一幕。1921 年 8 月 13 日,他们在同一地点召开全体大会,并要求陈箓来主持。面对这种枝节横生的不快经历,陈箓选择让公使馆的秘书汪思增代替他出席。

会议开始没多久便引发了骚乱:与会者催促汪思增证明自己无罪,他受到了侮辱却根本没有时间来辩驳。他被从讲台上拉了下来,受到殴打,最后被迫以陈箓的名字签署"拒绝借款"声明书。组织者很快在

---

① 同样也不是中国那些敌视北方人的阶层。至于中国知名人士对法国政府采取的举措,参见 J. N. Jeanneney, *L'argent caché, milieux d'affaires et pouvoirs politiques dans la France du 20 siècle*(《隐藏的金钱,20 世纪法国的商界和政治权利》),巴黎:法亚尔出版社(Fayard),第 163 页及后页。

② 法国殖民部的一位官员在马赛指出这点。参见 Josselme(兆瑟莱姆)报告,1921 年 8 月 15 日,S. L. O. T. F. O. M 第 9 章。

③ S. L. O. T. F. O. M 第 9 章,A. N. F 677。

④ J. N. Jeanneney, *L'argent caché, milieux d'affaires et pouvoirs politiques dans la France du 20 siècle*(《隐藏的金钱,20 世纪法国的商界和政治权利》),巴黎:法亚尔出版社(Fayard),第 164 页,注解 81。

报纸上刊登了一则给中国政府以及法国外交部的公报。①

中国历史文献又一次将这一事件定义为"巨大胜利",这一胜利是建立在大会参加者拥有必胜信心的基础上。所有人都认为此次事件发挥了决定性作用。不久后,少年联护委员会宣布:从9月15日起,拨给留法学生的救助款项暂停。有关人士认为这是公使馆的报复手段,恰恰印证了留法学生在斗争中取得胜利。事实上,学生们相信:通过自己的干预,最终能使中国摆脱借款威胁。② 事件的结果显示:遭此不幸(指公众骚乱),北洋政府只能保持静默和谨慎的态度。夏末,北洋政府通报法国政府:中方要停止借款。其实,如果"借款斗争事件"没发生,这次借款也不会成功,因为在法方看来,北洋政府的信誉已经一落千丈。③

虽然留法学生在第二次战斗中取得了胜利,但他们的经历与皮洛士(古希腊伊庇鲁斯国王)相似,胜利到头来不过是一种幻觉。但这场战斗仍然成为留学生历史上最重要的一段插曲。④ 这场运动在整个中国产生了巨大的反响,自此大多数留法学生对法国有了全新的印象。他们的爱国主义被激励了,也被冒犯了。通过这次事件,很多人对帝国

---

① 参见在《回忆旅欧期间的周恩来同志》中何长工的叙述,见《五四运动回忆录》,如前文注,第915页及后页。在有关这段插曲的关系中还存在很多版本。对于某些人来说,这段插曲发生在驻华使团周围。参见 John K. C. Leng, *The Chinese Work-study Movement*(《中国工读运动》),如前文注,第405页。对中国史实资料研究最透彻的是 M. Levine 的 *The Found Generation*(《被发现的一代》),如前文注,第154—155页。

② 参见张洪祥、王永祥,《留法勤工俭学运动简史》,如前文注,第85页;黄利群,《留法勤工俭学简史》,如前文注,第55—56页;John K. C. Leng, *The Chinese Work-study Movement*(《中国工读运动》),如前文注,第405页。

③ 依据法国驻华公使 Maugras(莫格哈斯)的报告、一般性外交金融文件和 J. N. Jeanneney 的著作(*L'argent caché, milieux d'affaires et pouvoirs politiques dans la France du 20 siècle*[《隐藏的金钱,20世纪法国的商界和政治权利》],巴黎:法亚尔出版社[Fayard],第165页)。书中写道:最终在10月4日,杜美总统正式通知巴黎银行和荷兰银行——中国政府会重新考虑之前拒绝的提议。如果会大大影响到法国工业的发展,部长理事会(法国)便接受中国借款。(但是)鉴于北京政府的信用问题,中国新领导阶层的信用如此之差,以致在10月17日,菲纳里宣布放弃该计划。

④ 参见 John K. C. Leng, *The Chinese Work-study Movement*(《中国工读运动》)中的分析,如前文注,第406—409页。

主义的剖析变得更加透彻。他们的政治化程度不断加深。最终，一些行动主义分子认为，最重要的可能不是在法国进行斗争，而应该是在自己的土地上直击北京反动政府的心脏。这些人，和那些决定等一等再回国的人一样，充分地利用了这一时期来继续建立纯粹的政治组织。共产主义者就是这样，他们是第一个拥有真正的组织结构的群体。

一个共产党的建立

在毛泽东的一段口述自传(上文已经提及)中①，他十分明确地强调了中国的共产主义运动组织和国外的共产主义运动组织之间的一致性。

> 1912年5月，我到上海去参加中国共产党的成立大会②(……)
>
> 同时在法国，许多勤工俭学生们组织了中国共产党，它的成立差不多是和中国国内的组织同时开始的。法国的中国共产党的发起人有周恩来、陈毅、李富春以及蔡和森的妻子(也是唯一一个女创始人)向警予。其他的创始人还有罗迈(又名李维汉)及蔡和森本人。在德国也有中国共产党组织起来，不过时间稍迟一些，党员有高语罕、朱德(现任红军总司令)和张申府(现任清华大学教授)。在莫斯科支部的发起人有瞿秋白和一些别的人，在日本的是周佛海。

因此，根据毛泽东所说，中国共产党起初的组织形式是很分散的(没有任何联系)，甚至分散在两个不同的大陆。在这些核心力量中，有两个明显是最先而且几乎是同时成立的：中国的组织和法国的组织。

我们能看到毛泽东的叙述并不精确，法国组织产生的背景、成立的准确时间及其后来的不同名称，在中国的历史学家之间引起了很大争

---

① E. Snow(斯诺)，*Red Star over China*(《红星照耀中国》)，法语版，第132—133页。
② 事实上，第一届中国共产党代表大会在7月才召开；至于第一批组织核心，在第二年才形成雏形。

论。在外行人看来,我们讨论的许多问题可能显得太细枝末节甚至是微不足道,但在内部人员看来,这关系到的不仅仅是时间或是名称的简单问题。之所以这场论战在今天仍然吸引人的注意,主要是因为中国共产党(和一些中国历史学家)的不断努力,他们利用现有的一切证据去使中国共产党的历史"标准化";同时也是为了消除最初理论上和组织上的不确定,消除后来被认为是偏离了路线的以及对党的理论认识不清产生的不确定;最后,也是为了确立党的历史自主性和国家合法性。

中国的作者普遍接受的观点建立在一种想法之上——似乎也有一些历史可以证明这一想法——一方面,中国共产党自诞生之日起,大体上就是一个符合布尔什维克准则的组织;另一方面,中国共产党拥有一个自然而然的、位于中国的、单独的指挥中心。这样的文章倾向于维护党始终统一的形象和把大部分留法的共产主义青年摆在一个正确位置上的形象,尽管有时只是表面上的。他们的步伐首先应该是融入到共产主义青年组织中去,当然,这个组织事先要被中国共产党本身所认可。更准确地说,该青年组织应该是在中国的中心的提议和指导下(而且有密使的亲自参与)在法国建立的,是共产党在法国的一个分支。在文章里我们注意到,提到的这些作者通常在并不准确地使用"小组"这个词,后来这个词成了表达党的分支的标准词汇,但在这里却是一种过时的含义。这一分支的首要任务就是建立社会主义青年团的欧洲分支;许多亲共产党的留法人士在正式加入共产党前,都成了其成员。

为了那些对论据的细节感兴趣的人,我们将简短地概括一下这些论据。历史学家黄利群对这些事件发生的时间顺序是这样排序的:蔡和森和蒙塔尔纪的分支的成员,如科隆市小组,或许证明了在巨款斗争运动中,和后来1921年秋季事件时期,根据布尔什维克原则建立一个统一的组织的必要性。1921年2月,中国共产党巴黎支部(巴黎小组)

成立，其成员包括赵世炎、周恩来、陈功培①、刘青扬和张申府。张申府在此之前已经在中国成为党员了，他之所以到法国是受陈独秀委托赴里大授课。他曾在北大任教，1920 年 11 月 24 日在刘的陪同下离开了中国。张申府和赵世炎为巴黎支部的成立打下了基础。至于陈公培，他在此之前已经加入了中国共产党的上海支部，1920 年 8 月此支部建立的时候他就在场，此后又出发去了法国。赵的情况也类似，他也加入了上海支部，并于 1920 年 6 月到达巴黎。因此，巴黎支部是由 3 位本就加入了党组织的党员建立的。至于另外两位，是张申府分别在 1921 年 1 月和 2 月吸收进来的。此外，蔡和森与赵世炎之间，关于党的必要组织形式的争论也随之而来——一度中断的争论在里昂事件后以某种方式得到了解决，我们将会看到，里昂事件带来的影响就是促使产生了上百位积极分子，其中就有蔡和森和他的许多朋友。

然后，巴黎支部决定先成立一个旅欧青年团，重组了一些存在共产主义倾向的协会和一些源于无政府主义的组织，由赵世炎负责操作，他与在比利时和德国的中国勤工俭学生们以及在中国的青年同盟取得联系后，一直致力于旅欧青年团的组织。1921 年 11 月，周恩来、赵世炎和其他一些组织的代表在巴黎召开讨论会。会议决定建立少年中国共产党，简称少共。② 张申府、周恩来、刘伯年、李维汉和其他一些人到德国去继续完成最初的任务，数月的工作之后，1922 年 6 月初召开了布洛涅森林会议：18 人出席，他们代表了法国的 20 多名成员、比利时的 7—8 名成员以及德国为数更少的成员，这 18 人激烈讨论了 3 天，最终确立了章程、一个规划和一个战略。赵世炎任组织书记，周恩来负责推广宣传任务，李维汉负责组织任务。

---

① 又名吴明。
② 张洪祥、王永祥，《留法勤工俭学运动简史》，如前文注，第 102 页。表明少共在建立时实际上叫青年团，在 1923 年才正式使用了这个名字。在 1985 年的一份刊物里，有中国共产党旅欧支部（《中国共产党欧洲支部史话》，北京：中国青年出版社，1985 年，第 280 页）。王永祥、孔志峰和刘品青在这一点上明显不那么确定，重读不同的证据，他们认为，少共起初是这样建立的，后来，1922 年 7 月在巴黎郊区召开会议后，组织决定加入青年（国家）同盟（参照第 89—102 页）。

后来的阶段就是净化和规范化的阶段,在中国的社会主义青年联盟中心的指导下,少共青年组织的成员同时也是党员的那些人于1922年冬组织成立了中国共产党旅欧支部。至于章程与国家章程一致的青年组织,在1923年2月17—20日在巴黎召开了会议后,成为中国共产主义青年团旅欧支部。青年团选举周恩来为秘书,这个团体是半公开的,然而总部位于著名的高德弗鲁瓦街(rue Godefroy)的宾馆的党组织则是地下的。到1923年2月,青年团已经有了110名成员,一年之后发展到了200名。1924年夏季周恩来离开法国的时候,接替他的人是李富春,后来是傅钟,邓小平做帮手。那时有了300名成员,名称也再一次更改。① 法国的共产主义者即将大批向其他地方迁移,如德国,但更多的是苏维埃俄国和中国,或者是接连在这几个国家游走。

另一些历史学家——张洪祥和王永祥——提出了一个更加详细的历史回顾,但也和上面提到的大致相符。比如这些作者确认1923年的大会召开时,中国共产主义青年团旅欧支部还叫作中国社会主义青年团旅欧支部,这样的名字更能强调与相应的国家组织的一致性。

我们或许可以理解追究这么多细节的原因,这些细节的构架在中国专家们看来也有很多疑问,他们会在主流的历史观点和文献依据的矛盾或缺失中左右为难。至于一些非中国的主要作者,他们又一次在这一点上,与中国历史学家产生分歧,也不认同那些只是部分公开的资料。因此 M. Levine 最终选择支持历史学家吴时起的观点:在"二二八运动"后不久,法国就成立了中国共产党,"二二八运动"是以张申府为核心组织的,它促进了中国共产党的组织,但是中国共产党的建立是一个独立的提议和行为。至于少共,在它的创立者的理念里,事实上是一个社会主义青年同盟,尽管它的任务与一个真正意义上的共产党的任务存在相混淆的地方。这个作者因此基本上赞同人们普遍认可的编年

---

① 它成为了中国共产主义青年团旅欧区。王永祥,《中国共产党旅欧支部史话》里给出了另一个版本,表明在1922年决定成立少共的大会上,它还是社会主义青年欧洲支部,正式名称为中国共产主义青年团旅欧支部(第97页);以周恩来为主的暂时领导人随后决定使用一个新的正式名称。

史,但紧跟着一个新的论题,根据这个论题,留法人员在"被要求遵守秩序"①前曾短暂地有过自己的中国共产党。John K. C. Leng 选择转移这个问题,对他来说,主要的问题是在法国的中国共产组织建立时,共产国际是否有过干预。他同样反驳了李璜关于这个问题的过于简单的观点,大概是有道理的。②

在微观历史上还有什么要补充的呢？我们仅仅指出一点,很快,也就是 1921 年 2 月,在蔡和森和赵世炎之间展开的讨论关注到是否有必要建立一个超越所有现存组织的政党,即蔡和森所想的少年共产党,根据赵世炎所想的就是共产同盟。但争论并不意味着建立一个严格意义上的政党。

这里,我们必须重新回到先前提出的关于著名的巴黎支部的建立日期的问题上来。事实上,历史学家吴时起不仅认为蔡和森对中国正在建立的党是不关注的(这主要是因为蔡和森并不了解陈独秀组织的活动),还认为上面提及的小组不是在 1921 年 2 月③创立的,而是在 1922 年 2 月左右建立的④。中国历史学家普遍认可的观点是建立在张申府本人的叙述上的;然而吴时起和其他历史学家,如任武雄和张云厚,则认为这些后来的回忆⑤包含着一部分很容易理解的错误。在张申府后来的叙述中也证实了,他坚持改正他的说法(他曾经说周恩来是 1921 年加入共产党的)。

不用追溯这些论证的细节,我们也可以发现接下来的事。张申府 1920 年 11 月乘坐法国邮轮山川号(Cordillere)前往马赛。他的名字出现在上海《时报》给出的旅客名单里。这次出发引人瞩目,因为这艘轮船的乘客中还有蔡元培,出发前他发表了讲话,举行了招待会。对蔡元培来说,这是一次辉煌之旅,在巴黎得到各种荣誉,还进行了建立中法

---

① M. Levine, *The Found Generation*(《被发现的一代》),第 177 页及后页。
② John K. C. Leng, *The Chinese Work-study Movement*(《中国工读运动》),引自第七、八章。
③ 正是与这个日期契合的名称。
④ 吴时起,《对有关旅欧建党几个问题的探讨》,如前文注,第 68—70 页。
⑤ 他们第一次出现在 1951 年的《光明日报》。

里昂大学的谈判。① 张申府在轮船的大学生乘客名单里被提及——同样刘青扬也出现在了这个名单里。人们普遍认为张在学院里应该担任教授的职务，可后来因为1921年秋季袭击里昂事件而辞职。

在这一点上，我们回忆起这一年7月8日在里昂签订的关于成立中法里昂大学的协议；1920年末，张签订了在学校教书的合同，由于创立学校的资金不确定，只有蔡元培方面的口头承诺；这不能证明张曾在法国持续停留。我们倾向于认为在他到达法国的那一天，因为没有找到陈独秀的联络人尤其是廖黄新而去了德国②，1922年才返回法国短暂逗留。陈公培在里昂事件后被驱逐，1922年就已经不在法国了；或许我们可以像M. Levine那样从中得出结论，1921年(?)的某个时候，5位建立了最初的小组的人员应为这个目的或者一个类似的目的聚首③。周恩来在1969年第九届中国共产党代表大会上确认他在1922年9月加入中国共产党的④；陈公培，又名吴明，在1921年夏才公开放弃原先的无政府主义。

总之，我们确信，回忆和口头证明都是非常不牢靠的证据——人们知道这个。这些证人多次被要求提供回忆，通常都是事情发生几十年后；事实上，是在证据之后形成了"事件"。想要推翻前言或者纠正一个错误是非常需要勇气的，而人们通常缺少这种品质，这不足为奇。

就像在少共组织的真正性质上一样，人们似乎不能斩钉截铁地确定先前发生的事情。并不排除许多群体曾经思考或者尝试过建立一个真正的或他们所认为的共产主义组织，这种尝试可能同时发生，之间并

---

① 《时报》，1920年11月19日；*L'écho de Chine*(《中国回声报》)，1920年11月24日和25日。

② 他在那里定居下来。1922年夏季，上海法租界的警察在陈独秀的家中搜查出欧洲联络人名单，名单上有赵世炎、陈的儿子、李富春等人的名字和地址，大部分在1921年末被遣返。另一组名单也含有相同的名字和"Tchang Chang Fou"的名字，似乎与另外一个名字"S. N. Tchang"是一个人：有四个地址，其中两个在巴黎，一个在里昂(M. TSU，里昂中法大学，圣·伊合内要塞[Fort St. Irenee])，一个在德国柏林的夏洛滕堡区(Berlin-Charlottenburg)。参照 A. E. 亚洲，中国 1918—1929，E 492 和 A. N. F[7]. 12800.

③ M. Levine，*The Found Generation*(《被发现的一代》)，第180页及后页。

④ 他已经于1946年在一位美国记者的采访中指明了1922年这个日期。

没有真正地协调过;还不算在这里面违反集中制规则的意图。我们必须意识到,这些老练的街头运动者作为共产国际法国部的创始人,在那个时期,只有一种很薄弱的关于布尔什维克主义的认识,而他们在1920年刚加入到布尔什维克中去。两年后,经过共产国际特派员 J. Humbert-Dort 的集中工作,他们才清楚地认识到布尔什维克主义的理念。特派员负责将法国共产党引入1922—1923年的正确道路上去,他写道:"我认为新近成立的这些共产党及其成员们,经常被一种自发的、自然的同情引至俄国革命,他们还需要被开导、被教育,去理解共产国际的战略。因此,我与积极分子们谈话,尤其是那些有疑虑或者是有所抵触的人。"① 为什么在规则还远远没有确定的时刻里,这些中国青年走向了别处,而他们刚学会走出一种文化,在这种文化里社会主义并不是一种传统?

那些尝试在法国创立中国共产党的人,不管成功与否——不论他们选择的名称是什么——都不应该感觉到竞争,甚至是负罪感或者反叛。毕竟并不是每个国家都必须只有一个共产主义组织;又或者,这些党派要严格在国家基础上运行——或者人们只能加入一个共产党。人们已经提出了任卓宣个人加入法国共产党的假设,这一假设也被他人认可。在更早些时候提及的会面中,萧三补充道:

> 胡志明推荐我们中的5个加入法国共产党:那个时期,这个党是公开的。他仅仅是推荐了我们。5个人中,除了我,其他人都已不在人世了。这5个人是王若飞、赵世炎、陈延年和陈乔年,最后还有我。(……)
>
> 像我已经说过的那样,我们中只有5个人是法国共产党成员。我们参加这个组织在13区的活动。事实上我们就住在那儿,靠近意大利广场的地方。(……)

---

① Jules Humbert-droz,共产国际的前秘书,巴黎的 *L'œil de Moscou*(《莫斯科之眼》),巴黎,Juillard,档案集2号,1964年,265页,第21页。

然而,我和分区书记的关系足够好,另外,我们缴纳党费。①。

但与此同时或者更早些的时候(萧三在1922年末去了莫斯科),几个已经很成熟的共产主义者以张申府为核心建立了一个党支部;不过没有任何信息表明在这个或许只是昙花一现的组织和少共这个大众组织之间存在因果联系。至于后者,原文使人觉得它的创始者们有创建党的信念,后来有了对于共产国际组织条例更好的认识。但是共产国际保留了一个附属机构——青年共产国际,建立少共组织就是为了并入后者。最后,1922年4月26日,当时还在法国北部的赵世炎给吴明(陈公培)写了一封信,这封信引起了大量的评论,信中写道:

我们坚持认为,青年团的幕后是少年共产党;因此以少年联合会的名义与共产国际联系是完全合法的。②

可能在不同的组织建立之前,在创立者的概念里,青年团和共产党是被混淆的,这种混淆到1923年初才被澄清。正如我们上文提到过的被搜查出的文件所证明的,在法共产主义领导经常与陈独秀互通信件。即使法国的共产主义领导们在1921年初没有很好地了解情况,两年后不会仍是这样。渐渐地,更符合莫斯科的观念的组织在1922年建立起来——独立于同时期的事件。在6月,更准确地说是从1922年6月3日后的3天里,少共的建立者在布洛涅森林的一个不起眼的小咖啡馆召开了代表大会,18名代表参加,由赵世炎主持(上文已经提及),看起来尽管名称一直变换不定,但是建立的过程就是这样的。在1923年青年团代表会议上,终于走到了最后。在组织建立期间,最重要的一些人最终又回到了1921年的亲共产主义者的空论派上——赵世炎、周恩来和王若飞。蔡和森和他的同学已经达成了原则性协议,在里昂事件后,跟着大约100个被驱逐的人离开了法国。

我们的漫长的有时又很模糊的讨论就到此为止。因为这些不是留

---

① 萧三,*Comment j'ai adhéré au Parti Communiste Francais*(《我是怎样加入法国共产党的》),如前文注,引用,第204—205页。

② 《赵世炎烈士资料汇编》,如前文注,第134页。

法积极分子操作的事件,那些他们发起的事件以及他们自己的发展演变——这一过程在他们自己看来也不是很清楚。我们可以认为,概括地说,法国的中国共产党组织的正规化始于1922年底。这一事实看起来被许多证据证实,没有留下什么会产生争议的材料。但是,在这18个月里发生的事件的进展并没有那么清晰,这与如今人们普遍接受的观点并不矛盾①,根据这种说法,中国共产党在1920年夏季诞生,同时有几个不同却又有联系的核心,中国共产党后来才有了结构上的统一,是在1921年7月的(第一届)中国共产党全国大会上确定成立的。在这里我们试图将大家的目光转移到几个经常被忽视的点上:要强调的是,列宁主义信仰在那个时期,甚至在布尔什维克化和重控局面后,可以根据群体和个人多么逐渐而恰当地发生变化。

在"二二八运动"后,对于大部分的留法生,尤其是勤工俭学生来说,是纷纷加入共产主义的时期,这是共同点;以至于不止一个作者,至少在A. Dirlik的研究之前,都低估了政治化之外的形式,尤其是极端主义的形式在同一时间里对年轻人的吸引力。由于缺少对这个现象的关注,有人说共产主义和无政府主义的激烈论战失去了一部分意义。至于接纳马克思主义,我们知道,对于一些人来说,好奇先于行动。斗争经历和学习研究将好奇心转化为信仰,但不同的人却有着不同程度的理论认识。

在这点上,周恩来的信件,尤其蔡和森的信件表现出他们最坚定的努力。但是,就像任卓宣的情况给我们的启示,或许其中有一种视觉效果,归功于他们后来在党内的地位与作用。不管怎样,理论水平的问题对法国的中国共产主义者的培养应该是一个长久的忧虑。因此,1923年由周恩来编写的中国社会主义青年欧洲支部的报告②,在2月的代

---

① 参考 Afif Dirilik, *The Origins of Chinese Communism*(《中国共产党的起源》),纽约:牛津大学出版社,1989年。
② 中国社会主义青年团旅欧支部,1923年3月13日报告,伍豪(周恩来)签署,《一大前后》,如前文注,引自第431页及后页。

表大会作出的决定里突出以下几点：

> 我们在大会上讨论的问题太多,应协会的请求,以后要抄写和油印一份详细的报告。在这里我不提供过多细节,只汇报几条主线,如下：
>
> (……)有20点已经通过了,主要是：
>
> (……)b——我们协会在欧洲的负责人从今天起必须开展的一些活动:总体上鼓励共产主义教育工作(的必要性),换言之就是列宁所说的"学习","学习共产主义"。
>
> (……)e——内部培养问题。最重要的就是建立一个共产主义学习中心。
>
> (……)f——《少年》的刊物问题(……)我们的协会在这里有必要解释第三国际和中国共产党的战略,并且向华工和勤工俭学生推广传播共产主义理论,他们不能阅读外文报纸和理论著作；我们已经决定像以前一样继续出版《少年》刊物。

说到这一点,《少年》刊物是1919年在赵世炎的负责下,以少年学会为框架创办的,随后是《赤光》《红外线》等刊物,这些刊物的摘要揭示了其与同时期党在上海出版的刊物《共产党》的内容相近：马克思主义和列宁主义的启蒙、对无政府主义的批评、文化普及知识。但我们很难在那个时期的文章里发现专门的理论层面的内容：问题并不在于理论术语形式,更存在于当时留法学生明显的政治归属。

相反,完全属于法国的共产主义者的,是在"二二八运动"后的组织之间的论战。快速的回忆起这些论战将可能使得我们从一个不同的角度讨论一些组织方面的问题。1921年的事件明确地提出了,或者是重新提出了勤工俭学运动的根本问题。蒙塔尔纪的派别很快得到了"革命派"的称号,他们认为工读的探索已经破产。不可能在法国找到一份工作,既可以获得足够的报酬,同时又不那么耗费时间从而可以有机会学习。这些观点的支持者们提出的论据不乏准确性。在工厂工作会使人头昏脑涨——此外还消耗过多平时的时间——以至于工读的学生不能再有精力去研读书本。但是如果他们选择工作几年挣得点积蓄,难道在精神层面上说不是太无力而不能去着手智力上的任务了吗? 因此,王若飞说①,在资本主义的背景下,坚持在勤工俭学的企业工作只是使自己成为剥削者奴隶的一种方式。这种逻辑的结论就是拒绝从事任何付薪酬的工作,而更为可行的结论是,实施一切手段去迫使勤工俭学运动的组织机构承担留法学生生活费用,以便他们能够有效地学习。

然而尽管有困难,科隆市的群体——赵世炎、李立三、刘伯年——决定仍然忠于开始的选择:和这些年轻工运中心主义者选择一致的态度。具体来讲,他们成立了一个包括了所有勤工俭学生的联合组织"勤工俭学之同盟",这体现了他们的坚持。这个组织在1921年3月建立,其目标非常清晰:

> 勤工俭学之同盟宣言:
> 1. 我们坚决做任何工作;
> 2. 我们之间互相理解,互帮互助;
> 3. 在勤工俭学之同盟的旗帜下相互团结。②

当反借贷运动进行的时候,关于这两个趋势的争议很激烈,以相互干预、张贴文章和个人主张的改变为标志。似乎蒙塔尔纪的强硬态度占了上风:那些找到兼职工作的人再努力也入不敷出。因此,当"突袭里昂"发生的时候,尽管他们并不完全赞成行动的方式方法,但完全反对蔡和森和他的朋友们主张的原则。必须承认,就个人来讲,李煜瀛和蔡元培所宣称的加入里昂中法大学的愿望或幻想——1921年春在留法学生中比较普遍——在很多留法生看来是种理想的解决方法。③

在留法的人中,共产主义者不是唯一考虑建立组织的。当然,我们

---

① 黄利群,《留法勤工俭学简史》,如前文注,第72页。
② 刘伯年,《刘伯年通信》,《时事新报》,1921年10月3—4日。参见刘桂生等编,《赴法勤工俭学运动史料》,如前文注。
③ 里昂事件后,周恩来在给《益世报》的长篇报道中很清楚地提起了一些人和另一些人的精神状态。《益世报》,1921年12月18—25日、27—31日,1922年1月5—7日、9日。参见刘桂生等编,《赴法勤工俭学运动史料》,如前文注,第37—38页。

已经说过,他们的倾向在最为政治化的勤工俭学生中是最主流的;然而确切地说,这些积极分子从来不会超过200人或250人。尽管他们确实拥有最广泛的党员或者不同种类的支持者的圈子,然而远不能代表唯一的政治流派。

部分出于对共产主义者力量增强的结构性反应,几个无政府主义组织形成了一种协作关系。我们不再赘述留法人员,特别是1920年代和早前的留法人员中无政府主义思想的重要性,也不再提这些无政府主义运动的第一届领导李煜瀛和吴稚晖①,需要注意的是,在这个时期,不止一名共产主义者并未立即评判这两种互不相容的流派,其他人也多少有些犹豫地从一种立场转移到另一种了。最有名的例子是陈独秀的两个儿子:1922年春,他们似乎还和一名与李合林一样引人瞩目的无政府主义者继续保持着联系。

然而,直到1921年末才成立了工余社,聚集了大约90位成员。②它的成立大概是在同一年工读互助团解散后。工读互助团是在1921年2月事件后成立的。工余社的建立也和中国国内的无政府主义运动的复兴同一时间发生。③ 1922年1月15日,《工余》杂志第1期在法国发行,名称使用世界语"La Laboro",《少年》的编辑们后来与之进行了激烈的论战。无政府主义者们在敌对中以一种矛盾的方式发现,布尔什维克政体启发他们找到一种联合的理由和理论上的刺激物,使得他们明确其反专制主义和互助主义。但是无政府主义组织的实际重要性仍然很难去评估。

---

① 他们暗中支持"二二八运动"后的无政府主义报刊(John K. C. Leng, *The Chinese Work-study Movement*([中国工读运动]),如前文注,第472页及后页)。见李维汉的回忆录,关于口号的偏好,在口号里独立和自由的概念全面回归。(王永祥等,《中国共产党旅欧支部史话》,如前文注,第126页及后页。)

② 王永祥等,《中国共产党旅欧支部史话》,如前文注,第129页。意图很秘密的协会似乎每周举行一次会议。

③ 《中国无政府主义和中国社会党》,如前文注,第73—168页。

里昂事件

现在我们对里昂事件和它在留法学生共产主义运动发展中的地位做几点阐释。突袭里昂让法国当局和中华民国官方和半官方的代表都很尴尬,双方同意大事化小、小事化了。这些"重大的""令人遗憾的事件"因此迅速转化为了"内部事件",完全没有让少数行为不端和薄情寡义的年轻人破坏两国良好的关系。①

因此,中国勤工俭学生在法国的"第三次大战"又一次只显露在当事人的抗议和中国历史学家的评判中。抗议十分激烈尖锐:事件之后被驱逐的100多名学生一回国就给所有的报刊投稿,包括全国发行的报刊和地方如上海的报刊。② 他们一致控诉曾经遭受的压迫、帝国主义的黑暗、里大的中国组织者和公使陈箓的伪善及其让人难以接受的态度。这些控告和申诉,以及被驱逐者的名单和救助请求,在相关领域甚至整个社会都引起了激烈的反响。③ 一个青年群体,在这次经历后,确实理解了事情的真正性质,尤其是国际秩序的真正性质。

> 所谓的《法中文化运动》只不过是经济盗用的面具(……)。我们在千里之外很难想象,在法国,这个宣称是自由和人权故乡的国家,遇见了同样黑暗和卑鄙的行为。我们离开中国是为了寻找光明,但却收获了邪恶的压迫,遭到抛弃。对那些衡量世界的人来说,光辉的未来还遥不可及。④

在中方专家的眼中,里昂战役的重要性首先体现于它在马克思主

---

① 总安全部门关于里昂法中法大学的分析报告,1923 年 8 月 23 日,A. N. F⁷ 12900;中国留法青年协济会秘书,M. Audinet 报告,1922 年 3 月 4 日,A. N. 47 AS1; *Le Progrès de Lyon*(《里昂进步报》),1921 年 10 月 15 日。

② 这是陈毅在四川的情况,他在那里成为了《新书报》的编辑。

③ 比如《新闻报》1921 年 11 月 28 日和 12 月 1 日的文章;《时事新报》1921 年 12 月 2 日,《新事新报》1921 年 12 月 2 日;《国明公报》1921 年 12 月 21 日,等等。(特别是刘桂生等编,《赴法勤工俭学运动史料》,如前文注,第 2 卷,第 609 页及后页)。

④ 张云厚引用,《留法勤工俭学运动》,如前文注,第 29—30 页。

义影响下具有了决定性的革命意识,成为重要的转折点和前行中不可逆转的一步。① 许多强调甚至夸张的说法有时让中国以外的历史研究者感到困惑,因此在李璜之后,John K. C. Leng 也在思考事件中共产主义者抗议示威的性质以及莫斯科在其中进行干涉的推测。② 还有一些更加狭隘的分析,突出了事件的心理层面:幻灭和走向成年的过渡。处在一种需自我辩护为何被驱逐的尴尬境地的被驱逐者,需要在激进的革命运动中找到一条自然的出路。A. Kriegel 的几段关于事件的描述更令人感兴趣:因为意识到了留法两代的决裂(里大的建立者一代和将到来的共产主义者一代),在双方文件的佐证下,她把这个插曲当作中法关系中有教育意义的一页。③

关于里昂事件,在两个阵营中,几乎每个参与者都有不同的记述版本。不止一处的出入让事件的记录存在好几个不可忽视的不确定点。目前的官方版本可能是描述最好的,此版本来自于 1922 年 3 月 4 日中国留法青年协济会全体大会上由秘书 Audine 做的报告。④

(……)[1921 年]9 月 19 日,在几个鼓动者的组织和引领下,100 多名中国青年从不同的中心——拉加雷讷科隆布市、蒙塔尔纪、夏托蒂埃里、圣—塞尔万)来到里昂,希望能够免费且没有入学考试,如有需要,会强行进入里昂中法大学。该大学是在李煜瀛先生的提议下,由法中大学协会在 1921 年 7 月 8 日协议建立的,协议由里昂学区长 Joubin 先生和欧洲中国教育代表团团长高路先生签署。里昂中法大学是一所真正的师范学校,以为来法国留学的中国青年提供补充的高等教育为目的。想要进校,每个学生都

---

① 黄利群,《留法勤工俭学简史》,如前文注,第 50—61 页。
② John K. C. Leng, *The Chinese Work-study Movement*(《中国工读运动》),第 423 页及后页。
③ A. Kriegel, *Aux origins françaises du communism chinois*(《中国共产主义的法兰西血统》),*Preuves*(《证据》)第 209—210 期,1968 年 8—9 月,第 38 页及后页。
④ 出席大会的有,参议员 Le Roux 女士、郑玉秀、里昂区长 Jobin、Paul Beau、李军、李光汉、Tondeur-Schaeffer(代表他领导的国外劳工部门和冶金工业工会)、Mari (外交部)、André Duboscq、《时代报》记者。Andinet 是法国工商总公司(前身是远东总公司)代表董事,A. N. 57 AS1.

要通过入学考试,证明他已经在中国接受过完全的中等教育,并拥有足够的财力以保证在校期间的开支。然而,参加示威游行的人,大部分不具备以上所要求的任何条件。尽管驻巴黎的中国领事李俊先生和委员会秘书 Audinent 先生尝试在里昂进行调节,但这些年轻人仍然拒绝服从并拒绝离开占领的校园。他们甚至尝试通过向里昂群众散发传单以取得同情。里大校长不得不要求警察的介入。在这些事件面前,校方决定将这些骚乱者遣返回国。这一措施主要不是为了惩罚这些行为不端和薄情寡义的年轻人,更重要的是为了让大部分勤工俭学生群体不受他们的影响。所有参加里昂游行的人都在 1921 年 10 月 15 日乘坐"保罗·乐卡"号(Paul Lecat)轮船离开了法国。在他们离开前,为了弥补他们行李暂时的缺失,协济会赠与他们一些钱和个人衣物。稍后行李在马赛打包寄往上海。此外,协济会给他们颁发了下列证书:留法学习证书、在我们的工厂企业实习的证书(……)①

这份报告用委婉的、无过多细节的措辞,提供了事件的一种图解,至少是像当局看到的那样。在报告之前,Audinet 快速回顾了 1921 年夏季很多勤工俭学生所处的艰难环境。年初,里昂中法大学的建立与蔡元培到法国的消息一样给人带来了希望,但事情不是悄悄进行的。此外,在很多贫困和对未来担忧的留法学生的请愿要求下,1921 年春天走到尽头的华法教育会负责人在展示他们空空如也的钱箱箱底的同时,更倾向于让那些年轻的申请者去找未来的里大。各种不同的消息在蔡元培到达的时候到处流传:比如场所很宽广、学校计划招收 2500 名学生——这是来到法国的中国学生的总数……被询问的公使团和华法教育会的代表们向他们的对话者保证未来的里昂大学将会对所有人开放。② 至于被任命的校长吴稚晖则公开肯定:"里昂大学是一所公开

---

① A. N. 47 AS 1.
② 参照陈毅兄弟陈孟熙的叙述。在《人民的忠诚战士——缅怀陈毅同志》,上海:人民出版社,1979 年,第 59 页。

的、普遍的学校,承认劳工神圣。"①

部分学生并非毫无怀疑和不安。从 5 月起,蔡畅和向警予意识到需要和其他女性勤工俭学生一起建立一个开放海外大学女子青年团②。事实上我们确定,与此同时,一个类似的计划在比利时("比大")也处于规划当中。当留法学生开始因他们的入学问题坐立不安时,就会不断地要求加入这两个团体。从 6 月开始,出版了一份半月刊——《求学运动,为了追求学业而进行的运动》。夏天,300 名勤工俭学生在王若飞、刘伯坚和其他人的鼓动下,向蔡元培和公使团请愿,想要获得允许他们入学的保证,但一直没有回应。

然而,我们已经看见,在法国的中国官员和留法青年之间的关系类似于借贷事件和中国的工业银行的关系。积极分子担心报复措施,要知道他们对 9 月份暂缓救助就是这么理解的。吴稚晖宣布他打算 9 月 25 日正式为里昂大学举行落成仪式。同月初,充满期望的中国青年好似被"泼了瓢冷水":吴稚晖迫于压力,让华法教育会打发过来的学生回去找教育会,他说这是李煜瀛的事情。至于他,作为里大的负责人,邀请这些人报名参加入学考试。③

在春天的乐观消息之后,如今有一些悲观的传闻相继出现,其中很多都不乏依据:里大可能是为广东人准备的④;只有在中国通过考试的人才可以进入里大(这一规定确实列在章程上)。这些消息散播了失望,紧跟着是愤怒。人们立即作出了反应:9 月 5 日,大约 140 名勤工俭学生——一些在工厂工作,另外一些是失业者,在拉加雷讷科隆布市聚集;为了团结起全部相关人员,他们起草了一份宣言和一份公告。⑤ 在蒙塔尔纪也一样,人们聚集在一起。接下来具体的事就是在巴黎又建立了一个协会——留法勤工俭学生联合会。蔡和森、赵世炎、王若飞和

---

① 周恩来,《益世报》文章,1921 年 12 月 21 日。
② 黄利群,《留法勤工俭学简史》,如前文注,第 56 页。
③ 盛成,《海外工读十年纪实》,如前文注,第 57 页。
④ 这一条没有在任何规定里出现,但在最初却是有部分依据的,因为大部分资金来源于广东政府,这笔经费原来是广东用于建立东南大学的。
⑤ 《近代史资料》,如前文注,第 2 分册,1955 年,第 201—205 页。

其他一些人组织了此事。

9月12日,里大的管理人正式公开了招生程序的细则:这是一个高水平学校,持此学校毕业文凭的人回来时将会得到重要的地位。没有获得奖学金的人与那些不能证明有足够的资金维持膳宿费和学费的人将不被录取,没有通过入学考试的学生也不会被录取。这一通知使勤工俭学生蠢蠢欲动。从9月15日起,在巴黎召开了法国勤工俭学生协会代表委员会:蔡和森、赵世炎和王若飞出席,陈毅、罗学赞、张昆弟、李维汉、李立三、萧子璋、代表女生的向警予、"前辈"徐特立①以及代表全法勤工俭学生的人员都出席了。他们提出3条口号:为"进驻里大"斗争到底,"至死不休",拒绝一切以学历为标准的录取,拒绝任何的入学考试;他们还决定派一名代表到里昂,强行让里大的校长接受这些想法。

这些口号很快传播开来,当他们得知波尔图号和一些海上邮船正在同时靠近马赛,将在24日到达马赛时,强烈的紧迫感控制了他们。邮船承载了125名里昂大学的学生,是按照学校的招生准则招收的,而且是在吴稚晖的指引下远航而来。② 下船后,他们立即乘火车到里昂,那里已经有人在等他们了,和预料的时间一样,在9月25日到达。

20日早上,勤工俭学生协会代表委员会发布了《紧急通知》:

(1)这天,委员会到达里昂;5名代表仍留在巴黎。

(2)一个由100人组成的先锋队随后出发进驻里大,这100人来自协会、巴黎、克鲁索、枫丹白露、科隆市、蒂埃里古堡、默伦、蒙塔尔纪等。

(3)所有学校和工厂的同学及同志接到此通知后,要在当天组织一场支援战,并即刻出发去里昂;他们必须在接到此通知48

---

① 周恩来在《益世报》的记述,1921年12月31日。
② 8月中旬,上海 L'écho de Chine(《中国回声报》)宣布他们(人数不确定)出发去法国。"140名中国学生登上'波尔图号'船去到里昂继续他们的学业"(8月13日);"86名中国学生"(8月14、15日)。Le Progrès de Lyon(《里昂进步报》)的记者看到了到达的队伍,清点人数125名学生。(1921年12月26日)。

小时内，派遣 3 名代表到里昂。①

起初，周恩来、王若飞、李维汉留在巴黎，蔡和森和赵世炎领导先锋队到达里昂车站，乘坐当晚的火车前往里昂。125 名勤工俭学生于 9 月 21 日清晨终于到达里昂。

这一特遣队活动的后果因为更加混乱的方式而为人所知。② 简而言之，留法学生在圣伊合内城堡游行（这个地方还未完工），碰到了唯一的副校长褚民谊，他用一些政治套话应付他们，让他们吃了闭门羹。我们可以想象，大多数人经过糟糕的一夜后都显得很疲惫，他们占据了周边的空草坪，一个小代表团去与褚民谊进行商讨，讨论的事件很多，但和其他多次商讨一样毫无结果。褚表示无能为力，他承诺妥协并给勤工俭学生预留些位置，至于对在目前情况下录取所有人，则是反对的，但仍然给先锋队在其属地提供了暂时的庇护。

下午，里昂警察的代表出现在现场，要求查看在那儿的 100 多个年轻人的护照，而且扣留了这些证件。随后护送这些人到其他地方，类似蒙吕克的军事要塞当时还空着的军营。他们在那里一直待到离开法国，也就是将近 3 个星期的时间：据他们说，他们被监禁着，还要忍饥挨饿，但警署的说法则是虽受拘禁但有给养。

不管怎样，他们的拘禁似乎没有在非常严格的条件下进行，起码在最初的时候：一些人比如罗成定仍然将他们的自由逐渐受限归因于中国公使团的介入。120 多名留法人员乘坐火车到了里昂，但是在蒙吕克军事要塞清点时只有不超过 110 人，10 天后，先锋队最终被驱逐的时候只有 104 人。可能有些人在转移过程中逃离了队伍（赵世炎从蒙吕克"逃走"），他们更换了服装和身份证件，或者说某个人来来去去，因为被监禁的人收到了一些他们在巴黎的同学制作的传单（他们的同学来探望他们）。他们出去散发传单，也出现在吴稚晖的亲信到来的时候，给他们的活动带来了轻微的麻烦。*Le Progrès de Lyon*（《里昂进步报》）这样报道，它是里昂唯一对骚乱分子和里大进行开放报道的大

---

① 周恩来，《益世报》，1921 年 12 月 31 日。
② 参照余工（又名曾琦）、罗成定、邱阳、徐特立、周恩来等人的叙述。

报,不过它有些为难,因为这家报纸持里昂市长赫里欧的立场。大写的标题写着《欢迎你!中国朋友!》,其中报道说:

> 125名男女学生昨天上午进入事实上成为里昂中法大学的圣伊合内要塞。①(……)
>
> 昨天上午近7点,这个知识分子团体到达里昂佩拉什火车站。总秘书长②布列松先生比平时起得更早,去采取一切措施给予他们应有的接待。
>
> 副领事李俊(Li Tchuin)先生、教授莫里斯·顾朗先生、学校副校长 F. C. Tsc 先生,到新学校校长 Wood 先生③的车厢踏板前迎接他。
>
> 那里还有十几名"没有收入的中国学生"抗议代表。围着他们年轻的同胞们,给他们分发油印的中文传单,这些新来者立马专注地读起来。(……)
>
> 多么好奇、活泼、多样的面孔啊!这些年轻人只有所佩戴的大眼镜相似。大多数都太年轻了,身材瘦小(……)。他们在中国通过以下方式被招收:1.大学的高等毕业文凭(不用考试就被录取);2.通过考试的在校学生;然后,剩下的名额留给那些在特别的竞赛考试中显示出极大的天赋的年轻人。(……)学生应该为他的旅费和在国外的居留支付保证金,他们或者住在个人的家里,或者住在团体、协会、城市、省会的周围(……)。大部分的人将在我们这里逗留5—10年。
>
> [至于抗议者]800个人到了法国,有些是两年前,另一些是一年前,在华法教育会的鼓动下,他们在工厂就业,同时提高学徒技艺和法语知识。大部分学生来自中国的职业学校,或相当于我们小学高年级的学校,他们长途跋涉到法国主要靠自己的积蓄,相信来法后华法教育会、中华民国、法兰西共和国将会给他们提供亟需

---

① 事实上,圣伊合内的修正还没有完成,他们暂时住在里昂的学生宿舍。
② 罗讷省警察局。
③ 原文如此,指吴稚晖。

> 的帮助。
>
> 但来法后他们没有得到雇用(……),而且工业危机、失业[到来了](……)全法国的中国学生们联合起来——中国人有团结和互助的传统本能——发出他们强烈不满的抗议(……)。
>
> [一得知里大中国学生们到达里昂],口号立即在各个城市传达开来:9月22日在里昂集结。在里昂中法大学的校门口要求和新来者以同样的身份被录取。
>
> 这就是为什么116名中国青年上周四潜入了圣伊合内城堡……在警察武力干涉下才出来。①

在简要点评里昂当局和中国驻法公使的公开交易后,记者总结道:

> 但是法国政府和里昂市,不能对这个烦心的问题视而不见(……)。想一想我们在中国为中法知识界交流大做宣传,我们许诺会尽力帮助将要来到我国的中国青年。

这些所谓的交易并不是十分清楚。一方面,吴稚晖似乎充当调停人的角色,只对几个人提出解决办法②;另一方面,公使团已经急遣李俊,授权他与里昂市政府和警方谈判。中国公使的心愿,事实上和前面说的法国政府的心愿一样,至少在一点上是吻合的:事件必须要得到控制③,只有非常谨慎地驱逐骚乱者才能做到这一点。

很少有记者走进蒙吕克。只有一名 *L'humanité*(《人道报》)的代表坚持,得到了抗议者给他的传单并将其公之于众。当局决定不能按照惯例将这些外国人作为扰乱公共秩序者来对待和处置,因为这里有个麻烦的责任问题(《里昂进步报》的评论员也指出了这一点)即这会带来起诉、审判和曝光;至少也要采取一些行政措施,不可能不被察觉,尤其是当逮捕被遣送的个人的时候。因此驱逐以一种特殊的方式实

---

① *Le Progrès de Lyon*(《里昂进步报》),1921年12月26日星期一。
② 参见徐特立回忆,《解放日报》,1946年4月23日。
③ 9月28日,*Le Progrès de Lyon*(《里昂进步报》)报道"中国学生又对圣伊合内蜂拥而上……500名其他主要工业中心城市的中国学生又开赴里昂,可能今天就要到达。因此,问题更加尖锐了"。当然这是一个谣言。

第四章 政治活动：从抵达法国到"攻击"里昂（1920—1921 年）

施；这一举措似乎来自于外交委员会主席、外交部部长阿里斯蒂德·白里安个人所做的至少是他所同意的决定。在这种情况下，我们就可以理解里昂市长在 1921 年 10 月 27 日给白里安信函中的措辞：

> 主席先生：
>
> 按照您的指示，里昂市已经提前支付了您命令遣返回国的中国人开支的一部分必需的费用①。
>
> 这些费用总额达到了 7372.85 法郎。
>
> 如果您将其返还给里昂市，我将会很感谢您。
>
> 顺致敬意。
>
> [落款] 里昂市长、罗讷省众议员赫里欧。②

这一结局并不能使陈箓满意。因为急切地想要减少事件的影响，他轻率地向法国当局承诺中国政府将会承担这些年轻人遣返的费用。③ 10 月 5 日，他给"白里安阁下"寄去一份手写的信，内容如下：

> 主席先生：
>
> 阁下在 9 月 30 日关于中国示威者、目前已被拘禁在里昂的勤工俭学生的信件收悉。
>
> 我已向北京发送电报，提议第一批遣返人员一到达上海，就由中国政府偿还运输公司提前垫付的遣返费用（……）。④

法国外交部秘书长 10 月 10 日也给海上运输公司经理写了一

---

① 笔者着重指出。
② A. E. 亚洲，中国，1918—1929 年，E483。
③ 在 10 月 25 日给白里安的一封信里，陈箓为另一群 100 多名想回国的中国人申请降低船票价格的优惠（涉及"贫困的外国被遣返者"），海上运输公司准备答应，即每人 870.35 法郎。公司接受了这一要求。1923 年 2 月，中国政府还向其负债 134202.20 法郎，"104 人"的运输也没有结账（Braderier 的账单，1923 年 2 月 25 日）。1922 年 4 月 7 日，公司通知委员会主席，公司仍然是这笔钱的债权人。1922 年 6 月，充当保证人的法国外交部转向陈箓，陈箓承诺中国政府会对他发送的电报进行回复，而中国政府也收到法国公使 Fleuriau 的催促，不像有能力清偿债务。至于里昂市，直到 1922 年 2 月还没有收到委员会主席所承诺的逮捕被遣返者时垫款的补偿。A. E. 亚洲，中国，1918—1929 年，E 483。
④ A. E. 亚洲，中国，1918—1929 年，E 483。

封信：

> (……)我非常荣幸地向您证实,法国政府已和中国政府达成一致,决定立即着手将110名中国勤工俭学生中的第一批遣返回上海,他们现暂被拘禁在里昂。
>
> (……)中国公使建议中国政府在遣返人员到达时偿还遣送费并交付给你们上海的代办处。中国公使团向法国政府正式保证偿还费用。(……)如果中国政府不能遵守承诺,外交部承诺将替中国政府支付有关费用。(……)
>
> 本月14日,遣返人员将在马赛登船,乘坐的是保罗·乐卡号轮船。
>
> 鉴于形成这一决定的情势和当事人的心理状态,出发的时候将会组织人员维持秩序,途中也要实施一定的监督以防止示威行动。将要采取的措施会由公司审查通过。
>
> 此外,再次建议公司秘书处对此次遣返严格保密。
>
> 顺致敬意(……)①

10月13日晚上,里昂警方当局、市政府②和外交部代表在李俊的陪同下,过来通知蒙吕克要塞的学生这个决定。他们被正式指控非法侵入住宅,散发传单,辱骂里昂市长,并与共产党鼓动者串通勾结③。鉴于此,他们将被立即驱逐出境。为了谨慎起见,在严密的看管下,几辆车将他们送往里昂—布罗特车站。在41名警察的监管下④,他们登上了一列三等车厢组成的"专车"⑤。列车途经佩拉什车站开往马赛,他们在上午到达,然后被押送到港口。随后立即登上保罗·乐卡号轮船;1名警员和8名男子也上了船,防止有人逃跑。

---

① A. E. 亚洲,中国,1918—1929 年, E 483。
② 某些中国的叙述者说是市长本人。
③ 周恩来在《益世报》的叙述,1922 年 1 月 9 日。
④ 罗讷省警察局致 P. L. M. 公司的通知,1921 年 11 月 15 日。A. E. 亚洲,中国,1918—1929 年, E 483。
⑤ P. L. M. 给内务部的发票,1921 年 11 月 15 日。A. E. 亚洲,中国,1918—1929 年,第 483 篇。政府匆忙中似乎忽略了准备生活必需品。参照 A. N. F⁷ 12900。

第四章 政治活动:从抵达法国到"攻击"里昂(1920—1921年)

1921年10月15日,《里昂进步报》的记者写了一篇题为《中国人离开了》的报道:

> 最近居住在圣伊合内的里昂中法大学的中国学生引起的事件刚刚结束了。在125名来里昂的年轻人中,有110人①在一个夜晚被带到马赛,从那里他们将立即登船回北京。他们从其被逮捕的地方蒙吕克要塞出发,期间出了一些事但没有严重后果。一些人强烈抗议处罚他们的这一决定,特别声明他们在法中银行还有账户。另外的人认为应该逃跑,希望找到某个有足够报酬的工作。其中有一个人无视警察的措施,丢弃了他空空的手提箱,留下一个便签宣称他要去巴黎附近的拉加雷讷科隆布市避难,如果警察想去找他的话他们会在那里碰面。
>
> 大家都对他们的居留突然被中断一致表示遗憾;有人说,他们带走了在里昂的美好回忆,希望还能回来。
>
> 在警察和宪兵仔细看守下,他们被悄悄带到布罗特车站,随后登上两节三等车厢。
>
> 他们的车厢被加进103bis特快列车后于11点15分从佩拉什火车站出发。
>
> 警局的秘书长布列松(Bressot)、特警员奥尔西尼(Orsini)、警官雷韦耶(Revillet)、佩拉什车站站长和几名安保监察员都在场协助,他们离开时几乎未被其他旅客察觉。
>
> 马赛,10月14日
>
> 在里昂引发的众所周知的事件中的104名中国人,在40多名里昂警察的陪同下,今天早晨到达了马赛。
>
> 他们被带到保罗·乐卡号轮船上,今天下午出发赴远东。②

---

① 事实上,像P. L. M. 的发票证实的一样,从离开里昂起,它确实涉及104名勤工俭学生。A. E. 亚洲,中国,1918—1929年,E 483。

② *Le Progrès de Lyon*(《里昂进步报》),1921年11月15日。被遣返者在途中和到达时进行了好几场示威运动。

最终的结局没有造成任何公开的影响,在相同的财政条件下,但同时是建立在相对自愿的基础上,几组勤工俭学生不久被遣返回国。有些人生病了,有些人垂头丧气。还有人认为自己的法国经历结束了,希望和被驱逐的伴侣①、父母或者朋友会合。

外人不会知道得更多。对他们来讲,事情(实话说并没有给法国老百姓带来影响,尤其是在警方、行政和外交机构的合作下)的确结束了,然而在历史学家眼中是这样吗?一些问题仍然没有令人满意的答案,更何况每个人根据自己的立场和命运,提出了有时令人惊讶的控诉和暗示。中国双方当事人的角色看起来含糊不清。在这件事中陈箓的伪善有多深呢?事情发生后不久,流言在当事人中间一度流传,急于摆脱这一年里已经阻碍了法中借贷谈判的扰乱者,他迫使他们轻率行动:在他这样老练的外交官看来,结局毫无疑问。确实,一些人同时在思考组成了著名的突袭里昂先遣队的100多名贫困的勤工俭学生,如何能够支付旅费。法国驻北京公使傅乐猷(Fleuriau)12月19日写信给阿里斯蒂德·白里安:

> 我惊奇地了解到,这些中国学生中有150人,我们的委员会每天每人分给他们将近5法郎,然而他们有办法支付到里昂的昂贵旅费,为了在那里举行我讲不清楚的示威游行。到里昂的经费——大概8000法郎——是由中国驻巴黎公使提供给勤工俭学生的;这点没有疑问,了解这些学生让陈箓先生有多恐惧的人不会感到惊讶。②
>
> 据说——我不是那么确定——中国公使派遣一名下属到里昂,这名下属在将学生送往他们控制的地方后,后来可能向法国当局夸大了事件从而导致了他的领导所期望的驱逐。③ 这个说法如今传到了北京,成为了在游行中攻击陈箓先生的主题。④

---

① 这是向警予的情况。
② "准确地",在手稿的空白处又加上的批注(Berthelot 或者 Bradier?)
③ 在手稿空白处(同上):"不是"。
④ A. E. 亚洲,中国,1918—1929年,E 48。

这一传言似乎被勤工俭学生们自己的言语证实了,他们掉进了一个真正的陷阱;尽管我们怀疑他们有多大的信心可以成功地武力进驻里大。他们不同的叙述①在下面这点上还是比较吻合的:在部队出发去里昂的前一晚,因为部队很穷困,两名代表(其中就有王若飞)应该去找了陈箓。后者可能热烈地鼓励了他们,或许表明他们选择了最好的方法"进驻里大",可能给他们发了2000或8000法郎(不同的版本有不同的数字)支付旅途费用。

不管怎样,公使的伪善显而易见,他完全不是一个天真的人(某些学生仍然很天真),而是老谋深算。从9月初开始,北京政府就决定把这些妨碍者遣返回国,而他从未想过向他们打开新学院的大门。傅乐猷的前任毛加(Maugras)1921年9月1日向外交部发了一份这样的电报:

> [中国的]外交部部长坚决反对给一切他认为是苦力的、不值得关注的学生派发津贴。但他没有正式地承诺保证遣返他们。他仅仅要求我耐心等到9月15日,这天可能有一些资金收入。此时财务空虚。在巴黎的中国学生最好进行几次反对他们的公使团的示威游行,去确认政府将他们遣返的决心。我们应该避免在其中显得负有责任。重要的是将当事人的怒火转向他们的政府。②

这个有趣的文件使我们意识到一场道高一尺魔高一丈的博弈。可能主要是因为陈箓的暗中推动,法国政府违背自己的意愿承担责任并支付了这笔费用。陈箓在中国知识分子里的声望肯定受损,但是这种声望已经没什么用了。后来,在有些人内心酸涩的情况下,中国政府尽力给法国政府一些不花大钱的宽慰。1921年10月17日,毛加(Maugras)的确给他的部长发了一份电报:

> [中国的]公使会决定给在法国的专业工场组织每年分配[原

---

① 参见《回国俭学生消息》,见《新闻报》,1921年11月28日。见刘桂生等编,《赴法勤工俭学运动史料》,如前文注,第2卷,第611页及后页。
② 法国外交部1921年9月1日收到的电报。A. E. 亚洲,中国,1918—1929年,E 48。

文如此]100,000 美元,这些专业的工场使当前没有工作的中国学生能够维持生活。

  仍然还要找到钱;我尽力帮助中国人做到,而且我想很快就可以完成。①

  北京政府无力偿还的说法还是老一套了。我们可以认为在某种意义上法国有关部门尽管拖延了一段时间支付账单②,但最后还是为摆脱那些他们认为只是骚乱者的人付出了必要的代价,支付了必需的费用。在吉尔伯特(P. Gibert)会长给外交部的关于少年联护委员会的报告中,他对这一令人不快的事件的结果表示满意。"委员会,"他写道,"只存在了大概一年。至此,他尽了最大的努力解决一个严重的危机,勤工俭学生和没有收入的学生的危机。关于这方面,他虽做了有用的贡献,但是目的只是部分达到。(……)还要在帮助和追随到我国的学生之前,引导中国学生运动走向法国。只有这样,在法国人眼里,他的行动才是全面和有效的。"更前面还说,"我们应该首先用一切方法促进学生精英群体。"③

  但是1921年的被驱逐者和他们的同学,在其目的和方法里,总是自认为受害者吗?在他们某些人心里就没有更深的想法吗?John K. C. Leng 不同意李璜把这次突袭认作共产党的帮助,他作出结论说,李璜以及之后的其他人又一次错误地在事件里看到了(那时还没有很好地组织起来的)共产党支部的操纵,在共产国际的帮助上也搞错了。④他判断,贫困比意识形态对留法学生产生了更大的影响。但是从这段插曲里作出的总结认为,那些没有被驱逐的人在很多情况下,应该把他们引向一个更确切的行动。John K. C. Leng 的另一评论体现在运动数字上的弱小和里昂参加游行的人的相对孤立上。被他们的监管当局抛

---

 ① A. E. 亚洲,中国,1918—1929 年,E 48。
 ② 参照 A. E. 亚洲,中国,1918—1929 年,E 483。
 ③ 不定期(1922 年?),A. E. 亚洲,中国,1918—1929 年,E 483。
 ④ John K. C. Leng, *The Chinese Work-study Movement*(《中国工读运动》),如前文注,第 428 页及后页。

弃,没有法国工人运动的支持,他们也是被其大部分的同伴否定的,至少是不被看好的,这些同伴急于为自己的问题找到各自的出路。在这种意义上,所有的因素都标志着他们的行为会有一个不幸的结果,他们在事件中的行动也表现出这一点:10 月 10 日,他们开始绝食,那些"真正的"学生同时庆祝双十节的节日消息从圣伊合内传来。据何长工说,一些人为此流下了眼泪。①

除了处境孤立(那个时期华裔群体中严格意义上的共产主义者总数从来没有到 300 人),共产主义者之间的意见分歧可能也起了作用。我们知道事件的组织者周恩来起初留在巴黎。后来短暂停留里昂后又返回。赵世炎和他的朋友对蔡和森及其群体的观点不太认同,后来放弃了行动回到巴黎。对被驱逐者名字的审查让人觉得蒙塔尔纪支部在那里很有代表性。② 如果有人是在苦涩中经历了这个事件③,那么蔡和森在何种程度上认为在法国的停留是无用的呢? 在他看来,这一年的事件证明,俭学是不可行的,更不用说半工半读,法国的环境根本不允许。1921 年 10 月后法国的中国共产主义运动逐渐结构化:但这是在周恩来和赵世炎的领导下,他们的观点占了上风,他们也不再需要更多地打击其他的立场。

1921 年末在所有方面都是一个转折点。从政治角度看,随着"进驻里大"运动的失败,完成了政治力量的集中化,对于正在形成的共产主义者来说,这一阶段很重要,他们是政治活跃的勤工俭学生的绝大多数。政治组织者接替了运动的组织者:总之,伴随着另一种风格,政治组织的标准化可以完成了。

从更普遍的意义来说,被驱逐者和待在法国的年轻人在不同的思

---

① 何长工,《勤工俭学生活回忆》,如前文注。
② 刘桂生等编,《赴法勤工俭学运动史料》,如前文注,第 2 卷,第 624 页及后页。
③ 一些"进驻里大"的参与者丧失了学院里的位置:比如 35 名蒙塔尔纪的学生(A. N. 47 AS 2);另一些学生损失了家里的钱(比如黄超平,同上)或失去了工作(A. N. 47 AS 8)。除了这些遭遇,还要补充上华法教育会的管理人,尤其是李光汉一直以来的感受,为了他们的利益挪用来自中国的微薄的补助金(另外一些盗用公款在中国本土也已经发生)。李被怀疑于 1921 年 7 月拿 10000 元钱留作已用,而这是一位南通市民的捐赠。(A. N. 47 AS 1,1922 年 3 月 4 日。)

想中学到了很多东西,每个人的情况又有很大不同。在国外求学的梦想破灭了。大家都面临一个政治问题;对最具政治色彩的人来说,战略问题可能有了新的意义。起码目前来看,他们发现国家逻辑可以毫不掩饰地牺牲自己的利益,甚至是两个国家共谋,让部分人成为受害者。然而,一些学生后来变成了这方面的行家。

第五章

政治行动:1922—1925 年

虽然1921年11月的插曲基本上没有引起法国舆论的关注,却立即在中国的知识分子中产生了轰动。回顾这一事件产生的反响,会发现与其实际影响很不相称;与之相反,青年移民后来的战斗和"光荣的行动",尤其是1925年7月事件却几乎不被中国的历史学家提及,该事件是以大多数人的离开为标志的。因为我们早前列举的原因,一个持久的阻碍竖立在第二阶段,因此相对规避了这一阶段。

然而,我们已经看到,在1922年,旅法中国共产党组织结构真正形成了;也是在这个时期,共产党的不管是左派还是右派的对手们,都或多或少具备了有一定结构的组织和机构。这个时期在法国出现的国民党和几个移民的社会党也是一样的情况。出现组织清晰化的第二次浪潮事实上并没让人感到惊讶:即使大约200个年轻人被驱逐或遣返回国,在法国仍然还有1000多名勤工俭学生;危机消失后,大部分人都在工厂找到了工作。他们中的政治活跃分子,不管立场如何,都并非凤毛麟角。在接下来的4年里,这些相同的年轻人往往领导了更加谨慎的战斗,斗争仅限于华裔群体,但这更适当,甚至更有效。

手足敌人：
共产党员、无政府主义者、社会主义者、国民党

许多影响事实上仍然存在。其中最重大的是对华工的影响。他们的数量从大战后开始不停地减少，但在1925年至少还有3000人，经常处于物质匮乏境况。在1919年末成立的留法华工会与华法教育会联系紧密，借此也与无政府主义派别紧密联系起来。1917年起，华法教育会为工人出版了一份名为 Revue chinoise populaire 的杂志，汉语翻译为《华工杂志》。杂志为半月刊，后改为月刊，经营了3年。

在那些和无政府主义者一起运送来的工人中，无政府主义者也用秘密协会的传统模式积极工作，组建类似工会的自卫组织作为工人自我防卫的机构。1919年初，他们建立了中华工党（中国工人政党），这是一个很难界定的昙花一现的组织。10月11日他们递交了留法工人协会的申请，同一年年末，协会成立，他们的努力获得了成功。

留法工会脱胎于当时已存在的不同协会，1920年声称有46个支部和6000名参加者。工会章程除了反映了中国无政府主义者惯常的原则——节俭、审慎、不参与政治，还赋予了留法工会一项任务，即在提高华工的物质生活水准和教育水平之外，充当与劳动力雇佣者即法国政府的谈判者；接下来的主要目的是脱离军事合同，拥有和法国工人同等的日常地位。留法工会在这次战斗中获得了G.G.T.的支持，认为这些国外工人的竞争是不正当的，众所周知，他们领着很低的薪水，此外在罢工的时候被用作备用劳动力。儒奥（Jouhaux）似乎以个人名义对克莱蒙梭（Clemenceau）斡旋，之后的1920年5月，穆岱（Moutet）又找米勒兰（Millerand）做了一次尝试。斡旋没有成功，唯一的结果是逮捕了中国工人的领导者包括工会的主要代表潘正东。这次失败和战后一部分华工的逐渐被遣返，瓦解了工会的力量。1922年他们凭借期刊

《工人旬报》重新出现在克鲁索(Creusot)。①

里昂事件后,共产党群体内部对党员的角色进行了重新评估,对它的观点也进行了重新定位:从此,乌托邦部分地消散了,纯粹为勤工俭学生的请愿也不再是头号计划的主题。相反,要为共产主义争取华工阶层,《少年》的部分文章转向这个方向。1922年9月初在一篇名为《告工友》的文章里,周恩来鼓励工人与勤工俭学生一起组织行动:

> 1.(……)是因为,勤工俭学运动的成员有组织,数量多,活动积极,我们的工友没有组织,当局也没有意识到这点。因此,他们完成工作后,我们的工友处于更低的地位且没有出路。
>
> 2.(……)总的来说,我们恳切地对工友们说:
>
> "工友们,不要放过最小的机会,赶快组织起来。不要与勤工俭学生割裂,他们是你们潜在的盟友;目标远大点,勇往直前地行动起来吧!"②

文章指名道姓地怀疑华法教育会的李煜瀛和无政府主义者对于华工遇到的困难所持的态度。随后,由周恩来或者其他作者署名的同样主题的文章不断地在杂志里出现,从1924年2月起杂志更名为《赤光》。③

很难评价共产党人积极的鼓舞行动对华工认识共产党的主张以及加入共产党组织所产生的影响;确切地说,法国华工整体上在政治层面上还是非常谨慎的。共产主义者的努力通过华工领导人马志远和袁自珍加入党组织可以体现出来。另外有些人加入了青年团,当然工人们并不因此被共产主义所征服。从1923年1月1—3日,华工在巴黎举行大会期间,作为当时无政府主义运动的主要领导人,李左强烈表示要

---

① Shiu Wentang, *Les organisations politiques des étudiants chinois en France dans l'entre-deux-guerres*(《两次大战之间在法中国留学生的政治组织》),博士论文,巴黎七大,1990年,第26页及后页。

② 《少年》第2期,1922年9月1日。

③ 从1923年12月10日起,在第13期之后,《少年》更名为《赤光》(杂志的实体有稍微改善)。名称的改变符合实施第一统一战线要求的新的定位,似乎是在社会主义青年同盟中心的命令下改的。

维护工人的自主权。他——如果相信共产党人的话——无可挽回地被赵世炎的雄辩所击败,赵世炎告诉了我们为什么政治斗争是必需的。不久之后,在《少年》里出现了一系列名为《一个无政府主义者和一个共产党人的谈话》的文章①。尽管中国历史学家都确信,共产党人击败了对手获得了绝对的胜利,但论战的出现还是引起了疑虑。

无政府主义者的主张是很多华工到法国的原因;他们倡导了勤工俭学运动,在运动里他们的角色至关重要,和在里昂中法大学的建立中所起的作用一样重要。然而,他们在里昂事件和勤工俭学生骚乱运动中被排挤在外②,他们对此并非绝对反对。正如德里克强调的那样③,他们对在中国建立的政权的态度一直是很模糊的:往往支持国民党,和广东的军国主义者陈炯明关系密切,在广州及南方一些大城市和天津都安置得很好。

在法国,同样的态度也大体上占上风:"巴黎的[中国]无政府主义者和在中国或者在国外的政治及经济上的精英经常公开来往。(……)师复的无政府主义身份从此已经很明确了,他的拥护者们,每次一有可能就接受当局的保护。"④德里克用他们意识到政治的脆弱和人际关系的重要性来解释这个选择。不管怎样,顿云在《申报》上刊登的一篇名为《一个留法工学生的信》⑤的文章里,不无嘲笑地提到了这点:

> 关于无政府主义者,有几十人。然而大部分在享受着个人特权的同时,还过着小资的学生生活。他们几乎没有革命的需求,在关着的门里表达自我,不工作,只是用讨论主义来蒙蔽敌人。

---

① 《少年》第7、8、10期,1923年3月、4月和7月。

② 1923年11月26日在《申报》发表的一篇反对无政府主义的文章——《一个留法工学生的信》里,顿云指责他们生活"小资",被供养得很好也不用工作,也没有实际的积极性。

③ Afrif Dirlik, *Anarchism in the Chinese Revolution*(《在中国革命里的无政府主义》), Berkeley, 1984年。

④ 同上书,第171页。(刘)师复,1915年逝世,是中国的无政府主义派别的创始人之一和主要领导人之一。作为克鲁泡特金和瑞克勒斯的弟子,他直到死都是直接运动的支持者。

⑤ 1923年11月26日。

第五章 政治行动:1922—1925 年

由于对骚动保持的距离,1921 年几场"大战"的结果没有真正给他们带来损失。此外,尽管无政府主义和共产主义进行了论战,但他们还是保持着广泛的联系;普遍来说,无政府主义的影响扩展到了明确声称是无政府主义的圈子之外:它代表着扩散的不同意识形态的共同体制,从这些意识形态里出现了勤工俭学生运动和共产主义倾向。

但是与共产主义者相反,无政府主义者的深刻趋势和他们对俄国布尔什维克经验的评判,阻止了他们去形成严格的组织。对他们来说,1922 年的转折点首先体现在同一年《工余》杂志的创立上,《工余》是他们与共产主义者抗辩的主要阵地。创立者是陈氏兄弟,他们在 1923 年加入中国共产党之前,在那里找到一个平台去与他们的父亲论战。1924 年,《工余》消失了,转移到了上海,在那里与《自由人》杂志合并。

在《工余》里,无政府主义者大加指责共产主义者麻痹工人;他们在 1922 年 8 月发行的一份小册子里断言,共产主义,一种所谓的信仰①,其实是一种宗教信仰形式。对新生的苏联的评论也支持这种理论上的对比:无政府主义者激烈地揭发了布尔什维克的实践和无产阶级专政的概念;总的来说,他们认为政权建立在人类天性堕落的基础之上。

反对华工的统治的论战和抗争仍然是一些针对中国移民阶层的活动。然而有一个机会,让我们看到无政府主义者在个人行动的传统上所爆发的一次行为,它引起了法国媒体短暂的反响。1922 年 3 月 20 日对陈篆个人实行的谋杀,这一表面上奇怪、独立的行为,是四川人李合林的杰作。

1922 年,这位之前的清华学生 20 岁了,同辈人一致认为他爱社交、俊俏、爱玩、有趣。加入无产阶级阶层后,他和陈氏兄弟关系尤其密切。但这位游历到法国的折中主义者(1920 年到达,他在波尔多一个农业高中学习)后来定居巴黎,在不同的阶层都有朋友。他与褚民谊及"很多里昂中法大学的学生"保持联系,1922 年 2 月末在学校待了

---

① 《无所谓宗教》。关于论战的细节,主要见王永祥,《中国共产党旅欧支部史话》,第 5 章。

一个星期,似乎保持着最愉悦的心情。"一名女学生在狂欢节的最后一天甚至借给他一套中国女人的衣服,他用它乔装打扮在市里的街上散步。"①一段时间以来,他是另外一个前文提到过的四川女性郑毓秀(郑苏梅)的秘书。郑毓秀自己也是巴黎中国移民中一个上流社会的人物:杰出的法学家,也是一名同样杰出的法学专业学生②的未婚妻,她是一名坚定的女权主义者,而且按照一些中国报纸的报道,她还是陈箓妻子的密友,经常与这对夫妻交往。她把李合林收留在她植物街48乙第14区的住所里。

1922年3月20日晚上,郑毓秀为自己的生日设了一个小宴会。在她的客人里,有陈箓和他的妻子,有李俊,还有一位路过巴黎的铁路专家张虎。晚会结束后,张氏和陈氏夫妇以及李俊从郑毓秀的住所出来。公使的车开来,陈箓占据了张虎和他妻子旁边的位置。在众多记者第二天的报道中,一名记者讲述了当时的情景:"他的车刚启动,左轮手枪就近距离开出了5枪。3枪打在了汽车的后挡风玻璃上,其中一枪穿过车顶篷,打伤了张虎,他45岁,是中国铁路局局长及民族协会的技术代表,是即将在罗马举行的以国际运输组织为主题的会议上的中国代表。伤者被运送到科钦(Cochin),在那里接受了初期的治疗。他的状态没有什么大碍,昨天就回到了位于松台街15号的自己家中。"③同样见证了这一幕的李俊,负责从郑毓秀家中通知警察。④

当公使团的司机把头部受了轻伤的张带到医院时,陈箓乘出租车回到巴比伦街;他打电话向法国当局告知行凶者的身份。根据第二天张虎的回忆,他像其他所有人一样,坚信目标人物是陈箓,因为如果陈箓坐在了车里的中间位置(他们平时都坐在那个位置,但是这次恰好让给了张虎),比受害者身高更高的这位公使可能已经被击中了。⑤ 不

---

① 罗讷省省长的报告,1922年4月5日,ANF7 12 900。
② 魏道明,与她于1927年成婚。两个人后来在上海法租界开设了一家律师事务所。
③ *L'humanité*(《人道报》),1922年3月22日。
④ 《时报》,1922年5月;*Le Matin*(《晨报》),1922年5月16日。
⑤ 同上。

管怎样,他身体状况很好,第二天向新闻界声明他将事件看作由贫困学生每天 5 法郎的补助所引发的个人仇恨事件。① 至于枪手,那位当天夜里消失了的郑毓秀的年轻秘书,"在昨天(21 号)早上 11 点向法国司法警察总署投案自首了。对他的住所,即郑苏梅的家进行搜查后,在他的手提箱里发现了弹夹(……)"②。

我们在这里对李合林的行为从轶事的角度展开,然而这不仅仅是一件简单的社会新闻。事实上,谋杀在中国移民群体中很快获得了更加重要的意义。几天后,当事人接受预审,穆岱(罗讷的议员,同时是名律师)担任了他的辩护律师。审讯以及后来的诉讼让他有机会赋予其行为其他的意义。"被控告的人解释说,几个月来,他下定决心暗杀全权的公使,他认为这位公使是人民的敌人,因为其帮助了民国的总统袁世凯的复辟。此外他还控诉这位公使是 150 名中国学生被驱逐出法国事件的责任人,这些学生批判其给自己的国家招致巨额借贷的行为。"③事件又一次清晰地摆在舆论面前——中国移民的舆论和法国人的舆论——公开暴露出棘手的中国工业银行(B. I. C)借贷问题,以及"进驻里大"的责任问题,这一切都是双方当局所尽力抹杀的。因此,司法机关还是相对宽厚的。李合林被判处坐牢 9 个月,服刑后被驱逐出境。④

这一插曲至少让我们知晓了以下两点:第一,是无政府主义者的行为可能得到很多人的同情,包括那些留法青年中共产主义者——或者亲共者的同情:他们凑钱为李合林辩护。对其中的一些人,与其说是同情,不如说是同谋的关系:不论事后李合林招认了什么,似乎谋杀事件都是一个阴谋,我们可以认为事实上李合林是被共产主义者和陈氏兄

---

① *L'humanité*(《人道报》),1922 年 3 月 22 日。
② 同上。
③ *L'humanité*(《人道报》),1922 年 4 月 7 日。
④ 他以后的事业带有 1922 年 3 月 20 日行动者个人的所有标志。他表面上信服马克思主义的论断,一出狱就出发去苏联。随后,他返回中国加入共产党。在和中央委员会的几次激烈纠纷后,中央委员会将他派到广东的海陆丰。在那里,1927—1928 年,彭湃正在建立中国第一个苏维埃政权。彭湃——在对抗行刑队前他也只剩几天了——为了党的利益,判处李合林死刑。参见《中国青年报》,1981 年 2 月 10 日和 11 日。

弟武装起来的。第二，事件表现出 1921 年"恐怖之年"后①，华裔不同群体、倾向、权力和派别之间的紧张和暴力达到了什么样的程度。这种暴力以及后来事件显示的东西成为留法人员政治生活的一种特征。对此没有什么好惊奇的：毕竟，它只是同时期中国突出的政治和社会关系暴力的反应。

如果说无政府主义者通过纯粹的协会性组织保持联系，另一些非共产主义的社会主义者在这个阶段也明确了组织结构和理论立场。1922—1923 年冬天出现了打着"健全社会""健社"旗号的社会党的雏形。对于这个中坚力量，我们只能通过《少年》发表的评论了解它最初的宣言；按照苏文堂②的看法，这些温和的社会主义者"可能是共产主义的异端分子"。这个保持谦逊的群体，于 1924 年 7 月在科隆市召开的会议上转变成了中国社会党(中国的社会民主党)。其中一个主要的组织者就是杨耿涛，一位勤工俭学生，像蔡和森一样，他曾经是一名湖南第一师范的学生；但是，从圣邦农学院毕业后，他应该是很晚才进入了里昂中法大学(1929 年入学)。1923 年，他参加了在汉堡举行的国际社会主义者代表大会。

1923 年 10 月，社会民主党出版了杂志《奋斗》，他们自称饶勒斯(Jean Jaures，法国社会主义活动家)和改良主义者，与共产主义者进行论战，反对一切暴力革命的思想。争论一直很温和，尤其是《少年》编辑这边执行共产国际的立场，社会民主党人和共产主义者在法国共同揭露中国右派即青年党。

无政府主义者的活动，暂且不提其戏剧性的变化，仍然很难真正解释清楚。我们已经看到，在法的中国共产主义运动，逐渐地取得"正常的"布尔什维克的构架，在这一时期并不那么难理解。其责任人——在创立者一代被驱逐后，初期占主导地位的人物，有赵世炎、周恩来，稍

---

① 我们可以对照谋杀陈箓和年轻的蒲朝珲的自杀，他在 1921 年 11 月 21 日，在发现他生病和无药可救的医院里成功割喉自杀。还有其他的自杀行为和企图，参照 M. Levine, *The Found Generation*(《被发现的一代》)，参见第 169 页。

② 《中国学生的政治组织》。

后还有任卓宣——和上海共产主义者的联系取得了成果。1922年末,建立了符合准则的一个政党和一个青年联盟。党的总部在巴黎意大利广场附近的戈德弗鲁瓦街(rue Godefroy)17号一个主要是中国人居住的旅馆里。分部有它自己的理论喉舌《少年》杂志(后来是《赤光》)。邓小平是制作宣传册的专家,在他配备齐全的房子里,凭借他的巧手油印这些杂志。如他后来所说,他因此赢得了一个有轻微嘲弄意味的"油印博士"的绰号。①

至于面向工人的战斗,主要通过写作②、在公开场合发表的讲话(还有会议)以及许多个人的动议和活动显示出来。周恩来1922年3月出发去德国前作出了榜样,他经常在巴黎郊区的工人小酒馆度过周日,尤其是在雇用了很多中国人的雷诺工厂周围。他在那里和他们取得联系,像很多人一样对工人进行宣传。③ 共产主义者也和在法国的中国工人工会保持联系,还给华工组织俱乐部和夜校,当时工会的负责人是马志远。④

这个共产党的移民分支和法国的兄弟党以及共产国际保持着怎样的关系呢?我们上面提过,萧三和其他4名活动分子曾经短暂加入法国共产党,他们与法共结成的阶段性联系还是显得相对薄弱。尽管在这方面做足了努力,但是关于期间中国共产党员的几次公众游行,法国安全总局从来不能证明法国的党员也是参与者,更不用说是唆使者⑤和同谋了,他们似乎只是有一点偶然的和边缘性的联系。尽管有李璜的说法,即共产国际把"中国问题"提到日程之前,他们之间似乎一直

---

① 参照 Nora Wang(王枫初), *Deng xiaoping: the Years in France*(《邓小平:留法岁月》), *The China Quarterly*(《中国季刊》)1982年12月。"事实上",施益生写到,"他经常写这些字,而且每次我去总书记的家,我都可以亲眼看见他正在专注于印刷工作"。参见施益生回忆录,《天津文史资料选辑》,第15期。
② 共产党为华工出版了不同的报纸,其中有《华工顺报》。
③ 参见施益生回忆录,《天津文史资料选辑》,第15期。
④ 同上。
⑤ 从1920年起,警察开始努力找到这种联系的线索,1925年后开始在中国移民中有了线人,但几乎没有取得成功。在警界和反间谍活动界很关注这个问题;找到法国共产党作为外援的证据。参照 A. N. F⁷ 129 00 和 A. N. F⁷ 13 438。

是互相不了解的,这并不意味着不存在个人之间的联系①;不过就日常的政治活动来说,中国移民的特征是秘密地运行,共产主义者也是如此。另外,从法共的角度来讲,他们也没有努力促成更紧密的关系。

即使"从一开始,反殖民主义就是一块布尔什维克主义的试金石"②,产生于图尔大会的国际工人法国部起初就很少关心殖民地,更何况其他遥远的地区。A. Kriegel 写道,尽管继承了前 S.F.I.O. 的许多方面(或许仅仅是继承了党员的数量本身),"1919 年的社会党仅仅是从战争中幸存的士兵的党派的说法是不正确的。但它确实首先是这样的:这就是为什么那个时候农民在社会党中发挥了杰出的作用的原因"③。这些曾做过士兵的农民加入他们当时并不很了解的列宁主义政党并发挥了作用,同样还有 1920 年从长期罢工中走出来的工人们,他们更加理解和接受布尔什维克的主题。但他们都很少或者说根本不关心殖民地的问题。④ 即使提出了国际主义的问题,也只是参照过去:主要是法德问题(共产主义者被调动起来强烈反对占领鲁尔);或者是参照未来:那就涉及苏维埃俄国的探索。可能这只对图尔会议的召开有意义,在 6 个没有出席的联合会中就有马提尼克(Martinique)和东京(Tonkin,越南北部地区的旧称)。这个殖民地与半殖民地的特殊问题从来没有讨论过⑤;对阮爱国(胡志明,印度支那的代表)简短发言中所提出的要求——"以一种具体的方式行动,去支持被压迫的原住民"⑥,Jean Longuet 仅简单回复了一句话:"我已经为当地人说话了。"

---

① 例如参照何长工的《勤工俭学生活回忆》。

② J-P. Brunet, *Jacques Doriot*, 巴黎, Balland(巴浪出版社), 1986 年, 第 53 页。

③ A. Kriegel, *Le congres de Tours*(《图尔大会》, 1920 年), *Naissance du Parti Communiste Française*(《法国共产党的诞生》), 巴黎:朱利亚出版社, 档案汇编, 1964 年, 285 页, 第 9—10 页。

④ A. Kriegel 多次反复强调分裂分子是多么年轻——从年龄和积极性上看。第二国际内部关于移民问题的争论对他们来说毫无意义。参照 *Aux origines françaises du communism chinois*(《中国共产主义的法兰西血统》), *Preuves*(《证据》)第 209—210 期, 1968 年 8—9 月, 第 442 页。

⑤ 只有 Longuet 后来在涉及苏维埃采取的联邦制时简短提及这些民族的存在。

⑥ 胡志明, *Action et revolution 1920-1967*(《1920—1967 行动与革命》), 巴黎, 1968 年 10 月 18 日, 190 页, 第 14 页。

法国的政党一建立,阮爱国就提议组织殖民地人民国际联盟(或者叫殖民地国际联盟),其目的是为了向原住民做宣传;联盟发行了一份报纸——《被抛弃的人》,在法的中国人也读这份报纸。未来的胡志明直到1924年夏初出发去俄国之前,一直都是联盟的主要负责人。他最亲密的合作者之一 Nguyen The Truyen① 后来接替了他。

在并非殖民地居民但对这个问题感兴趣的积极分子中,有多里奥(Doriot)和马蒂(Marty)。前者1922年末从苏联回来,1924年因为反对法国占领鲁尔而坐了几个月的监狱,在1924年7月法共代表大会第五次会议上成为殖民地支部、后来的中央殖民地委员会②的主要组织者;他接替了 Ulysse Leriche。不论怎样,这个支部首先致力于定义它的使命:法国殖民地。在1920年代,主要是摩洛哥战争问题激励着这一使命。关于远东,它提出印度支那的问题。但是直到1925年,在 L'humanité(《人道报》)里中国都不比在法国其他报刊里占据更多的位置,萧三关于这点的叙述很清楚:

> [法国共产党的]中央委员会派我到已经有自己的根据地的殖民支部。人们把我们当作"被殖民者":我印象中法国共产党员一点也不区分中国和法国的殖民地印度支那:他们似乎认为中国也是一样的情况。殖民分部的首领 Leriche 是一个非常有趣的人。他跟我说在莫斯科有一个东方工人大学。实话说,我早就知道了:1921年冬,在法国坚持不下去的时候,我去了德国,因为通货膨胀,那里的食物不贵。在那里,我收到了一封任弼时③的来信,他那时在苏维埃联盟。他和我说起过这个东方工人大学,还建议我去那里。但我回到了巴黎。至于 Leriche,他向我谈论它就像谈论

---

① 他在中国文件中出现时写作阮思福(Yuan Sifu)。

② 1927年2月,Doriot 在 Stoler、Tom Mann、Earlbrwder 的陪同下,为了共产国际跑遍了中国。

③ 湖南人,中国共产主义青年未来的领导人之一。参见 D. W. Klein 和 A. B. Clark, *Biographic Dictionary of Chinese Communism 1921-1965*(《1921—1965年中共党史人物辞典》),剑桥:大众出版社(Mass.),哈佛大学出版社,1971年,2刊,第1刊,第442页及后页。

一个大新闻(……)。

> 我们去参加法国共产党组织的街道游行和会议。比如,我们参加了巴黎公社日的庆祝和俄国十月革命的纪念,还有一些其他游行,来了很多人。①

尽管有些独特,但这份证据还是足够公正的。1920年代的法国大众经常混淆亚洲的不同民族。法国共产党活动的分区化在某种意义上贬低了殖民地支部中关于非法国原籍的人的一切。从中还可以看出,中国人还读 *L'humanité*(《人道报》),读上面关于中国的消息,或者是通讯社的快报,或者是共产国际提供的消息。他们之间没有隶属关系。除了那些短暂加入法国共产党的人,中国人只参加法共的公众游行。当阮爱国离开法国的时候,由 Nguyen The Truyen 主要负责联系。在1925—1927年中国革命初期,Nguyen The Truyen 正式代表他的党派参加这一时期中国留法人士组织的游行和会议,其中有一两次多里奥和马蒂也亲自参与其中,发表一些"标准的"讲话。在那时期,中国问题被共产国际提到日程上来,法国共产党没有给中国共产党的行动以任何明显的支持,这是很不正常的。又或者这些支持太局限了:没有定期的资金帮助的证明②,法共对1925年游行后继续在法的中国共产党党员援助的具体形式仅仅是党刊上的舆论支持,除此之外就是为被控告的人提供一个党派的律师,即法共议员安德烈·贝尔通(Andre Berthon)。

法国共产党为共产国际充当中继站吗? 相反,很多事实让我们认为,如果存在中继站的话,也是中国人自己;或者像萧三说的那样,在莫斯科的足够规模的中国人群体用书信传达共产国际的指令;或者,这些指令经过上海和中国共产党的中央组织传递。我们记得在陈独秀和旅

---

① 萧三,*Comment j'ai adhéré au Parti Communiste Francais*(《我是怎样加入法国共产党的》),如前文注。

② 至少,对法国的中国共产党没有特殊的资助。但法共在共产国际的指使下曾经为中国罢工者组织过募捐。还是根据萧三的回忆,他们依靠从有工作的同志的薪水里抽钱生活和组织活动。参照施益生回忆录,《天津文史资料选辑》第15期。

欧尤其是旅法的中国共产党领导人之间的一份信函。总之,这种运作方式看上去更符合第三国际和加入其中的党派的做法。

> 法国的同志不干涉中国党派的事情。这只与我们有关:我们和上海通过信件、电报联系,也和中国共产党中央委员会以及中国共产党青年组织联系。这些定期的来往是我们的书记的工作,书记是赵世炎,后来是周恩来。但是法国的同志对这一切都不管不顾。必须说他们总体上对我们知道的不多,我们也几乎不知道他们的事情。我在巴黎没有见过多里奥:后来他和 Indien Roy 一起参加了我们的第五次会议①,他们代表共产国际。我在巴黎和共产国际的代表们没有更多的联系:我还不认识 Humbert-Droz。事实上,我见过胡志明和法国共产主义青年组织的书记(……)。我还在法国的时候,法国的共产党员几乎不管我们。总之,我们没有太多的联系。

> 1922 年末,我独自出发去莫斯科;在那时我才和共产国际建立起联系。此外我还有一个任务:参加共产国际的第三次会议,和在苏联的中国共产党代表会面,然后向他询问关于在法国的大约 300 名共产主义青年的活动的指示。代表团留住了我,让我在东方工人大学学习。它决定号召法国的同志们也过来照做。②

1923 年 4 月,这个号召以强制性命令的形式发出。因此,从这年的春季开始他们分批出发了;然而比我们可以想象到的要少得多。需要求他们遵守秩序。赵世炎是最先服从的人之一,他于 1923 年出发到苏维埃俄国。周恩来、李富春等人在 1924 年夏直接启程到中国;之后,在法国的中国共产党党员中出现了一种领导人"第三代",其中有任卓宣。事实上,返回的人一直都有,只是数量有限。

留法人员后来提到无产阶级的合作和团结超越了群体和工会组织,对这一点我们存疑。比如两件小事(当然还有其他例子)看起来就

---

① 1927 年;萧三是代表。
② 萧三,*Comment j'ai adhéré au Parti Communiste Francais*(《我是怎样加入法国共产党的》),如前文注。

与何长工所说的博爱精神相矛盾。1920年,以比扬古的雷诺公司的工头为对象,调查了他们对其领导下的不同种族工人的评价,结果显示中国人被放在了足够低的等级,仅仅在非洲人和马格里布人前面(但是在波兰人后面)。他们认为中国人的缺点是迟钝、软弱、不会法语;优点是:守纪、从不罢工。① 1922年夏少年联护委员会和哈弗勒城(Harfleur)的施耐德工厂负责人之间来往的一封书信表明,中国工人对他们法国同事所从事的社会运动持模棱两可,至少是不确定的态度。

[1922年7月20日,少年联护委员会会长给哈弗勒城的施耐德企业的人事负责人的信]

一名由于罢工被强制离开你们工厂的中国工人和他的20多名同志来找我,希望我能给您写封信向您请求,以让他们在所经受的凄惨的环境中安心。

(……)这些年轻人将会很感激您,如果您让他们知道罢工结束后您决定继续雇用他们直到合同结束。(……)

能否为他们在工厂复工规定一个日期,如果这个日期很近的话,我们的这些中国青年是不能返回哈弗勒城了吗?(……)

[1922年7月25日,委员会主席收到的回信]

(……)6月23号确实有很多工人突然离开了我们的车间,因此也就中断了工作合同;然而,他们中的一些人仍然在工作,我们的工厂没有倒闭。

黄平明先生和他的同事当时可以继续工作,但是他们自愿离开自己的岗位,所以已经中断了合同,我们对他们已经没有任何义务了。

目前我们还不知道最后是否能够重新雇用他们。②

总之,在法国工会会员的压力和对未来的忧虑下,这些年轻人试图

---

① R. Schor, *L'opinion française et les étrangers en France*, 1919-1939(《法国人对外国人的看法(1919—1939)》),如前文注,附录。
② A. N. 47 AS. 8.

决断。但是,确切地说勤工俭学生并不是华工(尽管在这时期,他们的生存条件很相近),对于真正意义上的华工来讲情况并不一样。

回到活动分子的行为上来,中央的另一个指令(除了关于回国的指令)似乎被旅欧共产党员更认真地遵守着。指令是关于建立第一条统一战线的。决定是从共产国际对民族和殖民问题的论断中产生,在1922年7月中国共产党二大上审查通过的。从8月开始,在杭州汇集的中央委员会决定了具体的方法:共产党员以个人身份加入国民党,在统一战线方针的基础上积极行动。

实施这一指令的标志体现在1923年年中起旅法中国共产党员的所有公众行动上。他们只以国民党的名义公开出现,以至于警察的观察员总是混淆这两个政治组织:不止在一次报道中出现了"国民党,或者共产党……"这样的或者类似的表达。①

就法国的具体情况来看,双方的混编看起来并不缺乏依据。事实上,与中国的情况相反,共产党在法国可以说是国民党的前辈。孙中山1904年末至1905年初经过巴黎期间,在旅法学生中争取支持者的尝试没有成功。相反,他招收的同盟会的参加者不久就反悔了;如我们所知,他的同情者主要来自于无政府主义的势力范围。在建立共和政体后,在胡秉珂领导的革命委员会里,我们只能找到一小部分人宣称是孙中山的拥护者,其影响仍然很小。

可能部分是这个原因,同时也因为个人的因素,国民党在法国很大程度上是由中国共产党建立起来的,像众多文件证明的那样,共产党向其提供了主要的干部和大部分的下属,双重身份完全实现了。

撇开统一战线的政策不谈,在中国的国民党自己察觉到了旅法中国人士表现出的兴趣。可能是在1922年夏天,他们开始认真努力建立一个法国支部,然后是欧洲支部,主要的创立者是王京岐和周恩来。

王京岐这个人物引人注意,他出生在浙江一个相对富裕的家庭,1920年以俭学生的身份来到法国,很快便与留法中最激进的人达成一

---

① 参照不同系列 S. L. O. T. F. O. M.,以及 A. N. F[7] 12 900 和 A. N. F[7] 13438.

致,参加了里昂事件,事后成为被驱逐者中的一员。在中国,他加入国民党,在私人关系上和孙中山更亲近,总是站在政党里左倾的一边。尽管身体羸弱(他患有结核病),但他接受了创立国民党欧洲支部的任务。

1922年8月,王京岐回到法国,在里昂定居,他和里大的学生们一起创立了国民党的第一个小组。1923年1月,中国共产党在莫斯科的代表团向在法的中国共产党党员下达命令,在一长串的指令中,就有实施统一战线战略的指令。① 3月,他们和王京岐取得联系。6月16日,共产主义青年团的3位代表来到里昂。领头人是周恩来,他似乎已经和王京岐建立了友谊。② 经过讨论,共产党员和国民党员达成了一个协议:80名左右的青年团成员以个人名义加入国民党。王京岐立即出发到中国,向党的决策机构汇报问题的情形并接收新的指令,而周恩来忙于组织国民党的欧洲支部。1923年8月,在王回法国前不久,周恩来在一封信里写道:

> 根据我们的联合的方针,我们现阶段应该竭力完成促进民主革命的任务。目前在欧洲,这只意味着三件事:
> 1. 广泛传播运动战略,使当前的中国明白民主革命的必要性;
> 2. 将在欧的中国人中有革命精神的成员吸收进国民党;
> 3. 竭力进行国民党的组织和教育。
>
> 在以上三个方针的基础上,根据形势的发展,我们可以认为目前最紧急的工作是加强[国民党]在欧洲的力量,训练它的党员,印刷和发行刊物,计划革命任务。必须开始做所有的事情。对于前两点,我们认为可以不用国民党的帮助:事实上,自从我们到欧洲求学以来,我们已经为这些任务付出了很多努力。至于另外两

---

① 参照《天津文史资料选辑》第15期,如前文注。
② 一些中国的历史学家认为王京岐在某个时刻把周恩来介绍给了孙中山。考虑到王京岐生命的短暂,我们不知道这个事件能在什么时候发生。但可能这是一次书信的介绍。

个,需要你回国期间和孙主席以及其他负责人之间进行认真讨论。①

1923年11月25日,关于临城事件的战斗结束后②,国民党旅欧支部成立大会在里昂召开。周恩来发言揭露了那些伪装的党员和叛徒,在会上被选举为总务负责人,而王京岐担任执行委员会主席的职务。③ 实际领导权好像是落在了周恩来身上,在他之后是其他共产党员,特别是傅钟和邓小平。这一事实可能有许多的解释。最明显的似乎是在组织中共产党员占大多数。1923年12月25日中央委员会的一个指令,让所有的共产党员加入国民党,并在其中创立本来不存在的支部,为第一次国民党全国代表大会做准备。这一指令得到了完全执行。

1924年1月17日,在李富春的临时主持下,国民党巴黎联络局成立大会召开;在采纳了周恩来递交的报告后,联络局正式成立了,由聂荣臻领导。周告知国民党的领导机关"[他]之前从孙中山和总部那接受的关于在巴黎组建联络局的任务[已经]完成了"④。随着1月20日国民党第一次全国代表大会在广东召开,两党合作的方针生效了。1924年2月,国民党的巴黎报社建立:持有人是聂荣臻;6月,国民党的欧洲支部命名为国民党总支部。然而这次的掌权引起了孙中山的一些"老支持者"的迟疑:他们同一年再次聚集于右派、三民学会,还出版同名杂志,其支持者多为里昂中法大学学生。⑤

但王京岐又一次到了中国,然后回到欧洲,然而他已经病得很严重以至于不能有效地行动了,这可能推动了欧洲尤其是法国的国民党成为中国共产党的双重组织。回到法国后,他正式担任了一段时间的国民党旅欧支部的领导人,其总部是在巴黎第5区罗兰街(rue Rollin)14

---

① 《天津文史资料选辑》第15期,如前文注,第74—75页。
② 后面将会提到。
③ 《天津文史资料选辑》第15期,如前文注,第77页。
④ 同上书,第78页。
⑤ Shiu Wentang, *Les organisations politiques des étudiants chinois en France dans l'entre-deux-guerres*(《两次大战之间在法中国留学生的政治组织》),博士论文,巴黎七大,1990年,第225页及后页。

号的住所。他在一个不确定的日期住进了科贝尔(Corbeil)的医院,然后徒劳地努力在乡村恢复健康。① 他仍然作为危险的骚动分子出现在法国安全总局的文件里,且在1925年承受了其后果。

1923年开始,新的政治战役以个人的名义或以联合留法人士和华工的众多协会的名义开展,这给了大家一个相互靠拢的机会。最重要的就是临城事件后进行的铁路战役。

铁路的共同管理事件的起因是一次事故,在1920年代的中国,这种事故可以说很寻常,证明了日常生活的不安全和当局的无能。1923年5月5日,一列火车穿过山东省,在临城受到了土匪的袭击。土匪劫持了200名中国人和30名西方人作人质,并要求赎金。从6月1日起,外国驻华使团的代表们聚集起来,建立了国际委员会以应对这一局面。他们派遣一些观察员到山东,由于交通中的危险和北洋政府的无能,他们正式要求由国际委员会控制中国的交通。

6月12日,人质获救。但是安全问题仍然存在,列强并未放弃他们夺权的计划,要求用一种共同管理铁路的形式,控制中国的全部铁路管理,安排国际警察力量专门保障他们的安全。清政府灭亡以来,列强多次尝试将中国的铁路机构完全置于外国的控制下,使毗邻的地区由安全部门掌控,这次同样引起了巨大反响。② 7月初,消息通过法国报刊传播开来③,在旅法华人中引起了和之前的华法借款事件同样巨大的反响。

1923年7月3日,所有华侨协会的代表在科隆布市的友好协会聚集。会议于下午4点召开,周恩来作为少年社的代表主持会议。马志远以及许多其他的代表也出席了:总共将近80个协会的人员出席会议,这些协会不论是社会基础还是意识形态基础都不尽相同。会议准备了一份新闻发言稿、一份传单④,还计划7月8日开大会。7月8日

---

① 在1925年夏天,他住在科贝尔附近的客栈里,虽然身边有个同胞帮助照顾,病情仍然每况愈下。A. N. F 12 900。
② 参照满洲里铁路制度。
③ 《时报》,1923年7月2日。
④ 《为国际共管中国铁路事告旅欧华人》,《少年》第10期。

的会议如期举行,地点在巴黎学校街(rue des Ecoles)的一家中餐馆,出席的人有周恩来、徐特立和萧朴生。前两人成立了一个暂时的委员会,由周恩来担任书记①,委员会寄存了所有的联合会集资的 20000 多法郎②。同一天晚上以及接下来的几天,抗议和声援电报被寄往中国的主要报社;最后于 7 月 15 日召开了旅法华人全体大会。

这一天,尽管大雨倾盆,但在博学社的大厅里,还是来了四五百人。③ 除了预定的会议主题,演讲者们尤其是周恩来、刘清扬、袁自珍,还提及了进行中的统一战线的建设。参加会议的人员还包括一个最近成立的右派群体的代表们,这个群体是后来青年党的雏形,围绕民族主义和保守主义的《先声周报》期刊已经成立了一段时间④,其中有胡国伟、张子珍、何璐志、曾琦和李璜,这些人使集会偏离了最初的目的,似乎大部分人谩骂抨击一通后就离会了⑤。

会议之后,支持统一战线的人员(frontistes)成立了一个精简的委员会,参与者除了周恩来,还有徐特立、郭凤珍、许德珩,会议持续到凌晨 2 点。它的宗旨是为所有在法的中国人联合会建立总联盟打下基础。⑥ 19 日,总联盟成立。1923 年 7 月 31 日,一些法国记者被邀请参加一个新闻发布会,总联盟在会上阐述了组织的观点。尽管有这些抗议活动,中国国内和其他华侨群体也在抗议,但事件并不比巨款斗争事件更"成功",也没有改变欧洲人的观点。事实上,北京政府几乎完全屈服于列强的所有苛求。⑦

---

① 《天津文史资料选辑》第 15 期,第 72 页。
② 张洪祥、王永祥,《留法勤工俭学运动简史》,如前文注,第 134 页。
③ 《天津文史资料选辑》第 15 期,第 72 页及后页。
④ 他们从 8 日的会议起开始出席,每个人都要求发起这些运动。在这些民族主义者和共产主义者及其同情者之间,产生了第一次公开的小争论。文字攻击已经快速前进了。参见李璜,《留法勤工俭学与中国共产党》。
⑤ 据李璜记载,尝试组织一个秩序部门的两名湖南人、青年党未来的积极成员被打伤。
⑥ 留法各团体联合会。
⑦ 8 月 10 日,外交部的一份公文责令北洋政府清偿赔款,惩罚一部分官员,并接受国际上对铁路和警力的控制。只有最后一点被拒绝了。但是很多已经提上当时召开的太平洋会议日程的问题,比如修改不平等条约和关税等条款,都被延迟了。

虽然没能对事件产生影响,但这次示威揭示了旅法华人的许多很明显特点:分歧的加深和反共产主义潮流的出现;越来越强烈的民族主义的总体发展趋势。这一警惕性引导一些人(支持统一战线的人员)和另一些人(民族主义者)更加关注中法谈判,谈判开始于1922年,内容是关于义和团的赔偿金的支付。问题的实质在于北京政府希望用战后法郎偿清(众所周知,战后法郎贬值了),然而,巴黎要求偿还与1914年前同等价值的法郎钱数。法国签署的华盛顿条约对这个争议的解决方法仍然悬而未决。

1924年12月,北京政府部分地接受法国的条件。31日起,赤光协会组织了一次抗议大会①,还发表了一些文章让移民者提防徐树铮,他是从北京来的密使,来法国似乎是为了商谈和解。这些警告和另外一些组织的相似的抗议活动,都没有能够成功阻止协议达成。

敌人:共产主义者和青年党

即使"大战时代"看起来结束了,但内部的冲突却越来越激烈,这是上面提过的两极化的直接后果。这一现象的最清楚表现是统一战线伙伴和反共产主义者之间的斗争。

后者很快意识到了他们需要自己建立一个结构严明的组织,青年党由此成立。如果说两者之间的斗争采取的是暴力形式,那是因为青年党不仅仅是布尔什维克主义的反对者的政党,即使这是它的大多数行动的主题。它也是一个完备的组织,因为其行列中有个人极有思想,在理论层面清晰严密。

对曾琦这个人物的了解主要来自3条渠道:他自己的文字、李璜讨好的讲述和共产主义者的抨击,但这些信息总体上很难使人对他有一个确定的看法。他1892年出生在四川一个官宦家庭,曾在成都学院上学,他在文学上的造诣引人瞩目,对明末爱国主义文人非常好奇,比如

---

① 张洪祥、王永祥,《留法勤工俭学运动简史》,如前文注,第87页。

王夫之和顾炎武这些满族的难缠的敌人。他曾做过记者,是法律系的学生,入选中国第一届议会,参加过1913年的二次革命,在革命失败后逃亡到上海,在晨曦学校上过一段时间的课,在那里他遇见了未来的合作者李璜和左训生。1916年,曾琦到日本留学,为了支持抗日人士的抵制回到中国,创建了《救国日报》。和李璜等许多人一样,他也是少年中国学会的成员。

1919年末,两个人到达巴黎,为《新闻报》经营了一家报刊所。该报业的活动使曾琦这个啰唆的作家得以生存。事实上他是很快将在法国成立的政党的理论家;另外这些年"党"这个修饰语对组织的使用有点过度了。青年党于1923年12月正式建立,但它自认为是一个联盟,在1929年回国后才正式成为"党"。他的这些问题(反共产主义和否定统一战线)很出名,但我们总体上对他的学说的积极一面知道得却比较少。1923年末,曾琦特别写道:"我们的党宣扬民族主义精神,而且支持全民革命的方法,在外抵抗列强,为了中国人的独立和自由全力斗争;对内驱逐蛮夷,建立富强的民族。"①后来,这些观点被国外的引文充实:曾琦似乎对罗马的游行和墨索里尼的演讲印象深刻,除此之外,还要加上后来俾斯麦时期的德国、明治时期的日本和克莱蒙梭。

这些观点第一次公开是在《先声》(sine shing)杂志上,这份杂志于1922年12月由民族主义者创立,主要是为了回应共产主义运动努力发展的对爱国主义的垄断。依照李璜的说法,成立政党的想法出现在不断的对抗和事故之后,其中最严重的是1923年的"双十事件"。李璜讲述了最后这次小型武装冲突的情景:

> 在双十节的时候,慕寒[曾琦]为了发动爱国运动,和他的几个密友特别地讨论怎么分配邀请任务去扩大庆祝活动。他们租了Zataria宾馆的大厅,还特别为了这个场合装饰了大厅,还配有一些悬挂的旗帜,提前张贴的关于国庆节的纪念夜的海报;也邀请了一

---

① 李璜,《留法勤工俭学与中国共产党》;另见胡国达,《信箱》,见陈三静编,《勤工俭学运动》,台北:中正书局,1981年,706页,第629—671页,第642页及后页。根据李璜的说法,青年党后来指控统一战线主义者剽窃他的题目。

些外国人。最后，来了630多人；餐厅的老板万华特别带来了糕点和各种各样的酒。广东的一些同志演奏音乐，江苏和武汉的同志表演了武术。法国和中国的男男女女交织在一起跳舞，想要这样度过这个夜晚直到清晨。没有人想到周恩来和十几个中国共产党的成员午夜的时候强行进入大厅，一边挥舞着红旗一边唱着国际歌，想要制造混乱。幸运的是，他们看到我们人数众多，而且有很多外国的年轻男女，每个人都卷起袖子愤怒地看着他们。周恩来知道这种情况下，打群架的话他将会是第一个被我们痛打的，而且他将会有些麻烦。因此，"跑了一圈"后，因为不想进行一场不在他的控制里的战斗，他吹响哨子离开了。慕寒坚决阻止同志们参与其中，跟他们说要支持这次军事演习。在这些所谓的胜利者离开后，人们继续跳舞。直到清晨，大家才高兴地分开。①

在这件事后，借助留法人员中温和主义者的同情，当然还有最保守人士的支持，民族主义者建立了青年党。这是在1923年12月2日会议中决定成立的，会议是在玫瑰丰特内（Fontenay-aux-Rose）的共和大道（boulevard de la Republique）的一家餐馆里举行的。12名与会者将总部定在了这个餐馆里，《先声》成为青年党的喉舌报刊。曾琦是主要的领导人，副手还有何璐志、李不韪、胡国伟和李璜②，张子柱是宣传方面的负责人。加入者很快就达到50人左右，后来超过了80人。

按照李璜的说法，不同派别的拥护者为一些事情所迫，仍继续交往，在共同的企业工作，有时还必须住在一起。这样就有了相互的刺探，特别是青年党的成员插手了中国共产党阐释统一战线的小册子。他们揭发了布尔什维克"渗透的阴谋"，趁1924年2月孙中山的一位亲信来巴黎期间，向他递交了这份文件。李璜对此耿耿于怀地评论道："孙完全没有被谢池说的话动摇，甚至因为这种揭发行为而训斥了他的一些老同志。"国民党很快成为了这些超级民族主义者的另一个靶子，他们揭发孙中山是被第三国际操纵的一名政客。

---

① 李璜，《留法勤工俭学与中国共产党》，如前文注。
② 李璜，索邦大学毕业，1924年中离开法国。

从这时起,尤其是在"为救国团结在一起的所有旅法中国协会统一委员会"框架下组织的会面活动,往往沦为斗殴:1924年春天的3次会议都以严重的斗殴结束。4月,和李光汉一起管理华法教育协会场所的何璐志,被比扬古的华工指控为了自己和朋友的私利,藏匿了一笔30万法郎的钱款,这笔钱是北京政府寄来救助工人的;好像有人用手枪恐吓了他,这件事后,青年党的成员打算自己也要配备火器。①

在运动顶峰的时候,青年党的积极成员似乎达到了100人左右,其中一些人在比利时和德国。在中国移民中,不是所有人都认同极端主义者,青年党中的民族主义者和他们的共产主义对手及国民党成员一样,都显得比较极端。因此,对于不问政治的人,在他们的讲话里,我们也可以找到一些为数不多的、对其他更温和的保守派小组织的同情者,比如中华外交会,它是由青年党的几个成员创立的,可以算是青年党的外围组织。协会的总书记是邓小平,他和周恩来在同一时间来到法国的大学读书。中华外交会出版了一份杂志,其重点放在了与东道主国家的友好相处上。杂志名为《中国》,然而是用法语编辑。邓小平还在1925年组织了保卫民族利益中国联盟委员会(C.F.C.D.I.N.),其中一个目的就是使法国舆论放心。

谢东发是一位欧亚混血儿,建立了一个民族共和政党,以后我们会有机会详述这件事。此外,还有其他几个联邦主义者,他们是爱国者,但注意与法国当局搞好关系,所以一直是(尤其谢东发的朋友)共产党和国民党抨击的目标。他们在与陈箓的交往中没有明显的冲突。

像在1925年初一样,这一年夏季的事件中,中国移民的政治局面是祖国的政治局面的翻版。6月事件将要证明各组织间的关系没有因为移居国外而变得更好。这些事件在中国留法勤工俭学生的历史中就像一次嘈杂的落幕。

---

① 李璜,《留法勤工俭学与中国共产党》,如前文注。根据李璜的说法,一名活动分子王建模在操作手枪的时候意外死亡。这件事之后(模糊不清的在巴黎的一位中国人的枪杀)双方才停战,他们都害怕法国警方会干预其中。

最后的"大战"?

1924年夏,在法国战斗的好几名中国著名知识分子离开了法国,包括周恩来和李璜。一些人是顺从政治命令,还有一些是出于对事业的忧心。① 更普遍地说,中国的危机更加清晰,发展速度加快:这本身就是一个回国的动机。

移民出现的两极分化事实上只是因为在中国本土的政治生活也是朝这个方向发展。统一战线条约的缔结和实施、北洋政府的震荡,都是推动这些政治活动分子判断是时候回国用他们自己的行动加入国内主要政治舞台的原因。不是所有的移民都这样看待他们的处境,但是对于统一战线的成员及其支持者来说,1925年中国爆发"五卅事件"后,形势开始变得更加清晰了。五卅运动首先是一个爱国运动,也是1925—1927年革命阶段的序幕,从此中国就要进入革命时期。这些知识分子的离开,虽然并不意味着这批人从法国完全消失,至少也标志着一种政治激进主义的结束。

1925年6月22日早晨,法国一些主要日报的读者们发现中国到了他们家门口,这些报纸一段时间以来有时以危言耸听的标题谈论在上海进行的起义。《晨报》(Le Matin)在头条用了大标题报道一件前一天发生的事件:《反对巴黎的中国公使陈箓的暴动》。《巴黎回音》在《在巴黎的一场中国动乱》这篇报道的按语里提到一场"在巴比伦街的反对中国公使团的暴动"。《人道报》(L'humanité)报道了"在中国大使馆前的游行"②。至于《法国行动报》,在因"第一次袭击——巴黎的中国人占领了巴比伦街的大使馆"而慌乱后,提出了问题:"什么时候轮到爱丽舍宫?"

---

① 李璜曾被指派到武汉大学。
② 在当时的媒体中经常可以见到将中国公使团称为中国大使馆,但当时并非如此,南京政府成立后,中法外交等级才被提到大使级。

第五章 政治行动:1922—1925年

档案文件和回忆录①资料足够让我们回顾前一天也就是1925年6月21日发生的事情。在这年夏天的第一个周日,巴比伦街边一切看起来都很平静。众所周知,中国公使团位于荣军院附近的资产阶级的街区,坐落于57号,数次的问题就在这儿,它临近著名的宝塔,而且只占据了楼房的一部分。房主是巴黎市政府的市议员,把房子租给了很多租户,其中就有美国女子青年协会和一些个人。楼房前有一个院子,墙沿着巴比伦街伸展。人可以通过门房小屋附近的能通车辆的大门进去(第二个面向街的出口禁行)。陈箓和他的家人及工作人员住在这个院子右边的公寓里。

下午3点后不久,像往常一样在残老院大街的拐角处站岗的警卫担忧地发现,几组中国人出现在了大街上。十几分钟后他们潜进了公使团。很快,人数增加到了将近100人。他们进入被吓坏了的门房们的屋子,剪断了电话线,最后关上了朝大街方向敞开的门。一些人过来靠在那儿或者蹲在前面不让任何人通过。公使团对面有一个葡萄酒商普拉达尔的零售店,店主是57号的门房的姐夫。他被这个异常的场景惊到,走进了大门,门房通过门用行话通知他有袭击。② 普拉达尔打电话给市警察局:那时是3点45分,警察局急忙派出警长罗热(Roget)和几名警察,同时通知了街道警察杜波利(Dublie),他当时在装饰艺术展巡逻。正在奥特伊的赛马场陪同议会主席潘勒伟的警察局局长莫兰(Morain)也接到了通知。

3点25分,两名骑自行车的警员到了现场,其中有队长图维内(Thouvenet),他正在巴比伦街巡查。所有在场的警员都不确定接下来该采取什么行动,因为他们知道公使团属于中国领土。就在这个时候,门打开了,允许来的人通过。李俊陪着他们。中国人交给警员"一份允许所有的扰乱者可以安静地离开的公文"③。上面有陈箓的签名,李

---

① 见 A. N. F⁷ 12 900, A. N. F7 13 438;任卓宣回忆录,《向导》,1925年第10期;施益生回忆录,《天津文史资料选辑》,第15期,1981年,第114页及后页。
② 第二天的报刊指出,他们的话中国人不懂。
③ *L'Écho de Paris*(《巴黎回声》),1925年6月22日。

俊也口头确认了内容。随后这些示威者就散开了,没有警察敢抓他们。只有一名大约24岁的中国青年留在了房间里,警队队长图维内亲自逮捕了他。这时已经4点20分了,街道警察杜波利带着支援赶到了:罗热把捣乱分子交给他。同时,警察局局长也到了巴比伦街,据他自己说,一切都结束了。① 他似乎仍然从中国公使口中得到了刚刚在公使团内发生的事情的口供。

  关于这点,中国使节人员的说法和示威者的回忆大体上相符。进入楼里后,经过几分钟的搜索,特遣队在陈箓公寓里发现了他正准备出门:他明显很吃惊。一场激烈的谈判开始了。示威者责怪陈箓没有给中国当前的革命运动带来任何帮助。然后公使被迫坐在自己的办公室里,签署了一些文件并在上面盖章。有3份文件,都被打印了10份,中间还有1份电报原件。陈箓快速看完,犹豫了一会儿后,在李俊的劝告下签署了。示威者随后要求一笔寄送电报的费用,李俊马上给他们支付了500法郎。他还起草了一张陈箓认可了的安全通行证,是中国人出行时向警察展示的文件。得知警察赶到后他们匆忙离开,忘记向公使索要他们本来打算要求的支持中国暴动者的资金。②

  陈箓签署的文件马上被投寄给了法国的媒体,第二天就或多或少地夸张地与这次事件的报道一起被公开了。这里有一份法国媒体的《中国事件的本质》③的声明,一份对法国政府的抗议书,最后还有一份给中国各阶层的电报。抗议书宣称帝国主义是煽动中国的反抗运动的罪魁祸首,但反抗运动不是盲目仇外的。它要求外国军队从中国撤退,修改不平等条约,最后"特别是法国的帝国主义要禁止印度支那政府向东京的边界线派遣军队,给在法国的移民者充分集会和表达的自由"。至于给中国的电报,原文如下:

    致《每日新闻》,致工人、学生、商人和中国社会所有阶层的人民,上海。

---

① 警长宣言,*Le Matin*(《晨报》),1925年6月22日。
② 参照任卓宣,《向导》第10期和第12期,1925年。
③ *L'humanité*(《人道报》)里未删减的文章,1925年6月22日。

上海的起义在全中国引起了一种深层的团结。这证明了我们的民族整体上都苏醒了,我们必须坚决与帝国主义斗争到底。我对你们深表同情,也希望你们能前所未有地紧密团结在一起,直到取得民族的彻底解放。

中国公使陈箓。①

然而这份电报没有到达它的收信人那里,只是在媒体上发表:下午4点30分寄出的这份电报,被内务部扣留。

同时,示威者遗弃在巴比伦街现场的布告牌也被查封。据警方透露,牌子上用法语写着:"把中国还给中国人,把外国军队赶出中国""别动中国,民族和社会运动万岁""打倒英国,比利时、法国、美国、日本、意大利帝国主义",最后,还有"上海事件是由帝国主义引起的,没有莫斯科的资助"。对于被审问的示威者,"名叫 Tcheng-Koue-Tching,是位于比扬古的特拉维西尔街的雷诺公司的一名抛光员"②。他被带到军事学校的警察局,搜查出15份中文传单和1份法文的文章可以解释刚刚发生的突袭事件。

根据杜波利的说法,Tcheng 表现得不是很配合。被审问的时候,他一直用这几个字(回答):"我不懂法语。"③"随后我只能艰难地从他那儿得到只言片语,"这位官员用一种讽刺的怀疑口吻说道,"他不懂法语是要看具体情况的,当我们谈到事情本身、他的目的、组织者和共犯的时候,他就对法语一点儿也不懂了。"Tcheng 肯定中文传单中的内容是"中国的事",尽管上面有"旅法支持上海反帝运动中国人行动委员会"的印章。在审问中他还是交代了几个人的名字:和他一样在雷

---

① A. N. F⁷ 12 900.

② A. N. F⁷ 12 900,警员杜波利的报告。我们无法辨识"Tcheng"这个姓氏,因为在不同文件中拼写不同,没有中文无法确定到底是哪个字,而中文回忆中对此人也没有指名道姓。可能是郭庆正,他自己写自己的名字是"Koe Tsin Tcheng"(被警察记录名字时,名字倒置很常见),他是一名工读生,曾在1921年春短暂地就读于蒂埃里古堡(Chateau-Thierry)公学和卡斯纳(Cosne)学院(1924年夏),在那里他以不守纪律而闻名(A. N. 47 AS3)。

③ A. N. F⁷ 12 900.

诺工作的、住在同样的地址的4名工人。他就只说了这些。

根据惯例,在向检察院提起诉讼期间,Tcheng被扣押。除了这次逮捕,与1921年2月28日的示威游行相反,1925年6月21日的袭击看起来是一场很成功的、勇敢的、有组织的行动。第二天法国媒体的轰动报道表明,这次行动的发起人成功地在法国最广大群众面前提出了"中国问题",并且从一个很精确的视角提出了这个问题。另外,因为利用了当地外交官享有的治外法权,他们进行的事件,至少目前来说是不受处罚的。

为什么这些示威者觉得有必要向法国政府发出警告,同时对民众作出澄清?上海租界的法国人的确在1925年运动爆发的时候,看到了义和团拳匪的痕迹。在这点上盎格鲁—撒克逊人的观点一致,他们希望采取军事行动。在他们看来中国共产党好像要初试牛刀,这个愿望就更紧迫了。此外,运动表面上还得到了苏维埃俄国最明确的支持。①然而我们可以思考6月21日示威者表达的武力介入的忧虑是否合理。关于中国的问题,1925年潘勤伟重新掌控的法国政府,仍实行以前最初的政策。他的态度又一次对英国亦步亦趋,完全没有考虑类似"1900"的远征,很显然,如果说法国士兵参与了中国的镇压行动,也是在明确计划之外的。

事实上,对于政府来说,中国的事件不占有首要地位。法国的1925年被殖民地摩洛哥的起义问题打上了印记。不管是在舆论还是在军事谈判层面,其反响都更大。5月和6月,摩洛哥成为国民议会长时间辩论的焦点。国民议会中,以多里奥为首的共产主义群体与政府对抗。② 尽管有广东事件,中国问题也只是在后来被偶然地提及。

6月3日,交趾支那的议员艾尔尼斯特·伍德雷(Ernest Outrey)在议会里被人们在广州建立的东西震动了,那是一座为上一年印度支那

---

① 1925年6月初,红色工会国际开始在欧洲和俄国募捐帮助中国的罢工者,苏维埃的工会充分参加了这次运动,这是保守派在"莫斯科的经费"方面揭示出的。

② J. O. deb. parl,1925年5月25—29日,6月24日。

总督梅兰(Merlin)的谋杀者建立的纪念碑。① 这位议员和外事部部长阿里斯蒂德·白里安(Aristide Briand)就苏维埃的大使雷欧·卡拉汉(Leo Karahan)在中国的角色进行了交流发言。② 但是要等到 7 月 7 日才有一次关于在中国的革命事件的深层讨论；这次讨论提到了法国对于太平洋会议期间在华盛顿签订的两个条约的认可，此次会议致力于在同年 4 月协商过和解契约后，清算两国政府间的财政争执。社会主义者和共产主义者借此机会攻击了白里安的中国政策，马塞尔·加香(Marcel Cachin)揭露了法国潜在的干涉主义，毛里斯·穆岱(Marius Moutet)质疑他对英国人亦步亦趋。③ 白里安的回答否定了一切军事行动的谣言。他确认法国不是剥削中国的列强，认为华盛顿条约符合这个国家本身的愿望。④ 这次辩论过后，议会批准了这些文件。所有的一切都是在为数不多的议会代表面前进行的。

这个片段揭示了法国政府和中国公使之间一直保持良好关系的基础。对陈篆默认下的法国干预的担忧，在某种程度上显得是有根据的。另外，法国舆论的态度使人认为思考这样一个行动不会引起很多反对。事实上，即使站在中国起义者这边的共产主义者和较少的社会主义者，以及被大众媒体反映和启发的公众，在中国的行动里，也只能看见一种明显的仇外的情况，并没有对法国在华存在的合理性表示质疑。⑤

因此我们可以琢磨下 6 月 21 日示威运动的效果及其必要性，它引起了中国移民的一致认同吗？我们看到这并不确定，尽管所有人都宣称自己爱国。事实上，中国事件的新闻几乎触动了所有在法国的华侨。

---

① 1924 年 6 月 19 日，在中国 Tam tam xa 避难的越南革命群体中的一个战斗者，对访问广州的梅林总督的队伍投了一枚炸弹，有 8 名法国人受伤，但是完成了主要的目标。

② J. O. deb. parl, 1925 年 6 月 3 日。

③ H. Fontanier 发起的辩论给共产主义代表一个机会为上海起义者辩护，并提及中国劳工的条件，尤其涉及在外国企业工作的中国工人。白里安和伍德雷则赞扬班乐卫访问过的法国在租界的作为……至于毛里斯·穆岱，他提到"中国知识分子向我们展现出信心"，运动具有民族特征。

④ "今天，是中国政府自己……充分行使自己的自由的情况下要求批准两个条约。"整个辩论详见 J. O. deb. parl, 1924 年 7 月 7 日，第 3204—3214 页。

⑤ 大部分日报，从《人民的朋友》到《巴黎晚报》中间还有《强硬派》，表现出了他们对上海的运动的敌意，这些报纸上多次发表揭露布尔什维克阴谋的材料。

最明显的骚动的征兆来自于学生阶层,起码这是警察的侦查得出的结论。1925年6月4日的一份报告揭示出,"某种激动情绪在移民者中显现出来,尤其通过在中国学生内部的动荡表露出来;他们聚集在拉丁区不同的餐馆里,在那里进行秘密会谈"①。至于"秘密会谈"的次数,还要算上由统一战线主义者、共产主义者和国民党党员召集的会议。他们——这涉及大部分的个人成员,在6月3日和4日的会面后,决定在7日举行一次旨在支持中国起义者的会议,会议得到了以国际殖民地联合会为中介的法国共产党的支持。

确实,6月7日下午3点15分,在巴黎的奥古斯特·布朗基大道(boulevard Auguste Blanqui)94号的合伙餐馆召开了这次大会。"大约600人出席,其中有100名左右的殖民地人士和100名左右的法国人"②,其余与会者共约400人,都是中国人。萧朴生和另外一名共产主义者宗喜军发言分析事件和谴责帝国主义。会议由任卓宣主持,法共的多里奥(Doriot)、考斯特(Coste)和马蒂(Marty)出席。后两人以法共的名义,"要求中国人稳固地组织起来,进行刚刚开始的革命,法共承诺给予他们精神上和物质上的支持"③。桑格(Senghor)和借此机会回顾摩纳哥事件的一位北非代表,最后还有Nguyen The Truyen,也分别进行了发言。

与会中国人作出了几项决定。其中一项决定是创立"旅法支持上海反帝运动中国人行动委员会"。委员会代表20多个在法国的中国工人、学生和政治协会,由共产主义者林蔚任会长。另一项决定是关于组织一次大型的游行示威活动,日期定在6月14日。它将会采取队伍的形式,到议会去抗议列强的干预政策,而法国政府似乎同意这样的政策。委员会马上给警局局长写信申请必要的许可。

这个非常激进的委员会的成立不是偶然的。事实上,不久前,另外

---

① A. N. F⁷ 13 438.
② 1925年6月10日警察报告。S. L. O. T. F. O. M. VIII6。
③ 同上。

一个叫作国家利益保护联合委员会的组织成立了。在谢东发①和邓孝情②领导下,委员会在中国知识分子和商人中招募成员,还有青年党的成员,正如我们所说,它是青年党的一种外围组织。

在民族资产阶级的土地上,联合委员会控诉中国是被剥削的受害者,并将主要责任归于日本和英国。英国也是法国公众信息不畅的罪魁祸首。考虑到要谨慎对待法国政府和舆论,6月9日,联合委员会发行了一份印刷的文章,名为《对法国朋友的宣言》,里面写到"目前在中国主要是在上海发生的令人悲伤的事情,已经多多少少地使我们的法国朋友警觉了。因此,我们力求尽快使他们放心"。文章的关键词是"民族尊严",作者摒弃排外主义和共产主义。③ 文章引用了2月份一位日本记者访谈潘勒伟的结尾:"如果列强想要诚实地帮助中国在它广袤的土地上实现工业化,他们的行为不仅要符合人权和正直廉洁的标准,还要更好地理解和符合他们的利益。"④

联合委员会决定采取一种符合其所代表的阶级的传统的行动方式。于是,从6月5日开始,它在报纸上刊登了一份公告,把9日作为国丧日,与中国爱国主义运动一脉相承。那天,"商人和餐馆老板将会关门。我们的所有同胞都服丧一个星期"⑤。很难评价这个命令的实际影响。事实上,6月9日,一些中国商人的确关闭了店铺,尤其是拉丁区的餐馆店主。警察注意到医学院路的中国餐馆关门了,还在门口挂了一面配有黑纱的旗。⑥ 一些联合委员会的同情者群体在本地的咖啡馆以及上述机构开会,学生们准备发布宣言。

这些行动让共产主义者亮相,谴责他们认为在对手面前过于软弱

---

① 谢东发的父亲是中国人,母亲是法国人,法语说得比他父亲还要好一点,谢东发是一名医学博士,在巴黎欧斯曼大道93号行医。和大部分人不同,他已融入法国社会,但是仍然要求"双重身份"。在对中国共产主义者产生同情后(他们后来激烈地揭发了他),他成为民族共和小党的成员。后来他在中国外交机构里工作。
② 不要和邓小平混淆,邓小平直到回国才使用这个名字。
③ A. N. F⁷. 13 438.
④ 同上。
⑤ 同上。
⑥ 1925年6月14日警察报告。A. N. F⁷. 13 438。

的行为方式。由于水涨船高和担心泄露消息,他们委托 *L'humanité*（《人道报》）第二天（6月10号）转载了一份有行动委员会签名的《致欧洲工人政党的倡议》,两天后此新闻以同样的形式发布了。6月13号周六中午,行动委员会收到了警长对其游行示威申请的回复:不予批准。派往议会的代表团无功而返。行动委员会的组织者修改了最初的计划,瞄准格勒纳勒街（rue de Grenelle）84号的园艺协会的大厅准备举行会议。但协会的管理人不太愿意为一个没有被批准的集会提供地方。因此,在6月14号上午,行动委员会的成员们对警长做了一次新的尝试,结果是:禁止开会。很显然,共产主义者组织的任何公开的活动都不会被允许。这毫无疑问地促使他们采用了我们知道的6月21日的行为。

然而,中国移民的同情者知道授权被拒绝的时候已经太迟了,他们已经向移民宣布下午2点开会了。从下午1点30分开始,很多中国人——据警察说有100人左右,根据中国的数据来源则是800人①——聚集在格勒纳勒街84号周围。在大厅的门口张贴了禁止入内的通知。除了几名散发传单的人被审讯之外,这一天没有任何意外。4名传单散发者在大厅附近被捕,在确认了身份后被释放。他们散发两张油印的中文的传单:一张是以行动委员会的名义,由林蔚签字,宣布和评论这次被禁止的事情;另一张来自中国共产党和青年团的欧洲支部。传单号召全部中国示威运动参加者揭露帝国主义。②

还有一些传单的散播者稍后在布朗基大街附近被检查了。共产党领导人和组织者就在当地位于94号的大厅里聚集起来,"气氛非常热烈"③。在激动的与会者面前,任卓宣对当前的形势做了一个总结。行动委员会随后下达了一些战斗指令,而且决定了几种行动方式。委员会的旗帜和布告牌后来放置在了大厅里,被拍了照片送到英国大使馆

---

① 参见任卓宣在《向导》上的文章,如前文注。
② 这两份油印传单,蜡纸还出自邓小平之手。见 A. N. F7. 12 900。第二篇文章直接指控法国政府,言辞激烈,"法国帝国主义及其政府"被形容为"直接的敌人"。
③ 参见任卓宣在《向导》里的文章,如前文注。

和日本大使馆以及法国政府那里作为警告。行动委员会计划派代表到法国政府请愿,编写解释说明的小册子,并组织一次募捐。最后,还要组织一个针对中国使团的"反法国和欧洲帝国主义"的示威活动。这次临时会议后,一些传单在巴黎散发(我们知道这对于一些散发者还是不便的),同时行动委员会的成员和委员会办公室开始准备巴比伦街的活动。

事情的准备有着密谋的氛围。事实上,共产主义者在责怪陈篆的同时,完全有理由担心一些诽谤的行为。经过对活动时间和形式长时间商议后,日期被定在了6月21日星期天,组织者决定不向参与者发起任何的召集。但从20日星期六晚上开始,行动委员会的成员亲自上门通知可靠的积极分子和同情者们参加活动。一场集会将在第二天下午1点的布朗基大道发起。星期天,200名中国人在约定的时间聚集在这个地点。任卓宣很快便通知他们这次集会的目标——袭击公使团——这是事先商定好了的。下午2点开始,一半示威者分散开来去完成不同的任务,如散发传单等,同时,任卓宣带领另外100多人或乘出租车(10—20辆)或者坐公交车赶往巴比伦街,他们在下午快3点时到达那里。

中国激进分子和共产党惊心动魄的行动似乎有很多原因。诚然,在所有中国移民的眼中,左派不能不显示出它对中国革命运动的强烈支持,揭露帝国主义尤其是法国帝国主义的恶行。这迫使中国共产党的旅法支部通过自己合适的行动展现与上海的团结一致。重要的是,这些积极分子要区别于联合委员会的温和派甚至是保守派,以及他们对法国政府的顺从态度。然而必须入侵公使团吗?需要注意的是,他们是在多次尝试合法的活动都没有成功后才选择这种举动的;这又一次提出了对陈篆的质疑,陈篆背后,是对北京政府的质疑。①

当然,我们后来看到,这次突袭给发起人带来了沉重的后果,我们

---

① 很难说突袭是谁提议的。就像我们后来看到的,任卓宣承担了全部责任。难以相信主意完全源于一个"第二选择"。除了把勤工俭学生和陈篆对立起来的这些传统的"战争"关系,前者还企图在巴比伦街不远的格勒纳勒街举行一次会议。

可以思考一下它的实际影响。看起来最初对犯罪者处罚的严重性没有超过对以前运动的处分。陈箓自己也在阻止法国当局的惩罚。这位公使在这方面保持了对自己行为准则的忠诚，坚持弱化人们对他的敌意。这种态度——很可能决定于两种焦虑的合力，一个是避免引起对于他个人及中国政府的公众论战，另一个是想要内部解决中国移民冲突的想法促使他不与警察和法庭合作，如果这不是迂回战术的话。事实上，青年党的积极分子享受着来自公使的信任，有能力通过他们的关系和对中国移民的了解协助警察，而陈箓在此选择退缩。

因此，在事件的第二天，他无视警长的恳求，拒绝起诉。他的态度还启发了公使团所有人员的态度。事故的同一天，李俊在调查人员的面前极力把这件事淡化。如巴黎市警察局局长指出的那样，"这位二秘，公使团里唯一和我打过交道的官员，不愿提供解释，甚至想要使这件事显得不重要"①。看起来他甚至还尝试说服警察释放被审问的年轻的活动参加者。"但是，"街区巡警解释道，"上述的中国人可以看到，抗击公使团人员中外国人的犯罪行为属于他的职责。"②警察们决定扣留他。

就是这个决定使得处罚得以实现。中国人利用了巴比伦街的场所被赋予的治外法权，相反，警察局认为豁免权只关系到这些场所中的一部分。大楼除了中国公使团不是还有别的租客吗？然而，不是所有人都清楚这件事情。因此，Le Matin(《晨报》)预料到它的读者中某些人的困惑，意识到有必要咨询一位卓越的国际法专家。想要知道"在什么程度上，被外交官和法国租客占用的大楼是在治外法权的管理下的"。儒尔·巴斯德旺(Jules Basdvent)回答说："显然(……)，治外法权的原则只适用于单独被公使团占用的场所(……)。治外法权的体系不能包括给我们国民造成的伤害。"③这也是警察和法官的意见。Tcheng 被逮捕的房间是法国人的地盘，因为住在那里的门房是法国

---

① 1925 年 6 月 2 日 A. N. F⁷. 12 9002 报告。
② 同上。
③ Le Matin(《晨报》),1925 年 6 月 23 日。

人,因此 Tcheng 被送上了法庭。从 6 月 22 日星期一早晨起,事件被委托给预审法官巴卡尔,预审开始了。法官立即开出了逮捕令和搜查令,在咨询了共和国的检察官后这些凭证被批准了。根据这些凭证,保安局在比扬古进行了搜查。①

在 Tcheng 的住所,雷诺公司附近的一家只有中国人住的旅馆里,4 个人中有 2 个人被逮捕了,他们是 Iiou Koun 和 Sou Iongtion。在警察看来,他们房间被查封的文件证实了他们的罪行。根据搜查报告,在第二个人的住所里,发现了一个本子,当事人在上面描绘了"一个在工作的重累下弯下腰的劳动者。远处,在闪耀的太阳的光环下,一名工人[挥舞着]镰刀和锤子。右边和左边一些中文[围绕在]这幅寓意画周围,这幅画准确表述了作者的思想"②。在 Tcheng 的房间里,有一些烧成灰烬的纸张……另外一些租给中国人的房子也被警察搜查了。同一天晚上 7 点 30 分,Tcheng、Liou 和 Sou 被移交给法官,法官控告他们"预谋暴力、袭击、破坏公共物品和诈取签名。③"Tcheng、Liou 和 Sou 立刻被送往并被监禁在桑特监狱(la Santé)。搜查和逮捕没有就此止步,似乎当局想要利用这次机会从中国移民中净化共产党的红色成员④。

然而,当局很快觉察这些年轻人只是些配角,这就向它提出了一个问题:确认活动的策划者和领头人。政府另外委托布里索·戴马伊埃将军(Brissaud-Desmaillets)——他是中国政府前军事议员、陆军部委员会的会长——进行一次以了解中国移民为目的的调查。由此连续得到两份报告(已经被多次提及过),一份日期为 1925 年 6 月 26 日,描述了中国阶层的整体情况⑤,另一份日期为 6 月 30 日,描述的是政治群体和协会⑥。报告的主要来源,是公使团以及"几个中国知名人士,他们对

---

① 很奇怪,看来总情报局的警察对出租房的检查在这之前。参见 A. N. F7. 12 900 和 A. N. F7. 13 438。
② 1925 年 6 月 22 日杜波利的报告。
③ *L'humanité*(《人道报》),1925 年 6 月 23 日。
④ 在法的少年联护委员会的领导们已经多次提出这个心愿。参见 A. N. 47 AS1。
⑤ A. N. F7. 12 900。
⑥ A. N. F7. 13 438。

法国的好感显得很真诚"。

因此,我们在前文说,报告区分了"好的"中国人和不受欢迎的人。报告指出混乱主要源于学生,其中有三四百人在巴黎,或者在巴黎大区。"这些学生大部分都属于激进的政党国民党,其他的是共产党"。在他们中存在着"不受欢迎的人、著名的危险煽动者,他们拒绝学习和工作",把他们驱逐出境是合乎人们希望的。然而,"在中国当前的事件之后,这次立即的遣返回国有很大不便,可能会引起反法的行动,必须小心避免"①。

"清理移民和准备驱逐危险分子成为必须的社会保护工作。"②"保护工作"的定义相当符合公使团、少年联运委员会和一些保守派及温和派中国人的共同心愿。因此,警察很快就知道了这些"不受欢迎的人"的身份。6月23日星期二,搜查还在继续,并很快逮捕了第一批共22名被驱逐者。③ 第二天,林蔚被捕,警察搜查了罗林大街(rue Rollin)14号。下午,警员杜波利(Dublie)最终逮捕了任卓宣,此前他并没有引起注意。他作为共产党的领头人和21日袭击的主要负责人的身份暴露后,才被监禁在桑特监狱。

6月25日,逮捕了第二批共9名被驱逐者。第三批是在29日,总人数达到了47人。④ 逮捕、公告,最后执行驱逐。从24日起,第一组被驱逐者在警察的看管下被送往边境,另外几批在第二天和后来的几天也跟了上来。大部分目标人物被带到了比利时边境。

行动中还发生了几段令人难以置信的片段。比如,6月25日星期四,10名中国人在一名警员的护送下到达费尼(Feignies)边界哨所,警员把他们领到比利时,但后来被证明是白费力气。这些中国人两次被比利时的警察驱逐,又回到这名警员那里。警察决定陪他们坐火车去斯特拉斯堡,并于30日到达,最终他们出发去柏林。⑤

---

① A. N. F⁷. 12 900.
② 同上。
③ A. N. F⁷. 14 655.
④ 同上。
⑤ A. N. F⁷. 12 900.

被驱逐的人中有王京岐,他已病入膏肓。这个垂死的人①,毫无遮盖地躺在乡下旅馆的床上,已经起不来床了,这个与他相关的决定被送到了马赛。1925 年 10 月 19 日,在被送回中国的途中,他死在了塞得港(Port-Said)的公海的轮船甲板上。其他人预料到会被驱逐,或者不想成为调查的对象,就自行离开了②,25—30 日之间离开的就有 100 多人。

6 月 25 日这天,任卓宣被交给法官巴卡尔(Bacquart)。经过一次快速的预审,桑特监狱的 4 名嫌犯 7 月 13 日在 10 号轻罪法庭出庭。直到 10 月 16 日,他们才最终得知了自己的命运。

最后,只剩下与他们相反的被拘留并被指控私闯民宅的人。③ 我们知道,不想起诉的陈箓没提出控告。最后,这些犯罪行为以及整个事件,给刑事被告的主律师、议会共产党小组成员安德烈·贝尔通(Andre Berthon)一个机会,使他们可以提及当事人含糊的身份和事件的政治背景。作为唯一一个可以流利说法语的人,任卓宣做了两次长长的声明,而且要求对 6 月 21 日的行动负全责。在一次含糊不清的审问后(接连需要两位翻译的帮助),法院在法官合议后作出了审判。

裁决于 10 月 17 日下达:4 名中国人被宣告无罪。19 日他们得到释放,但马上收到通知,被驱逐到了德国边境。

这又是一次苦涩的胜利,也是最后一次。法国法庭未处分突袭参与者。但没有想到付出的代价是,100 多位中国人,即几乎所有的激进积极分子们,不管愿不愿意,都离开了法国。暂时留下的人被密切监视,没有了活动空间。因此,中国共产党 1925 年 7 月 1 日为抗议驱逐两个组织的大会因为警察的出现而缩短了。出于谨慎,由萧朴生和阚

---

① 负责通知一些中国人政府决定的特派专员,在一份 1925 年 6 月 25 日的报告中给向安全局局长写道:"这一天,我到圣弗兰兰去通知一位叫王京岐的中国人关于其被驱逐的判决。我在白十字旅馆找到了这个人,他从本月 8 号就住在这里。已经患了急性结核病的王京岐在睡着,身体极度疲惫,已经站不起来了。(……)似乎从我的调查研究中可以知道,王京岐人就是 Yuang Tsingyi——位于巴黎罗兰街 14 号的中国共产主义的组织国民党的书记。"由收信人强调(原稿)。
② Jeumont 的警察报告,1925 年 6 月 23 日和 25 日。A. N. F7. 12 900。
③ 巴比伦街 57 号门房的房子。

世杰①主持的会议,地点改到了比扬古②,会议也只有33人到场。

后来他们组织的各种活动,包括1926年初的活动,一般情况下听众都很有限。比如1925年9月6日,中国共产党为了纪念不久前在中国被暗杀的廖仲恺③,倡导在布瓦耶(rue Boyer)街举行会议,尽管有法共原则上的支持,也只有40人左右出现在美丽城(Belleville)街区的小厅里。通知都是口头的,号召的传单也没有散发。不管怎样,警察在9月12日搜查施益生住宅时发现了他们,施益生代替了王京岐成为国民党欧洲支部的领袖。④布尔什维克十月革命的8周年纪念活动于11月11日在布洛涅—比扬古进行,参加者仅43人⑤,而11月15日以国民党的名义举行的会议,因为得知了王京岐去世的消息,聚集的人还没有这么多⑥。

通过所有这些事实中我们意识到,此后在法国的中国激进分子——不管是属于中国共产党,还是属于国民党或者其他党派——人数很少且无组织:中国移民的净化工作收到了成效,这让法国当局和公使团很满意。中共也清楚地意识到这个事实,并于1925年9月24日在伊西莱-穆利诺(Issyles-Moulineaux)举行会议,目的就是要重组党的法国小组。驱逐之后最重要的是找到最后一班接替人,这些接班人因

---

① 这两个人都是中国共产党成员。第二个是和邓小平同时间到法国的四川人(李璜好像混淆过二人),尤其因组织意识而被人注意。

② A. N. F⁷. 13 438.

③ 同上,1925年9月9日警察报告。广东政府和国民党元老廖仲恺在党内是统一战线的坚定支持者。因此,在保守分子眼中他代表了亲共产主义的国民党左派,因此1925年8月20日在广东被暗杀。

④ 1925年9月12日警察报告。A. N. F⁷. 13 438。

⑤ 同上。

⑥ 依据施益生所述(《天津文史资料选辑》,第15期),9月15日,在施本人的召集下,举行了一个反帝国主义会议,在这次会议中,也有6月7日会议的参加者和发言者。Nguyen The Truyen、多里奥(Doriot)和马蒂(Marty)相继表明了团结人民和全世界无产阶级的必要性,强调在党的欧洲支部最后一次起义的过程中五卅运动的重要性。按照施的说法,与会者数量众多,有1000人左右。除了这次会议令人惊奇的多次重复的一面,它的重要性和当时的共产主义者的政治能力并不相符。因为找不到任何警察对这次会议的记录,我们更觉得施混淆了事实,考虑到参会者的数量和该时期当局对中国人举动和新闻的关注,这非常让人吃惊。

为年龄小,当时还只做过一些平常的或者技术上的工作。从此傅钟成了共产党旅欧支部的总书记,还在国民党内部担任职务的邓小平成为助手;8月,他被选举为旅法国民党的代表监察员,1926年1月1日,选举被批准。因此,他主持了我们上面提到过的大部分会议,且在会上发言。就这样,这位"第四代"中昙花一现的领导被警察盯上了。①

邓小平很晚才进入旅法共产党领导核心的事实并不令人惊讶:1920年10月他乘坐鸯特莱蓬(Andre Lebon)汽船来到法国时还只有16岁;这使他成为最年轻的勤工俭学生之一。他出生在四川一个乡村名流家庭,家人没有劝阻他放弃学习②,相反还鼓励他继续学业,1918年他报名加入重庆勤工俭学运动的预备学校。刚到法国时,这位年轻的四川留法学生并未参与政治活动;和其他很多勤工俭学生一样,他首先关心的是一边学习一边找到有报酬的工作,1921年,曾在巴耶(Bayeux)学院进行短期学习;接下来直到1922年2月都在巴黎郊区生活和工作。随后他出现在了蒙塔尔纪的中国青年里,同一年的秋季他离开蒙塔尔纪,进入塞纳-夏狄戎(Chatillon-sur-Seine)学院,在回到那里之前,在哈金森橡胶厂做过一段时间的工人。1923年夏天,邓希贤③回到巴黎大区,一直待到1926年1月才匆忙离开;这时,他是被雷诺公司雇佣的中国工人,住在布洛涅-比扬古。1922年开始,他加入了青年团,而且自1924年起成为共产党员;他的主要贡献——我们之前已经提过他的外号"油印博士"——就是在法国油印中国共产党的刊物。④

总的来说,1926年初他们最后的活动突出了他们的失败。这些活动引起了警察的多次干涉。逮捕和搜查不断打击着他们,1925年夏季

---

① 参见 Nora Wang(王枫初), *Deng Xiaoping: the Years in France*(《邓小平:留法岁月》),如前文注。这些关于邓小平的职责的线索来自1926年末马赛—上海线一艘海上邮轮上的一次文件登记。S. L. O. T. F. O. M. VIII. 6.

② 和年轻的毛泽东情况一样。参见 Nora Wang(王枫初), *Mao: Enfance Et Adolescence*(《毛泽东的青少年时代》)。

③ 根据 B. Yang,直到1927年"邓小平"这个名字才开始被使用。参见《使用共产主义的产生》, *The Chinese Quarterly*(《中国季刊》),第135页,1993年。

④ Nora Wang(王枫初), *Deng Xiaoping: the Years in France*(《邓小平:留法岁月》),如前文注。

的驱逐也暴露了他们的身份。① 因为在多次会议上发言,还有一桩暗地密谋的事件,邓小平和他形影不离的两位室友(傅钟和杨品荪)引起警察的注意,成为下一次搜查的目标。根据1926年1月8日的安全局汇报:

> 今天早晨从5点45分到7点,我们在位于以下3个地址的宾馆执行了警长先生的搜寻指令
>
> 特拉维西尔街(rue Traversiere)14号
>
> 卡斯特加街(rue Casteja)3号
>
> 儒勒费里街(rue Jules Ferry)8号
>
> 旨在发现致力于共产主义宣传的中国人。
>
> 这些旅馆的房间都被搜查了,100多名中国人的证件也被检查了。
>
> (……),卡斯特加街3号,在5号房里,发现了大批中文和法文的共产主义宣传册(《中国工人》《孙中山遗言》《共产主义的基础知识》,等等)及一些中文报纸,尤其是中国共产主义报纸《进步》,报纸在莫斯科编订,必须两次用雕刻板和滚筒油墨印刷,有很多包纸张用来印刷。
>
> 就是在这个房间,邓希贤、傅钟和杨品荪一直住到这个月的7号,于昨天突然离开了。
>
> 他们似乎感觉到已被怀疑,因此急忙消失,他们的同胞采取措施丢弃了所有可能会连累到其他人的文件。②

因此,得到通风报信的邓小平与他的同伴和其他激进分子于1926年1月离开了法国。前面几个人跟随德国支部暂时去了苏联,和他们一起消失的还有统一战线中负责宣传和活动(残余力量)的组织。很

---

① 大多数情况下警方的情报是很准确的,但这次却存在遗漏。我们知道周恩来的作用,1925年1月他才被发现和追查;6个月前他就离开了法国。参见 A. N. F7. 12 900。这些事实证明了1925年夏和1926年初大清洗的气氛。

② A. N. F7. 13 438。留法期间,邓小平使用的一直是被法国警察多次誊写过的"邓希贤"这个名字。

少人还留在法国。

总之,青年党、他们联合委员会温和派的朋友以及公使团保守派的朋友,在肇事者被驱逐后,在政治上仍然是一方之主,但确实有一点撤退了。这些群体仍然在纪念 1925 年的双十节,不仅安静从容,而且有更多的中国人出席。10 月 5 日,谢东发和他的朋友预订了丹东街(rue Danton)8 号学者协会的大厅。10 日,600 人在此聚集,听取邓孝情关于"中华民国,过去和未来"的报告,第二位发言人回到了"上海事件和列强政治"上来。这些发言伴随着乐器和歌唱演出,晚会以舞会结束。①当天 11 点,公使团在客厅举行茶会,集合了 200 人,"都是中国国籍","下午 3 点 30 分的时候,100 多名巴黎的中国移民代表来和大使打招呼"②。陈策虽然在 6 月 21 日被示威者谴责,但并没有因此失去他平时的听众。

尽管兴高采烈,但保守派中的某些人仍然经历了几个小时的担忧。青年党的成员们认为留在法国的共产主义者对他们充满仇恨并企图报复,他们确信(不无理由)是何璐志及其同事把他们交给了警察。③ 早些时候的 1924 年,他们认为应该自我武装和练习手枪射击。因为这个目的,他们中的 20 多个人,由何璐志带头,报名进了凡尔赛射击场。但是警长被射击协会咨询后,最终拒绝给予他们练习的权利。④

可能他们的担心不是完全徒劳的,总之这是警局的观点。1925 年 12 月的一份报告体现了他们的猜疑,警察认为共产党(包括邓小平)和社会民主党的领袖不满足于反对青年党的"爱国者"的活动,因此决心彻底清除他们,何鲁之尤其成为目标。

这次运动的领头人有杭·安德烈(Hang Andre)和杨保罗(YangPaul),两个人都住在布兰维尔街(rue Blainville)8 号(社会

---

① A. N. F⁷ 12 900,1925 年 10 月 11 日警察报告。
② 同上。
③ 任卓宣明确提出的这些控告(参见《向导》的文章),在 1925 年 12 月 21 日提及共产党嫌疑人的警察公函里并未撤销。参见 A. N. F7. 13 438。
④ 1925 年 7 月 4—11 日在法国射击联合会和夏普安全局之间的通信。李璜在他的回忆录里把这个时间定在了 1924 年。

民主党的);Ky Tcheng Rene 住在布瓦科隆布(Bois-Colombes)(归顺共产主义的);邓希贤住在布洛涅(Boulogne)(中国共产党的)。这次骚乱引起了几次十多人的会议,在杭·安德烈的住所后面召开。(……)社会民主党和共产党的领导人目前可能在寻找这次袭击的嫌疑人,为了这个目的,他们或许和他们住在布洛涅-比扬古的党员同胞们进行过谈判。他们强调只要胡先生和 Ching Win Hu 还活着,并在巴黎出现,关心政治的中国人就有被告发和被驱逐的威胁。①

但是,统一战线主义者的指控是徒劳无功的;这些计划都没有被执行,而且我们知道最后到底是谁被驱逐了。②

这些激进分子被驱逐后,就因此在法国舆论面前胜利了吗？袭击的策划者后来自以为达到了这个政治目的③,确实,事件发生后的短暂几天里,中国问题得到了特殊的关注和澄清。6月21日后的几天,全部的巴黎和国家报刊以及我们已经提过的报刊,给予中国事件一个罕见的位置。很多日报发表了活动参加者撰写的文章:这不仅是 L'humanité (《人道报》)和 Le Matin (《晨报》)1925 年 6 月 22 日的情况,也是第二天《高卢人报》的情况。但是这些报纸的反应和它们可以预料到的政治倾向是一致的。右派或者中间派的喉舌报叹息布尔什维克主义对在法国的中国民众的一致操纵。《自由报》指出,"国际革命的宣传在移民界放任自流,产生了很坏的破坏作用"。《自由人报》提出,"在我们国家存在多余的 100 名中国人",提及"在国家政治里粗暴的和玩世不恭的干预,而这个国家热情地接待了他们(……)。不超过 3 天这 100 名违反了互相尊重法则的中国人将会被遣回。不超过 8 天警察会把所有司法不予受理的人押送到边境"。

---

① A. N. F⁷. 13 438,杭和杨都是很被看好的成员,是奥赛宫的奖学金获得者。参见 A. N. 47 AS 1。

② 1926 年 1 月 18 日,对邓小平、杨保罗和傅钟的逮捕,没能通知到他们。这几人在更早一些时候就溜掉了。参见 A. N. F⁷. 14 655 及前面的文章。

③ 任卓宣,《向导》的文章,如前文注。

总的来讲,以上提到的这些主题没有任何值得惊讶的,事件正是法国人眼中布尔什维克主义阴谋诡计的证明,也是驱逐全部至少也是一部分可疑成员的理由,"在不算太晚之前,"《高卢人报》写道,"如果我们不清除所有可疑的外国败类,清除入侵城市底层的东方雇工,我们很快就要痛苦难耐地后悔,那时就太晚了。"①某些记者认为之后就能够指控法国共产党,但调查没有得到任何他们参与6月21日事件的证据,《巴黎晚报》应该是很不情愿地指出"只有一些中国人"②,这部分报刊不得不止于揭发"仇外的中国"③和"在巴黎郊区移民地的华工中间积极进行的共产主义宣传"④。

相反,法共的喉舌报将法国共产党被怀疑为中国示威者提供无条件帮助揭露为"法国报纸有意捏造的宣传运动",还指出"帝国主义报刊的指令就是控诉中国人排外(……)。腐败的无所不用其极的报刊——Le Matin(《晨报》)和其他日报——致力于对我们同志的运动进行恶毒的评论"⑤。然而这是一个孤立的反响。

最终,在接下来的日子里,很多报纸——其中有 L'humanité(《人道报》)——做了几篇关于在法国,更准确地说是在巴黎大区比扬古市(Billancourt)、拉加雷讷科隆布(Garenne-Colombes)市的中国人生存条件的报道。L'Écho de Paris(《巴黎回声》)让雨果·勒鲁(Hugues Le Roux)介绍学生的生活——他是"中国留法青年协济会"(后来成为"少年联护委员会"⑥)的知名人士。参议员的话很能说明协会尴尬与宽慰相交织的感受。勒鲁先生认为学生们总体上是值得称赞的,在他看来,6月21日的行动是工人们的杰作。⑦

中国激进分子的行动强化了法国舆论在他们各自立场上的不同倾

---

① *La Liberté*(《自由报》),1925年6月23日;*L'Homme Libre*(《自由人报》),1925年6月23日。
② *Paris-Soir*(《巴黎晚报》),1925年6月23日。
③ *L'Avenir*(《未来报》),1925年6月23日。
④ *Le Matin*(《晨报》),1925年6月23日。
⑤ *L'humanité* (《人道报》),1925年6月23日。
⑥ 目标和参加者显然是一样的。参见 A. N. 47 AS 1。
⑦ *L'Écho de Paris*(《巴黎回声》),1925年6月24日。

向。所有报纸,不论是为之欢欣的还是为之气愤的,都用了很大的版面报道立即驱逐的决定。至于任卓宣个人,他的画像出现在大部分的日报里,配有充分的评论。欧洲一些大都会的报纸紧跟他们巴黎同行的步伐。但要补充说明的是,对事件的关心只维持了一小段时间:从6月26日起,在大部分的法国报纸上,中国的事件又回到了惯常的位置。10月份,4位被告的控诉案件只是在 L'humanité(《人道报》)有一些小短文的报道,不再像6月份那样有大量的文章。①

　　至于在政界引起的反响,则非常有限且时间短暂。对于亲华派,事件的结局给1921年事件也下了一个最终的结论,肇事者被驱逐后,中国留法青年协济会对里昂中法大学的控制也就到此为止。因此,突袭公使团既没有加速也没有真正影响议会论战和政府的中国政策。1925年7月7日众议院会议期间,只是间接地暗示了这一事件。穆岱确认"很多中国青年或者工人来到了我们国家。他们在这儿完全自由和独立地生活"。安德烈·贝尔通只是反驳说:"我们不应该再进行大规模的驱逐,就像我们现在做的这样。"②

　　看来我们可以确认这一点:1925年不仅是一个转折,也是一个终点。旅法最激进的中国知识青年又一次举行了示威,也再一次被驱逐了。至少,直接或间接地,大约100名公开行动的年轻人和他们的同伙被驱逐了,大部分激进的勤工俭学生因此离开了法国。但是1925年6月的事件与里昂事件的背景完全不同。中国的局势发生了很大变化,激进分子学习到很多东西。因此,袭击公使团有着"为荣誉而战"的一面。

　　并非所有的活动参加者都有同样的理由。有些人是因为纯粹的爱国主义,甚至是因为同情,在被驱逐者中可能不止一人属于代人受过。给人的印象是,在那个时候,仍然还有些年轻人只是很模糊地知道示威

---

① L'humanité(《人道报》),1925年10月17和18日。
② J. O. deb. Parl,1925年7月7日。

活动的目的是什么,这使人想起了施益生在证词中提到的一个插曲。①但是重要的组织人物对活动的结果没有任何惊讶。对于这些年轻人中的大部分来说,对陈篆最后的攻击标志着勤工俭学运动已经结束了。

即使在法国还有勤工俭学运动的成员,在随后的几年,他们也放弃了公开表达自己的思想。总安保局1926年1月19日的一份摘录强调了此事:"(……),黄种人的极端主义者们感觉到被监视了,由于担心被驱逐,如今采取了一种最谨慎的态度,也停止组织他们惯常的会议。"②到1927年5月,一份关于比扬古的中国人的调查报告证实了这件事:尽管同情激进的政治组织,"我们没有听说这些外国人进行任何外部政治活动并在此地组织过会议"③。

可以说,旅法中国共产主义运动在1925年6月已经了结,但需要注意的是,这个结果是符合中国共产党中央委员会施压所指示的方向的,它一直认为国外移民群体的斗争是次要的,更何况是在1925年的背景下。至于1925年6月事件的发起人,在他们看来驱逐事件有着正面的意义,被驱逐离开的悲壮形式展示了这一点,驱逐事件在行动上揭露帝国主义的同时,也揭露了政权的"真正本质",它也是事件发起人出发去莫斯科的标志。伴随着所有的后果,驱逐事件以坚定的行动关上了法国海市蜃楼的大门。

---

① 他说自己在1925年8月15日的会议后被监禁了,一个早晨他被警局的官员从桑特监狱提出来,送到一个他不知道的地方。他认为因车要把他带到行刑场,但是警察把他送到了被逮捕前一直工作的雷诺公司,在驱逐他之前结清在那里的工资(《天津文史资料选辑》,第15期)。

② 巴黎警察局档案,BA 288。

③ S. L. O. T. F. O. M. VIII. 6,这些文件——及其他同日期的文件——揭露了在法国的国民党残余与其国内势力一样经历了分裂和争执;共产主义者在某种程度上与法国共产党混在一起(尽管被孤立);青年党消失了:事实上,它在法国存在的主要原因——与中国的布尔什维克主义者做斗争这一内容也不存在了。

结　论

移居国外与20世纪中国的变革

前面的文章引起两种思考,这两种思考都与当代中国的政治变革有关。第一种是关于年轻人的选择,引申出来就是接触了西方主义的城市新阶层的选择;第二种是在这一过程中迂回国外的地位,或者更广泛地说,移民现象的地位。

中国革命的农村起源是一个共识,但是即使掌握政权后在农村运行得很好,这个政治事业的初起尤其是形式,还是带着城市阶层的记号,就像他们在20世纪头几十年呈现的一样。尝试赴法冒险的勤工俭学生是出现在20世纪下半叶的领导阶层的一代人中的一部分,这代人从1930年代起才慢慢开始掌权。因此,他们的历史和许多年轻人的历史充分连接,这些年轻人,从上海到北京、天津或者长沙,在前几十年里,在国家出现的城市化新世界的内部或周边,致力于领会他们所出身的那个社会及其演变,致力于在其中找到一个位置,而且渴望掌控这一演变。

在共和主义革命和1919年五四运动之间,一些新兴的且大部分是外部的因素干涉到中国社会,显然其中最主要的就是一战。但从1920

年代的社会状态来看,尽管只是表象,但也显示其和前几十年相比更多的是接续而不是断裂。当然,伴随第一次世界大战的冲突,城市发展突然加速了,这给人一种城市阶层及其活动在质量和数量上同时跃进的印象。战争局势导致了当时的缓慢发展和一个短暂的加速,但是之后却是一幅危机和失败的图景。社会最基础的运动仍然在继续,尤其是"在农村的深入工作",呈现出一种新型城市化的开端。

当提到1920年代中国城市的时候,我们首先想到的是在不到半个世纪里这些膨胀的大都市、海岸和河岸港口,"开放的"城市是一种新形式,一切迹象都表明它们的地位是决定性的。但是相对于以前的城市(用砖加固的围墙、行政官员的衙门、理想的四合院、被租借的地区和在监视下的交易),新型的城市仍然独特而少见。由于融入新的城市空间的需要,这种状态一直保持到1950年代,直至最近的发展才打破了过去的物质框架。但这种麻木的表象是骗人的:即使内地的城市中仍然存在很多帝国末期的社会和经济特点,但它们缓慢地、有时是轻微地被触及整个中国的变迁的因素所改变,有利于新的活动。

"现代"城市的发展启动形成如今的沿海大城市,源于帝国社会的本身因素和国家逐渐融入世界经济这两者的结合。在不同程度上,内地更小的城市也没能逃过这一趋势。这种融入可能出现得很慢、不均衡、不全面。但是它存在,而且在不同的国家中赋予中国等级地位并限制其独立自主,为国家行为留下一个狭窄的空间。这显示了中国经济对超越它的形势影响的敏感性,或者是不同政权对外债的依赖性。旧社会的侵蚀很可能增强,新的社会群体的自我认识也在加快。

因此,很多因素在发挥作用,让城市精英更加多元,这也许形成了新的社会流动,与战前社会大不相同。这些精英,或占据精英位置的人,抑或自认为的精英,不再仅仅是指杰出的知识分子、洋务运动指挥者、军事学院的学生、改革派的行政官员、新型的商人或银行家。时事造就的机会和先前的变革累计的效果,使一些中间的社会群体数量变得更多:身兼数职的农民,尽管缺少文化,但因为迅速猜中了市场的基本规则,而成为小地方的商人。雄心勃勃的生意人、雇员、医生、律师、不满足的学生和大学生——这个不协调的整体似乎都有提高社会地位的深层愿望,尽管他们缺少见识。几千名俭学运动(后来是勤工俭学运动)的参与者的激烈态度足以证明:事业的艰难对这些财力微薄的市民来说显而易见。他们在失败面前的愤怒也一样明显:战后的局势对这个混杂的阶层顽固地采取敌对态度,大部分人认为原因不仅仅在于国家。

这一意识将他们团结起来,也动员了他们,使他们根据时机聚集在公共抗议运动中。如果说这只是他们中的一小撮人,但在行动主义知识分子中却占大多数,这使他们转而致力于创立一个共产党;必须说明的是,对某些人来讲,他们的旅法经历既不是这个想法也不是这个计划的起源。很多留法勤工俭学生在出发去寻找临时资源解决他们当前困难的同时,还去寻求能够指导他们思考和拟定计划的理论训练。他们的政治选择不怎么像是去国旅法的产物,更像是一个在中国已经开始的过程(同时也继续追求)的后续和发展,他们最重要的信念不会被在法国的经历所改变,远远不会。

这让人回想起在 1920 年夏,几名不同年龄和出身的中国知识分子,不管是有名的还是默默无闻的,都或多或少地倾向于社会主义(但不一定是马克思主义)。他们决定建立一个共产党,这意味着与共产国际的联系,在他们看来这是显而易见的;而寻求与世界工人阶级的接近,在他们看来也是急切的和必需的,完善自身的理论修养也是如此。每个人都通过自己的方法得出这一结论,但是所有的人甚至无政府主义者,都不同程度地被俄国革命赋予共产主义的魅力所感染了。

行动是被五四运动政治化的人士完成的,但也受到了孙中山党派的革命光环的激励。据此来说,后来出于人员和利益进行的共产主义联盟,在中国对于社会主义来说是一种迟来的结果,这次不严格的联盟的副产品是国民党,尽管遥远,却也是同盟会合理的继承者。这个地下政党马上确定的多项任务,是在全中国及海外建立分支,开展宣传运动和接触劳动群众,在青年中招收党员,从理论上成为真正的共产主义政党。第一项任务不到一年就完成了,具体体现在不同的城市里党小组的成立。但是这些小组不管是在北京、广州、湖南、山东,还是在日本、法国,都有其各自的发展历程,最后一个阶段是承认上海小组为领导中心。

很多巴黎和里昂的活动分子在中国的时候已经是这样了。至于追随他们和很晚才下定决心的人,受到同志宣讲以及和他们长期而有规律通信的中国朋友的影响,要比共产国际代理人或者法国共产党的影响大得多。他们与法国殖民地,与其他外国人尤其是越南人之间建立的关系对其影响也比较小。开始的意识形态上和政治组织上的困惑,无政府主义在提出的方针中的统治地位——持久的统治地位,甚至当这些方针具有了共产主义的标签时,对于共产国际关于不同国家政党的组织和纪律的要求的不确定和缄默,所有的这些问题,在北京、天津、成都,还有柏林、伦敦、蒙塔尔纪或者布洛涅-比扬古同时进行的论战、发表的文章和举行的演讲中都被激烈地争论着。和同时期正在形成的其他共产主义政党一样,法国共产主义政党的诞生也十分艰苦和困难,而之所以共产国际的意愿最终取得了胜利,原因更多地在于上海的中转站而不是法国共产党的中转站。

此外,在法国人的政治团体和该时期海外中国人的政治团体之间,最经常联系的人,对于前者,是激进主义政党界,对于后者,是宣称支持无政府主义的人,尤其是他们中亲国民党的人。因为一些历史的原因,也或者是因为定义,极端自由主义者的政党分界不像共产主义者那么确定。至于两者的政治风格、联盟、行列、公开的和秘密的宣告、起义,更多的是作为同时期中国政治生活特别的——经常是悲剧的——行动方式的后续,而不是法国第三共和国惯常的运转形式。勤工俭学生和法国当局打交道的方式不止一次体现为暴力。前者只是沿用他们所习惯的与当局互动的方式:很多人在留法之前,都有被士兵占领学校的经历,也经历过警察粗暴的干预,并为他们的行动付出了牢狱的代价;而且很多人没有真正地估量人们对他们的容忍限度,以及知识分子的行动对舆论有怎样的影响。当然,他们中许多人(即使不是施益生所说的所有人)很了解东道国的制度特色,也会阅读当地的报纸。这些人懂得利用民主政体提供的所有可能性,而且不放弃向诉讼法庭和议会使用示威的权利。然而,他们的政治步伐基本上还是遵循着自己的轨迹。

对于勤工俭学生个人来说，留法期间大概是一个关键时刻，为了解释群体总体的改变，人们求助于其他的形势方面的因素，比如经常随之而来的留苏经历：这是有组织的、以培训殖民地国家的共产主义者为目的的经历。这个集体性的进程牵扯到的人比海外群体范围更大。五四运动的参与者努力把长期的乌托邦理想转化为现实的行动，勤工俭学经历是其中一个阶段，直到1970年代末中国共产党的政策中还秉承这一理想。在封建社会，中国体力劳动与脑力劳动之间存在着巨大鸿沟，消除这一鸿沟的计划从1940年代起进入劳动改造制度的核心①，成为一种理想被大加宣扬，在以后的人民公社中大规模转化为实际行动。

在法国发生的事情是五四之后的阶段的延续。这里我们只能勾勒出几个要素的轮廓：他们认为，这些男男女女中最积极的人加入到激进主义的流派并不反常。不仅因为革命的解决办法对他们有吸引力，还因为有长期的社会秩序的承诺。所有的这些，在共和主义年代的政治解体中，显示出每个问题的解决都可通过中国问题的解决来完成。温和派的人对这个事实很敏感，讲出了他们不能再忍受的东西："虚假的、保守的、被动的、受束缚的、有等级的、墨守成规的、令人憎恶的、恶毒的、好战的、有瑕疵的、怠惰的、使人压抑的"社会——总而言之，就是旧社会——共同的心愿就是最后建立一个平静的、公正的、繁荣的、有序的社会。

关于这一社会秩序的性质，观点的分歧越来越深，但是对很多人来说，面对列强的态度，其定义只能在苏维埃俄国的经历里找到。因此，本研究的对象——中国青年，不也是追寻几乎所有战后殖民社会的知识青年们的道路吗？走向这个模式，加入到这条道路中，对于1920年代的中国新兴知识分子来说，就是穿过一扇很少打开的大门。

在这种明确的情况下，移居国外难道毫无意义吗？我们不这样认为。1920年代这些移居法国的青年的历史，在很多方面显示了相应的重要性，如在新的城市社会和新型的精英中，国外学历证书上的印章是

---

① 在这里它一直存在。

声誉也是事业的保证,我们后面还会谈到。但是,对于勤工俭学生来说,事情更加复杂:很大一部分年轻人终究还是加入到了另外一种传统——19世纪最后几十年所形成的传统,如今这种传统比任何时候都更加稳定。

政治计划和移民之间的互动呈现出双重面貌。问题就被提出来了,就是关于中国政府的政策以及其中给移民团体预留的位置;另一方面,是关于在帝国末期形成的反抗运动所制定的行动和参与的方式。这是最新的传统,中国人移居国外尤其是下南洋历史悠久,但将其作为对外和对内政策中的影响因子则伴随着两个事实。

一个是移民成为一个大规模的迅速且持续增长的现象。这个现象发生在19世纪中期,正如我们所知,它是被各种不同的因素决定的:国内危机、海陆交通革命和种植经济的发展。1890年左右,地理学家雷克吕(Reclus)估计散居各国的中国人有三四百万人。马士(H. B. Morse)1904年的统计显示有大约700万在南洋和各群岛的中国移民。1919年,一位中国人口统计学者C. K. Chen估计移民大约达到全中国人口的1.6%,麦克奈尔(MacNair)认为这远远低于实际数字。这个时期,中国移民定居地超越了南洋,远达美洲、欧洲甚至非洲。

另外一个更加意识形态的因素,是中国新民族主义的缓慢形成,同时伴随着输入国的民族主义的发展:它使19世纪到20世纪的移民,文化上可能更加倾向于原籍国。所谓"现代的"民族主义很大程度上源于当地,尤其是满族掌握政权以来;但也是一种反作用,它是对1901年以前和1930年代列强占领和割据企图的反抗,是对全世界殖民地民族主义潮流的输入。在这个意义上,这个现象伴随着我们所惯称的中国的开放,这是一种被迫的同时也是主动的开放,致力于与这个时期的工业化世界、与西方国家建立新型关系。①

孙中山和他周围的人在将海外移民团体及其爱国主义政治工具化

---

① 在这个意义上也包括日本。参见 Akira Iriye 主编,*The Chinese and the Japanese, Essays in Political and Cultural Interactions*(《中国人与日本人,政治与文化互动中的论文集》),普林斯顿,1980年。

过程中起的作用应该很关键。共和主义革命的历史学家们,比如孙中山的传记作者都强调过海外移民的作用,孙中山为了革命辗转于移民团体之间,争取他们的支持,海外移民对于孙中山成为共和国创始人以及对革命事业的资助可以说功不可没。在这个意义上,他的"祖国"已经和如今政治学家们以"大中华"字眼所指明的一样了,"大中华"被移民团体延伸至沿海区域。①

在这个方面,留法勤工俭学生确实属于这个沿海、开放港口和移民的中国,虽然对大部分人来说,严格意义上他们并非出身于这些地区。但不论他们来自四川还是上海,他们的政治计划和知识观念中都同时融入了世界的眼光和移民的视野,这个特性将他们定义为西方主义者。

在留法勤工俭学计划中,基于20世纪初尤其是一战的背景,对在他们之前的移民团体的关注,占据了中心地位。这始终是开展勤工俭学运动的依据之一。这里面有着道德和民众的理由:对海外中国工人的扫盲任务属于文人对普通人的教育义务,同时也属于五四运动的理想,即让每个人都能读会写,从而扫除文盲。五四运动的整个计划是由一个"面向民众的"更普遍的大运动组成的;理论上的请愿(劳工神圣)也在1919年被实现了,从6月开始,上海和其他城市的工人加入到这个由学生发起的运动中。在这个潮流中,他们中的很多人建立了面向体力劳动者的夜校。②

但是内容也显示了他们对海外的中国人在国家的革命发展中所扮演角色的欣赏。提起华工,勤工俭学生对他们的期望超越有限的资金上的支持——对爱国募捐和专职人员的资助——还有对积极活动的帮助。在法国的移民劳工要被拉入中国的社会主义革命大潮,并显示出他们的支持;回国后,他们可以是这些运动和理念的传播者。除了华工,迫于压力,在法国的勤工俭学生也一直关注广义上的几千名华侨,他们作为压力集团尤其对外交使团可以起到很大作用。

---

① 参见 M. C. Bergere、W. C. Martin 等人的孙中山传记。
② 比如长沙新民学会成员的状况。参照 Nora Wang(王枫初),*Mao*:*Enfance Et Adolescence*(《毛泽东的青少年时代》),如前文注。

更广泛地说,勤工俭学生的整个经历,提出了留学和中国现代化之间联结的问题:要是考虑到大批派遣学生的政策,尤其是帝国发起的派遣到日本留学的政策,那么更准确地说应该是"又提出了"这个问题。在这个角度下,五四运动的一代人见证了民族主义者团体的扩大,这些民族主义者认为,对于国家的复兴,最好的道路之一可能就是学习西方国家提供的知识和经验,并将之化为己有。这个方法有许多方面。

此外,对于我们在此提及的新知识分子来说,留学是很好的社会阶层向上流动的武器,也是专业知识与能力的保证。这种想法从1860年代开始逐渐产生,1895年甲午战争中国战败后被强化。从此,这种想法得到认可。从19世纪初开始,在相当一部分青年中,从日本或者美国留学回国后所得到的地位远远高于只有本地文凭的人。如所周知,对1930年代的领导阶级的观察与这个信念并不冲突。孙中山这个四海为家的人,又历经了无数次失败的事业;这个1927年后在蒋介石周围树立了威信的人,很好地回应了这个定义,而蒋介石和日本的关系也是人尽皆知。至于占统治地位的家族,我们知道它们和美国有着什么样的关系。对20世纪末中国的观察也不否定这个特点。因此在新生的精英眼中,"非典型的"和不符合年代的阶段,就是毛泽东时期,也就是20世纪六七十年代,这是一个被围困的和自给自足的国家自我封闭观念盛行的时期,这个时期可能比现实更有象征意义。

不管它显得多特别,勤工俭学生的历史较好地回应了如何定义中国移民群体作用的传统标准。运动之所以能够实现,首先是因为它依靠一个系列网络,在这里交织着狭窄的地方特性(首先要强调高阳县甚至是布里村)和意识形态的联系(国民党和无政府主义)。重要的是这张网络联系着接待国自身的社会关系网络,他们的相似性是真实的:我们强调过共济会会员、思想界和激进社会主义者的变化在其中占据的地位,还有里昂的利益集团。勤工俭学生阶层尽管来自不同地方,但仍然加强了移民界更普遍的、尤其是中国省份的网络联系:勤工俭学生中广东系的利益已经明确地分化了,四川系和湖南系则有明显的相同之处,这三个系列的成员全部在1949年后的中国领导阶级占有一席之地。这是不是意味着参与到勤工俭学运动中就会产生有效的团结呢?

在中国的政治生活中,与"留苏归来"的情况相比,并不一定存在一个"留法归来"的网络:这更确定了我们在第一点中的观察。但这些人和那些人有时是混在一起的。

我们将这个论证总结为两点。如果从移民的角度考虑留法勤工俭学的历史,我们只会震惊于这一段整体的模糊和它所包含的误会。1920年代在法国是劳动力匮乏和人口出生不足的年代,尤其令人担心的是农村出现的人口黑洞。因此,这也是制定号召政策的时期。然而,在战争之后,中国人的潜力不再满足于作为简单的(和巨大的)劳动力储备。后来,那些建议引进中国人从而暂时缓解法国人口衰退问题的人越来越少了。当然,布里索-戴马伊埃将军仍然提出利用中国人去解决农业劳动力赤字:

> 很多(原文如此)地区的村庄和农场都被我们今天的年轻人给抛弃了(……)。在奥德(Aude)地区(……),有一个叫方偌(Fanjeau)的小镇,已经失去了四分之三的居民,在那里,中国的家庭可以找到很快就能使用的房子和耕地。只需要很少的经费就可以安排模范的中国农业移民(……)。另外一些省也提供了相似的机会,尤其是在荒芜的地区。这个小小的农业垦殖的行为可以作为更大的尝试的实验,在中国的新家庭的帮助下进行农业垦殖。这些中国的新家庭可以来自人口过多的省份或者因为洪涝而人口减少的处于困难中的省份。中国的政府肯定赞同提供劳动力(……)。

但是,我们在其他地方几乎没有发现相同的计划:布里索-戴马伊埃的计划看起来只是权宜之计,而且首先是出于解决勤工俭学生困难的考虑。关心来法移民未来的许多阶级,曾经制定了数量众多的引入中国劳动力的计划,试图将之引入到那些不会有很多大城市人口定居的地方,他们又提出了这个问题,政策已经是之前的了,而且在1920年代几乎不会再被提出。这个政策的目的是,人口贩卖开始没落后,以契约的形式,让有能力开发农业的自由农业劳动力代替非洲奴隶。从1830年代开始的圭亚那的情况就是一个例子,此外还有在1860年代培育种植业的塔希提,那里的海军部和移民部部长1863年建议确定

"看起来可以顺利被引进为居民的中国移民的数量"①。这些移民中的中国人朝向手工业活动尤其是商业活动的快速"流动"在一战后引起了一些敌对的评价,甚至在某些情况下,比如在1920年代的塔希提,引起了反对中国人的战役。② 因此以后观点就变得含糊了,1930年代初的地理学家格兰底埃(Grandidier)写道:"中国人在他们所到之处到处建立对金钱的刺激与他们利用土著民的无知和恶习的技巧使他们不那么给人好感。我们仍然认为在大洋洲如果没有中国人,应该引进一些。"③

在法国本土只会引进一些精心挑选的临时移民。我们看到,出于培训的目的,企业应该和文化宣传事业联合起来,尤其是支持在华法语教育机构的发展④;它属于法国的对外贸易政策,以及附属的文化政策,但不属于劳动力政策。法国方面在战争期间招募中国工人的尝试并不真正让人满意。不管对华工的招募多么有组织,这些工人的特性我们已经看见了,他们并不是我们期望的那样。

相反,关于移民作用的思考似乎勾勒出不发达国家在受控制的情况下的发展政策:组织一次临时的、有目标的、有组织的迁移可能会产生和忠实化一批人群,也许还勾勒出一个经济地带。失败的原因部分是因为局势,也要归咎于法国政界和大部分企业家的漠视;计划本身也有很大缺陷。这个计划几乎没有考虑当事人真实的目的、他们对西方国家的评价、他们的财力以及各自的国际交往能力;忽略了他们选择法国的应时的特点,盎格鲁-撒克逊世界和德国对手对他们来说其实有更大的吸引力;计划还忽视了国外政治现实和所提范式之间的矛盾;它低估了苏维埃俄国真实的威望,往往将其归结于简单的阴谋。

中国勤工俭学生的冒险最终揭示了在一段持续的时间内组织一次有限的、被严格控制的、有目的的移民是非常困难的。在勤工俭学运动

---

① A. N. Caom, Oc. 57 E 25, 援引自 San L. , *La communauté chinoise à Tahiti, 1860-1930*(《塔希提的中国群体,1860—1930》,硕士论文,尼斯大学,1988年。
② SHAN, 援引的论文。
③ *Atlas Colonial*(《移民地图》), 巴黎,1934年,第13页。
④ 后来是上海震旦大学或者上海华法工商学院,1920年在德国医学学校的旧址上创立的中等教育机构,其办学步履维艰。

中，尽管输入国和输出国的倡导者之间达成了协议，进行了认真的筹备，表面上也安排了组织机制，但是除了敌对情形的影响之外，相关人群很快就表现得不受控制了，不仅在规模上，也在活动上，个人都在追寻自己的网络系统和目标。因此，这个计划撞上了在移民中建立的团结一致的政治网络，它已经在秩序动荡的中国发挥过作用。总之，唯一继续长期存在直到二战的机构就是里昂中法大学；这个机构在招收学生的数量上和类型上都有限制，几乎不再体现出运动最初的面貌。

第二点，在中国，这一段勤工俭学很快有了范式的作用。有时这个经历被激烈地揭发：如果说"文化大革命"严厉地处罚了移民家庭，它也更严重地谴责了曾经移民尤其是去过法国的领导人，这个经历成为反对他们的口实；邓小平的一生清楚地解释了这一点。有时又相反，这个经历又很有价值。可以说这一事实反映了勤工俭学运动参与者及与其相关联的人确实拥有一笔政治财富。但是这也显示了一些连续性：中国在全球化经济潮流中的开放和融入，尽管有些偶然因素，但仍是20世纪中国"重要的"趋势；还有可能就是移民现象的加强，以及在中国的变迁中给其留出的位置。

当然，在中国官方看来，重要的首先是散居各国的移民的工具作用，他们可以引进资金、技术和商业联系，但是很难相信可以完全避免在其他领域的影响。人员、财富和信息越来越大的流动带来了侨乡的平反，带来了对祖先的重新敬奉和宗族势力的复兴。移民团体和原籍社会之间交流方式的激增，在其他方面可能完全没有影响吗？1989年后的很多反对者认为，1911年的那种政治转变的方案可以被复制，当时与国外中国人团体紧密联系的同盟会明显成功夺取了政权。这显然打错了算盘，正如我们所知，在这个领域没有什么是机械化的。

但在广义的中国周边与中心之间确实存在一个对话，这个周边包括从国家发达的沿海地带，到美国西部海岸、加拿大或者澳大利亚的华人团体；国内从不发达地区到沿海省份的活跃迁移加强了这个事实。我们知道周边地区要求引领中国政治和意识形态现代化，或许其中并非没有幻想的成分。不管怎样，国内与海外华人之间多重的联系在中国国际化方面提出了一些有趣的问题。

附 录

在法中国共产党名录
（1920—1925）

此名录包括在法中国共产党员（人名的不同称谓）及社会主义青年团员，不包括1921年被驱逐出境后加入党团的人员。

来源：参考文献及与革命博物馆研究人员交谈所得。

Cai Chang	蔡畅	Chen Shule	陈书乐
Cai Zhihua	蔡支华	Chen Weiming	陈微明
（Chang Ying）	（畅英）	Chen Yannian	陈延年
Chen Chi	陈赤	Dai Bingyuan	戴秉渊
Cheng Bingyuan	程秉渊	Dai Kunzhong	戴坤忠
Chen Jiaqi	陈家齐	Deng Shaosheng	邓绍圣
Chen Jiazhen	陈家珍	Deng Xiaoping（Xixian）	邓小平（希贤）
Chen Jiuding	陈九鼎	Fang Shiliang	房师亮
Chen Pengnian	陈彭年	Fang Zhigang	方志刚
Chen Shenyu	陈肾御	Fan Yan	范严

Fan Yi	范一	Liao Huanxing	廖焕星
Feng Zhiyuan	冯志远	Li Dazhang	李大章
Fu Jiying	傅继英	Li Fuchun	李富春
Fu Lie	傅烈	Li Helin	李合林
Fu Lun	傅伦	Li Ji	李季
Fu Rulin	傅汝霖	Li Junzhe(Zhuoran)	李俊哲
Fu Zhong	傅钟	Li Lida	李立达
Gan Rui	甘瑞	Li Lin	李林
Gao Feng	高风	(Linghan)	(凌汉)
Gao Yuhan	高语罕	Lin Wei	林蔚
Guo Longzhen	郭隆真	Lin Xiujie	林修杰
Gu Wenlin	顾文琳	Liu Bojian	刘伯坚
Hai Jingzhou	海阱州	Liu Bozhuang	刘伯庄
He Changgong	何长工	Liu Mingyan	刘明俨
hen Peilin	沈沛霖	Liu Puqing	柳溥青
He Sichang	何嗣昌	Liu Qingyang	刘青扬
He Yiduan	何矣端	Liu Shenshan	刘深山
Hua Eyang	华萼阳	Liu Yun	刘云
Huang Changming	黄昌铭	Li Weihan	李维汉
Huang Shitao	黄士韬	Li Weinong	李慰农
Huang Yinghu	黄映湖	Li Yukai	李毓楷
Huang Zhifeng	黄知风	Luo Han	罗汉
Hu Dacai	胡大才	Luo Zhensheng	罗振声
Hu Dazhi	胡大智	Lu Zhenggang	卢政纲
Huo Jiaxin	霍家新	Mao Kesheng	毛克生
Jiang Xuexuan	江学轩	Mao Shengxuan	毛升选
Jin Bairong	金百熔	Ma Yufu	马寓敷
Jing Keming	敬克明	Meng Lingya	孟棱崖
Ji Su	季苏	Mu Qing	穆清
Lei Dingkun	雷定琨	Nie Rongzhen	聂荣臻
Liao Dingming	廖鼎铭	Ouyang Qing	欧阳钦

Ouyang Tai	欧阳泰	Wang Zekai	汪泽楷
Pan Fang	潘芳	Wang Zemin	汪泽民
Pan Yangguang	潘阳光	Wang Zewei	汪泽巍
Peng Shumin	彭树敏	Wang Ziqing	王子卿
Qiao Picheng	乔丕成	Wan Jianzhou	万监周
Qiao Pixian	乔丕显	Wen Datong	温大同
Qin Zhigu	秦治谷	Wu Jipan	吴季蟠
Qiu Shaoyuan	邱少元	Wu QI	吴琪
Ran Jun	冉钧	Wu Shangzhou	吴尚周
Rao Laijie	饶来杰	Xiang Peijia	向培嘉
Rao Laijie	任理	Xiao Fuzhi	萧复之
Ren Zhuoxuan	任卓宣	Xiao Ming	萧鸣
Shi Yisheng	施益生	Xiao Pusheng	萧朴生
Shi Yi	史逸	Xiao Zhenhan	萧振汉
Shuai Liben	帅立本	Xiao Zizhang	萧子璋
Song Faming	宋法明	Xie Chenchang	谢陈常
Sun Bingwen	孙炳文	Xie Shoukang	谢寿康
Sun Fali	孙发力	Xie Yunchang	谢允常
Tang Ruxian	汤儒贤	Xie Zeyuan	谢泽源
Tang Zhenshen	汤振坤	Xing Xiping	邢西萍
Tan Yuan(You)	覃远(猷)	Xiong Jiguang	熊季光
Tan Zhonglin	覃仲霖	Xiong Rui	熊锐
Tao Yi'an	陶一安	Xiong Weiban	熊味板
Teng Gongcheng	滕功成	Xiong Xiong	熊雄
Wang Buren	王布仁	Xiong Yujiu	熊寓九
Wang	王德宣	Xiong Zhengxin	熊正心
Wang G.		Xi Youyao	奚佑尧
Wang Jizhi		Xue Shifu	
Wang Lianghe	王良和	Xue Shilun	薛世纶
Wang Renda	王人达	Xu Fengzhang	许奉璋
Wang Ruofei	王若飞	Xu Shaoling	许少灵

Xu Shousong	徐寿松	Zhang Shenfu	张申府
Xu Zuxiong	许祖熊	Zhang Xi	张熙
Yang Changmao	杨长茂	Zhang Zengyi	张增益
Yang Changsun	杨昌荪	Zhao Guangchen	赵光宸
Yang Daorong	杨道融	Zhao Shiyan	赵世炎
Yang Shibin	杨士彬	Zheng Chaolin	郑超麟
Yang Zhihua	杨志华	Zheng Taipu	郑太朴
Yan Ruisheng	严瑞升	Zhong Rumei	钟汝梅
Yin Kuan	尹宽	Zhou Enlai	周恩来
Yuan Guohuai	袁郭怀	Zhou Jielian	周介琏
Yuan Qingyun	袁庆云	Zhou Jiheng	周季衡
Yuan Zizhen	袁子贞	Zhou Shichang	周世昌
Yue Shaowen	岳少文	Zhou Wenkai	周文楷
Yu Liya	余立亚	Zhou Zijun	周子君
Yu Lüzhong	于履中	Zhu De	朱德
Yu Zengsheng	余增生	Zhu Jianbang	朱建邦
Zhang Bojian	张伯简	Zhu Zengxiang	朱增祥
Zhang Bojun	章伯钧	Zhu Zhenwu	朱振武
Zhang Guiyuan	张贵元	Zi Daokun	资道焜
Zhang Jiajun	张家俊	Zong Xijun	宗锡钧
Zhang Maolin	张茂林	Zuo Jizhen	左纪桢
Zhang Ruoming	张若名		

其他人员名录

Cai Y.	蔡元培	She.	小叔
Chen Boda	陈伯达	Chu Minyi	储民谊
Chen Duxiu	陈独秀	Deng Xiaoqing	邓孝情
Chen Jiongming	陈炯明	Deng Yanda	邓演达
Chen Lu	陈箓	Duan Qirui	段祺瑞
Chen Shaoxiu	陈绍休	Gao Lu	高鲁

Gu Yanwu	顾炎武	Sun Yat-sen(Yixian)	孙逸仙
He Luzhi	何鲁之	Wang Fuzhi	王夫之
He Shuheng	何叔衡	Wang Jingqi	王京岐
Hua Guofeng	华国锋	Wang Mu	王木
Huang Jisheng	黄济生	Wu Dingchang	吴鼎昌
Huang Liqun	黄利群	Wu Zhihui	吴稚晖
Hu Guowei	胡国伟	Xiang Jingyu	向警予
Hu Shi	胡适	Xie Dongfa	谢东发
Hu Yaobang	胡耀邦	Xiong Kewu	熊克武
Liang Qichao	梁启超	Xu Shichang	徐世昌
Li Dazhao	李大钊	Xu Teli	徐特立
Li Guanghan	李光汉	Yan Fu	严复
Li Hongzhang	李鸿章	Yang Changji	杨昌济
Li Huang	李璜	Yang Pinsun	杨品荪
Lin Biao	林彪	Ying Zhi	颖之
Liu Hou	刘厚	Yuan Shikai	袁世凯
Li Zhuo	李卓	Yun Daiying	恽代英
Luo Zhanglong	罗章龙	Zeng Qi	曾琦
Mao Zedong	毛泽东	Zhang Chunqiao	张春桥
Ma Zhiyuan	马志远	Zhang Jingjiang	张静江
Peng Zhen	彭真	Zhang Jingyao	张敬尧
Qi Zhushan	齐竺山	Zhang Kundi	张昆弟
Sheng Cheng	盛成	Zhang Lan	张澜
Shifu(Liu Shifu)	师复(刘师复)	Zhang Xiupo	张秀波
Song Jiaoren	宋教仁	Zhang Yunhou	张允侯
Sun Baoqi	孙宝琦		

组织、群体的不同称谓

Bangong bandu　半工半读(mi-étude mi-travail)

(Er)erba yundong　二二八运动(Mouvement du 28 février)

Faguo huaqiao xieshe　法国华侨协社(Amicale des Chinois en France)

Fufa　赴法(expatrié en France)

Gongdu huzhu tuan　工读互助团(Association d'entraide travail études)

Guomindang lüouzhibu　国民党旅欧支部(Section européenne du Guomindang)

Huafa jiaoyu hui　华法教育会(Association franco-chinoise d'éducation)

Huagong　华工(ouvrier chinois expatrié)

Huimin gongsi　惠民公司(Bureau pour l'émigration)

Jinzhu Lida　进驻里大(reprendre Lida[l'Institut Franco-chinois de Lyon])

Juewu xuehui　觉悟学会(Société l'éveil)

Jükuan douzheng　巨款斗争(mouvement contre l'emprunt)

Liufa　留法(expatrié en France)

Liufa qingong jianxue hui　留法勤工俭学会(Société de travail diligent et d'études dans la frugalité en France)

Liufa jujia jianxue hui　留法居家俭学会(Association d'études en famille dans la frugalité en France)

Luifa xuehui yubei xuexiao　留法学会预备学校(École préparatoire aux études en France)

Lüfa huagong hui　旅法华工会(Association des ouvriers chinois en France)

Lüou qingniantuan　旅欧青年团(Association de la jeunesse en Europe)

Mengdani pai　蒙达尼派(faction de Montargis)

Qingong jianxue yundong　勤工俭学运动(Mouvement pour un travail diligent et des études dans la frugalité)

Qingniandang　青年党(Parti de la jeunesse)

Qingnianhui　青年会(Association de la jeunesse)

Qiuxue(yundong)　求学(运动)(Mouvement) pour la recherche des études

Shaonian lianhu weiyuanhui　少年连护委员会(Association franco-chinoise de patronage des jeunes chinois en France)

Shaonian Zhongguo　少年中国(Association jeune China)

Shaonian Zhongguo gongchandang　少年中国共产党(en abrégé Shaogong, Parti communiste de la jeunesse chinoise)

Shaonian xuehui　少年学会(Association d'études Shaonian)

Shaonian gongchandang　少年共产党(Parti communiste de la jeunesse)

Wusi(yundong)　五四(运动)(Mouvement du 4 mai 1919)

Xinmin xuehui　新民学会(Société des nouveaux citoyens)

xiaozu　小组(cellule)

Zhongguo gongchandang lüouzhibu　中国共产党旅欧支部(Section européenne du PCC)

Zhongguo gongchanzhuyi qingniantuan lüouzhibu　中国共产主义青年团旅欧支部(Section européenne de la ligue des jeunesses communistes de China)

Zhongguo shehui dang　中国社会党(Parti social-démocrate chinois)

Zhonghua waijiao hui　中华外交会(Association diplomatique du peuple chinois en Europe)

人物生平

在正文中有些人的生平资料没有给出,以下是这些人的生平概述:

巴金(1904—1997)。原名李芾甘,此为笔名(取自巴枯宁的第一个字和克鲁泡特金最后一个字)。巴金出身于四川的书香世家,在海因茨·戈德曼和克鲁泡特金作品的影响下,于1920年代成为中国最活跃的无产阶级运动人物之一。1927—1929年暂居法国,并在此翻译了克鲁泡特金的作品。回到中国后,他与共产主义者发生论战,并拒绝加入左翼作家联盟。1937—1945年期间,他积极对抗日本。然而不久,中华人民共和国将其划为右派分子,"文化大革命"期间曾被关进干校进行劳改(1968—1974)。改革开放后他被恢复名誉,并于1981年任中国作家协会主席。其最著名的长篇小说(《家》,1933年;《火》,1941年;《寒夜》,1947年)以及很多中短篇小说都以反抗家庭和社会的枷锁为主题。

蔡和森(1895—1931)。湖南人,与毛泽东一起创立了新民学会,是赴法勤工俭学运动的发起人之一,也是中国最先关注马克思主义的知识分子之一。蔡和森的外公与曾国藩有姻亲关系,因此他在进入长沙第一师范学校之前就接受过传统教育。1919年末蔡和森到达法国,领导蒙塔尔纪小组。里昂事件后被遣返,1922年加入了中国共产党中央委员会。作为领袖人物,他对统一战线持保留态度,仅仅是按照规章接受它;在 1927 年事件中他站在了陈独秀的对立面。那时他尝试在北京地区领导农村起义,未果。1928 年他加入共产国际,反对李立三和"28 个布尔什维克"。1931 年他被派遣至广东省,香港警察将其捕获并移交给国民党,后来在广州被枪决。

蔡元培(1868—1940)。民国时期教育领域非常著名的领导人物之一。他接受的最初的教育来自一名传统文人;在教育组织内部他很早就开始反抗清王朝。1907 年,在孙宝琦的帮助下远赴德国,1908—1911 年在莱比锡大学就读。辛亥革命爆发后回国,1912 年曾短暂任职教育部部长,在孙中山政治失败后,他离开中国去了法国,成为李煜瀛的支持者。在法国,他也与张静江和吴稚晖有联系;后来人们称这 4 位为国民党"四大元老"。1916—1926 年期间,他做过北大校长,也在法国、其他欧洲国家和美国执行各种任务,是中外教育关系领域的杰出人物。在 1925—1927 年事件中他站在了蒋介石的一方。蔡元培致力于改革大学和主持成立中央研究院,1928 年又重新担任教育部部长一职。1935 年他从政治生活中退隐;1937 年到香港避难,后来在近乎隐姓埋名的隐居中去世。

陈氏(兄弟) 陈延年(1898—1927),陈乔年(1901—1928)。他们两个是陈独秀的儿子,1920 年到达法国。起初他们是积极的无政府主义活动分子,后来加入了中国共产党。1923 年陈延年离开法国到莫斯科;1925 年回到中国,被派往广东和广西,1927 年成为中央委员会的成员,被派往上海;后被国民党逮捕处决。陈乔年在法国一直待到 1924 年,后来成为中国共产党在河北的负责人,然后是江苏的负责人;1928 年在上海被国民党抓获,也被处决。

陈独秀(1879—1942)。五四运动中最著名的知识分子之一,《新青年》杂志的创始人。他复杂的个性、作品及多样的身份众所周知。1920 年起人们在上海建立最初的共产主义小组,他是其中一个小组的创立者(尽管他缺席了 1921 年 7 月的中共一大),也是第一任党书记,并以此名义成为去往国外的、具有共产主义色彩人士的积极的联络员。他是整整一代人文化和政治上的良师益友。他被认为是 1927 年共产主义失败的责任人,但拒绝自我批评,并加入了托洛茨基派。1932—1937 年期间被监禁,后来逃离被占领了的上海,到四川避难。

陈毅(1901—1972)。中华人民共和国最伟大的军事人物之一。1919 年秋和他的哥哥一起到法国,起初因生病被送进医院,后来从事了不同的职业。因为与蒙塔尔纪小组亲近(尽管是四川人),他成为 1921 年 10 月被遣返者中的一个。回国后加入中国共产党,1925 年成为黄埔军校的负责人之一,此后他的事业就几乎完全与军事相关:参加北伐、参与井冈山会师、领导长征留下的游击队,后成为新四军领导人之一。作为 1949 年共产主义胜利的缔造者之一,他也成为党的一名重要人物,1955 年被授予元帅军衔,1958 年出任外交部部长。在"文化大革命"中受到迫害。1972 年临终前被恢复名誉。

褚民谊(1884—1946)。祖籍浙江,与和他同赴巴黎的张静江关系亲近,在后者的带领下成为后来的"国民党四大元老"之一。辛亥革命后在中国短暂停留,1912 年再度赴欧,到布鲁塞尔学习。1915 年到法国,在斯特拉斯堡大学完成了医学和药学的学习,并在 1921 年成为里昂中法大学的副校长。1925 年一回到中国,他就成为国民党的显要人物。因为与汪精卫关系紧密,因此在汪精卫被 1928 年建立的南京新政府排斥在外的时候,他也遭受了同样的命运。然而他仍是国民党领导机构的成员之一,因为承担着不同的政治和文化任务,他走遍了欧洲。他与汪精卫一直保持联系,并追随汪精卫参与了和日本的合作,成为南京亲日政府的一员。后在 1946 年被宣判死刑并处决。

邓小平(希贤)(1904—1997)。邓小平和周恩来可能是留法人员中最有名的人物。邓小平出身于四川一个富有的农村家庭,1920 年 12 月到达法国,在那里一直待到 1926 年。随后在莫斯科中山大学度过了几个月,后来就开始了他的军事生涯,先是到了广西一个短暂的革命根据地,后又去了江西的革命根据地。他参加了长征,后来成为八路军的政治和军事领导人之一,听命于刘伯承,并为共产党对淮战役的胜利作出了贡献(1948—1949)。作为西南地区的民事和军事负责人,他进入党的高层机关。在"文化大革命"中被打倒。1975 年初在周恩来的支持下重返政坛。1976—1977 年经历了短暂的退隐,但很快就投入到 1978 年开始推行的改革之中。尽管他拒绝担任除了中央军事委员会之外的高层职务,但通过演说和务实的名言警句,他成为坚定的改革的推广者,一次南方讲话中(1992)重申了中华人民共和国赋予经济自由主义的重要性。

傅钟(1900—1989)。四川人,1920 年赴法,一直待到 1926 年。随后他出发去了苏联,后回到中国,在中国共产党内部开始了他的军事生涯。1949 年后一直在军队里担任要职。

李富春(1899—1975)。在中华人民共和国的前20年里是经济政策的伟大制定者之一。湖南人,新民学会的创始人之一(其他的创始人还有蔡和森和毛泽东等)。1919—1925年(?)赴法勤工俭学,在苏联有过短暂停留,然后在1925年进入黄埔军校。他参加了北伐,在统一战线破裂之后,于1931年到江西苏维埃避难。长征后,他在党内担任各种领导职务。1940年开始,他协助陈云,负责革命基地的财务和经济工作。在1949年之后担任的职务使他成为经济大方向和规划的主要领导人之一。他先前对"大跃进"持保留的赞成态度,但在此之后的灾荒以及"文化大革命"中,在政治上就步履维艰了,1969年后逐渐远离政治舞台。

李璜(1895—1991)。成都富商之子,最初接受的是传统教育,之后到上海震旦学院学习,与他同时入学的还有曾琦。他是少年中国协会的创始成员,1918年出发去法国求学。他的家境使他不用依靠打工来维持在法国的学习,然而他还是参加了很多战斗活动和新闻工作;作为青年党的联合创始人(青年党是一个后来影响力一直很微弱的组织),同时也是共产党和国民党强劲的对手,1924年他离开法国,完成学业后,他在中国几所不同的大学授课。1937年归附于第二次国共合作统一战线,成为"第三种力量"的代表之一,1940年代在国民党和共产党之间奔走,1949年之后定居香港。著有许多关于法国文学、社会科学和教育的作品。

李立三(1899—1967)。湖南人,毕业于湖南第一师范学院,与毛泽东是校友。1918年底赴法,1921年10月被法国政府驱逐。回国后,李立三在湖南支持工人自治运动,并在1925年成为上海总工会副主席,之后又担任中华全国总工会副主席、工人运动领袖。1929年瞿秋白领导的城市起义失败后,李立三在莫斯科当选为中国共产党中央委员。1930年因组织城市起义犯了"左"倾冒险主义错误,之后又在莫斯科遭逮捕入狱(1930—1945?)。1949年被任命为劳动部部长。"文化大革命"期间遭受迫害致死,1980年得到平反。

李维汉(1896—1984)。新民学会创始人之一,起初并不支持创建中国共产党。他在赴法勤工俭学期间(1919—1922)受蔡和森的影响接受并信仰了马克思主义,并在回国后成为中国共产党湖南地区负责人,之后又进入了中央政治局常委。虽然李维汉在1927—1928年间因一些行为遭到非议,但他并未因此失去职务。李三立落马后,李维汉也遭到牵连被免职。在之后的职业生涯中,他一直比较低调,1949 年后一直负责边区少数民族问题。"文化大革命"后得到平反(1978 年),之后再也没有担任过要职。

聂荣臻(1899—1992)。四川人,与邓小平同年(1919 年)赴法勤工俭学。一年后,聂荣臻赴比利时学习。1923—1924 年间重回法国,并取得工程师文凭。之后他又访学莫斯科,并于 1925 年回到中国,成为黄埔军校的教官。自此,聂荣臻开始了他的军旅生涯,先后成为陈毅和林彪的亲信,参加了红军长征并成为八路军政委。1948 年,解放战争时期,聂荣臻任华北军区司令员。1949 年以后,他被委任军事职务并参与了中华人民共和国宪法的起草。1957 年负责中国科学技术规划,积极推进核领域的建设。"文化大革命"期间虽然遭到抨击,但仍保留了原有职务。

孙宝琦(1867—1931)。清末大臣,晚清外交家。出生于浙江杭州一个官宦家庭,因与清廷联姻得到了人生中第一份官职。在此之后,基本从事外交工作。1902—1906 年,出任驻法公使。1912 年清王朝覆灭后,投身商业,之后又被委任税务处督办一职。在北京政府担任多次部长级职务后,他曾在 1924 年短暂担任国务总理一职。他职业生涯的尾声是作为张作霖的外交顾问,1929 年因身体抱恙退休。

汪精卫(1883—1944)。汪精卫纷繁复杂的职业生涯和扑朔迷离的人物性格广为人知,尤其是作为孙中山的继承人以及"中国的赖伐尔(法国卖国贼)"被后人熟知。除了这个简短的评价外,汪精卫还有其他一些值得了解的地方。他生于广东省一个没落仕宦家庭(祖籍浙江),在学习条件十分艰苦的情况下取得了公费赴日留学的机会,并取得了法律专业文凭。他作为同盟会的一员、记者、理论家以及孙中山的亲信,曾参与了众多致使清王朝灭亡的秘密行动。第一次世界大战期间偕妻子赴法,并在当地招募了一批中国留学生投身革命。1917 年回国开始了他在国民党内的晋升之路。

王若飞(1896—1946)。贵州人,早期赴日留学,1919—1922 年间以学生工人的身份赴法勤工俭学。在莫斯科留学 3 年后,于 1925 年回国并担任豫陕区党委书记、中共中央秘书长。1927 年组织了工人起义,后因袒护陈独秀被排挤。他作为中共驻共产国际代表团成员赴莫斯科参会学习,并于 1931 年回国。因被出卖遭逮捕并被监禁 5 年,在第二次统一战线成立后获释。1945 年后,他作为中共代表,随同周恩来一起参加国共两党和平谈判,在执行一次外交任务时因飞机事故罹难。

吴稚晖(1854—1953)。"国民党四大元老"之一,出生于一个耕读之家,曾为清朝举人。1890年代在大学任教。早年结识主张维新的梁启超和康有为,但并未追随他们投身百日维新。在日留学期间遭遇坎坷,结识了蔡元培。受蔡元培的影响,回国后开始投身教育运动,然而很快被清廷通缉。他被迫逃往苏格兰、伦敦(1904),并加入了同盟会。1906年在巴黎与无政府主义者一起组建了世界社,发行《新世纪》,鼓吹革命。此外,筹建了里昂中法大学,并担任校长至1923年。回国后,他一边从事科研(尤其是在语言学领域),一边在国民党内部从政。抗战时期在重庆度过数年,1949年随国民党奔赴台湾。

萧三(子璋,植藩)(1897—1983)。湖南人,与其兄萧子升(萧瑜)一样是新民学会的成员。在短暂赴法勤工俭学期间(1920—1921),他与4个中国青年一起加入了法国共产党。他也曾赴莫斯科学习,并于1924年回到中国。曾任团中央组织部部长,并于1927年赴苏联任教。作为中国左翼作家联盟常驻苏联代表,他在苏联文化圈获得了一定的影响力。1939年回到延安后,他在文化领域任重要职务。1949年以后被委任更多职务,尤其是作为中苏友谊协会主席负责与东欧国家开展文化交流。"文化大革命"时期遭监禁,"四人帮"被打倒后获释。

曾琦(1892—1951)。四川人,曾赴日本留学,与李璜共同创建青年党,并任该党主席至第二次世界大战结束。1919年到巴黎从事新闻工作。1924年回国任教并积极宣传国家主义。1927年因被国民党通缉逃往日本。1933年重回国内,拥蒋反共。他先是追随重庆国民政府,之后定居在上海法租界。内战时期任蒋介石顾问,1948年逃亡美国,并在美国成立了一个泛宗教反共同盟,卒于美国华盛顿。

张静江(张人杰)(1877—1950)。"国民党四大元老"中最年轻的一员,出身江南丝商巨贾之家,早期接受中国传统私塾教育。1901年结识李玉英,并随她赴法并出任一等参赞。在法经商,为孙中山的革命事业筹集助款。自1911年起,开始成为国民党知名人物,主管财政事务,既从政又经商,定居在上海法租界。1928年南京国民政府成立后,任民政府建设委员会委员长,后任浙江省政府主席。1930年后逐渐退出政治舞台。1938年由港赴欧,最终赴美。

赵世炎(1901—1927)。四川人，1920—1922年赴法勤工俭学。之后又前往苏联学习，并结识李大钊。1924年回国工作，在共产党内担任数项职务，先是在北方，然后在上海领导工人运动。他是1927年上海工人起义的领导人之一，于1927年7月被国民党抓获执行死刑。

周恩来(1898—1976)。与邓小平一样，家喻户晓的周恩来的职业生涯也很难在此详述。周恩来出生于一个官吏家庭，曾赴日短期留学，五四运动期间在天津组织觉悟社。1920—1924年间先后去法国、英国、德国和比利时勤工俭学，在旅欧的中国学生和工人中宣传马克思主义。1924年回国后，他成为中国共产党最重要的人物之一，曾任黄埔军校政治部主任，之后成为中共领导班子一员。他之后的职业生涯与中国共产党的历史发展紧紧地联系在一起，身负开启中共对外关系的重任，并在内战时期代表中共与国民党谈判。1949年以后，被任命为国务院总理兼外交部部长（他是一位出色的外交家）。1958年以后，继续担任国务院总理。在"文化大革命"时期及之后的系列事件中都几乎未受迫害。其复杂的人生角色和谜一般的性格催生出许多有关他的人物传记。

朱德(1886—1976)。出生于四川省一个佃农家庭，年少时就向往军旅生活。不顾家人反对，考进云南陆军讲武堂学习，1911年毕业。在加入中国同盟会后参加了辛亥革命武装起义，此后一段时间任滇军旅长、云南陆军宪兵司令部司令官等职务。在接受马克思主义之后，于1922年赴法勤工俭学，之后又赴德国勤工俭学3年。1925年被德国驱逐出境后又去了莫斯科。回国后，他参加领导了1927年的南昌起义，之后在井冈山与毛泽东会合，在长征部队的基础上成立了红军并任军长。1949年新中国成立后，集众多头衔和荣誉于一身的他选择了坚守岗位，从事实质性工作而不是退休。他谨慎的态度和历史成就使他免于遭受"文化大革命"的迫害。

参考文献

1. 档案史料来源与报刊

中国史料

a) 非印刷史料

中国共产党中央委员会档案中的资料

赵世炎烈士资料汇编（打字原稿，405 页）

b) 印刷史料：见中文著作

法国史料

a) 法国国家档案馆公共档案（来自内政、商务和公共工程部）

- Série F^{1a} Ministère de l'Intérieur：

   F^{1a} 3 084 Arrêtés du Ministre de l'Intérieur, année 1921.

- Série F^7 Police Générale：

   F^7 12 900 Communisme en Chine et en Alleagne

   F^7 13 065 Anarchistes divers chinois et japonais

   F^7 13 438 Chinois en France 1914-1927

   F^7 13 522 Id.

F^7 14 654 Table alphabétique générale des étrangers expulsés 1925-1943

F^7 14 655 Id.

F^7 14 656 Id.

— Série F^{12} Commerce et Industrie：

F^{12} 7 223 Chine. 1906-1920. Rapports consulaires postérieurs à la circulaire du 26 décembre 1906 rattachant les consulats au Ministère du Commerce pour tout ce qui concerne leur correspondance et leurs relations commerciales.

F^{12} 7 224 Id.

F^{12} 7 225 Id.

F^{12} 9 225 Renseignements économiques fournis par les attachés commerciaux au Ministère

F^{12} 9 226 Id.

— Série F^{14} Travaux Publics：

F^{14} 11 331 Main-d'oeuvre dans les ports

F^{14} 11 337 dossier «Remplacement éventuel des Prisonniers de Guerre par des civils ou des exotiques»

b）法国国家档案馆公共档案（殖民地档案，法国海外领地 S. L. O. T. F. O. M. 联系部，在法国殖民地原住民援助部，1919 年）

— Série I：

carton 8 Contrôle postal, 1916-1924

carton 10 Rapports d'Inspections. Enquêtes particulières.

— Série III：

carton 3 Union Intercoloniale

carton 10 Communistes en Chine. Propagande communiste chinoise en Indochine

carton 19 Rapports périodiques concernant l'activité et l'évolution des Sociétés Secrètes

carton 29 Ecole coloniale du P. C. F. à Paris carton 71 Notes politiques 1922-1934

carton 92 Chinese Information Bureau

carton 100 Notes politiques 1922-1924

carton 101 Notes politiques 1923-1924

carton 103 Notes politiques 1922-1925

carton 115 Relations officielles des autorités chinoises avec les révolutionnaires annamites du sud de la Chine. Attentat Merlin.

carton 141 Saisie de documents à l'ambassade d'U. R. S. S. à Pékin. Yunnan, Shanghai. Communistes chinois en Europe.

carton 142 Organisation de la politique coloniale du Parti Communiste en France.

carton 143 Controle postal 1917-1923.

- Série IV:

carton 9 Banque Industrielle de Chine

- Série V:

carton 4 L'Orient et les Colonies

carton 5 L'Internationale Communiste. Les Cahiers du Bolchévisme

carton 6 Banque Industrielle

carton 8 Correspondance Internationale.

carton 44 Canton Gazette[*Dongfang zazhi*]

carton 48 Lot de journaux en caractères chinois

- Série VIII:

carton 4 Associations chinoise et franco-chinoise, Parti Jeune Chine, Yunnan

carton 6 Kuomintang, associations chinoises en France

carton 9 Situation en Chine

carton 10 Incidents à Shanghai, propagande communiste en Chine, Albert Thomas, Doriot en Chine, Yunnan.

c) 法国国家档案馆公共档案(印度支那政府档案)(G. G.)

G. G. F^5 Voyage de Joffre, 1921-1922

G. G. F^{30} Renseignements politiques sur la Chine. Extraits de presse, 1924-1933. Note sur le mouvement communiste dans les paysétrangers d'Extrême-Orient

G. C. F^{71} Presse chinoise de Shanghai. 1918-1919

G. G. F^{252} Consulat de France à Shanghai. Agitation des masses ouvrières en Extrême-Orient. Dossier Maybon, directeur de l'Ecole Municipale de Shanghai,

1908-1923. Affaire Vandelet.

G. G5 Produit des greffes et des cours, tribunaux et Justices de Paix, 1920.

G. G. S[66] Demande de M. Li Yu Ying, profeseur à l'Université de Pékin, relative à l'embarquement de jeunes Chinois désireux de venir en France, 1919

d) 法国国家档案馆公共档案(外交部)

- Série E Asie, Chine, 1918-1929

    volume 40 Envoi éventuel de contingents militaires chinois en France

    volume 47 Ecoles frangaises en Chine

    volume 48 Association Franco-chinoise. Étudiants chinois en France

    volume 49 Société Franco-chinoise de patronage. Listes et documents chinois

    volume 68 Étudiants chinois dans les Écoles Militaires en France

    volume 87 Emprunts

    volumes 94 à 104 Banque Industrielle de Chine

    volumes 197 à 211 Communisme, Révolution, 1922-1925

    volume 212 Doriot en Chine

    volumes 360 à 365 Emprunts

    volumes 366 à 371 Indemnite des Boxeurs

    volume 372 Subvention scolaire sur indemnite des Boxeurs, 1922-1929

    volume 483 Étudiants chinois en France

    volume 484 Id.

    volume 491 Chinois en France, 1922-1929

    volume 492 Agitation révolutionnaire chinoise à Paris, 1922-1929

    volumes 493 à 496 Voyages et recommandations de Chinois

    volume 497 Amitiés, personnalités, bienfaisance, 1922-1929

    volume 498 Affaires culturelles au sujet de particuliers

e) 巴黎警察局的公共档案*

    série BA 288 (diverses pieces se rapportant aux Chinois en France)

    série BA 292 Id.

    *Inventaire présenté comme provisoire au moment de la consultation. II est possible que les cotes ne soient plus les mêmes.

f) 私人档案

- Archives，Privées aux Archives Nationales（versement de fonds émanant d'Associations）

  47 AS 1 à 27 Étudiants-ouvriers chinois en France，1920-1940. 27 cartons, inventaire intégral dans BARMAN G. DULIOUST N. *Étudiants-ouvriers chinois en France 1920-1940*，catalogue des archives，Paris，E. H. E. S. S.，1981，160 pages.

- Autres

  Archives Hutchinson

期刊

a) 中文期刊(题目，查阅期刊)

《赤光》1924—1925 年

《东方杂志》1920—1922 年

《共产党》1920—1921 年

《觉悟》1924 年

《劳动节》1920—1921 年

《旅欧周刊》1919—1920 年

《民国日报》1919—1921 年

《民生》1921—1922 年

《民心周报》1919—1920 年

《前锋》1923 年

《人民日报》1979—1986 年

《少年》1922 年

《先声》1925 年

《向导》1922 年

《先驱》1922—1923 年

《新青年》1917—1922 年

《新人月刊》1920—1921 年

b) 西文周刊(题目，查阅期刊)

L'Action Française 1925

L'Avenir 1925

L'Écho de Chine 1925

L'Écho de Paris 1925

L'Express de Lyon 1921

L'Homme litre 1925

L'Humanité 1919-1927

La Liberié 1925

Le Gâtinais 1911-1925

Le Gaulois 1925

Le Fournal 1925

Le Fournal Officiel (débats parlementaires) 1920-1925

Le Matin 1925

Le Nouvelliste de Lyon 1921

Le Progrès de Lyon 1920-1921

Le Temps 1925

Paris-soir 1925

The China Yearbook 1919-1936

The North China Daily News 1919-1922

The North China Herald 1919-1922

2. 著作与文章

a) 西文著作与文章

AGULHON, Maurice, NOUSCHI, André, *La France de 1914 à 1940* (Paris, Fernand Nathan, 1971. 190 pp.).

An. (R. VIÉNET et alt.), *Révo. Cul. dans la Chine pop., Anthologie de la presse des Gardes rouges (mai 1966-janvier 1968)* (Paris, Union Générale d'Editions, 10/18, 1974. 448 pp.).

An., *An Outline History of China* (Pékin, Foreign Languages Press, 1958. 487 pp.).

An., *Conference on the History of the Chinese Communist Party* (Grande Bretagne, Ditchley Man's, 1968).

An. , *Résolution sur l'histoire du Parti Communiste Chinois, 1949-1981* (Pékin, Editions en Langues Etrangères, 1981. 142 pp.).

An. , Thèses, *Manifestes et résolutions adoptés par les Ier, IIe, IIIe, et IVe Congrès de l'Internationale Communiste (1919-1923)* (Paris, Bibliothèque communiste, Librairie du Travail, 1934. Réimpression en fac-similé, François Maspéro, 1970. 212 pp.).

An. , (D. Bergeron trad.), *Connaissance de base du parti communiste chinois* (Paris, nbe, 1976. 270 pp.).

BAHNE, Siegfried, *Archives de F. H. Droz* (Dordrecht, D. Reidel, 1970).

BARBUSSE, Henri, *La lueur dans l'abîme, ce que vent le groupe Clarté* (Paris, 1920).

BARMAN, Geneviève, DULIOUST, Nicole, *Étudiants-Ouvriers chinois en France (1920-1940). Catalogue des archives conservées au C. R. D. C. C. de l'E. H. E. S. S.* (Paris, Editions de l'EHESS, 1981. 160 pp.).

BARMAN, Geneviève, DULIOUST, Nicole, *La France au miroir chinois*, in *Les Temps modernes*, Paris, janvier 1988.

BASTID, Marianne, *Aspects de la réforme de l'enseignement en Chine au debut du XXe siècle, d'après des écrits de Zhang Fian* (Paris, La Haye, Mouton, 1971).

BASTID, Marianne, *L'évolution de la société chinoise à la fin de la dynastic des Qing (1873-1911)* (Paris, Éditions de l'EHESS, 1979. 136 pp.).

BECKER Jean-Jacques, BERSTEIN Serge, *Nouvelle histoire de la France contemporaine*, t. 12, *Victoire et frustrations, 1914-1929* (Paris, Seuil, coll. Histoire, 1990).

BERGÈRE, Marie-Claire, *La bourgeoisie chinoise et la révolution de 1911* (La Haye-Paris, Mouton, 1968. 151 pp.).

BERGÈRE, Marie-Claire, *L'âge d'or de la bourgeoisie chinoise* (Paris, Flammarion, 1986. 370 pp.).

BERGÈRE, Marie-Claire, *Famine en Chine*, in *Annates E. S. C.*, n°6, novembre-décembre 1973. pp. 1361-1403.

BERGÈRE, Marie-Claire, *Sun Yat-sen* (Paris, A. Fayard, 1994).

BERGÈRE, Marie-Claire, TCHANG Fou-Jouei, *Sauvons la Patrie, Le nationalisme chinois et le mouvement du 4 mai 1919* (Paris, Publications Orientalistes de France, 1977. 186 pp.).

BIANCO, Lucien, *Les paysans et la révolution en Chine de 1919-1949* (Bruxelles, Centre d'étude du Sud-est Asiatique et de l'Extrême Orient, n°32, 21 avril 1969. 123 pp.).

BIANCO, Lucien, *Les origines de la révolution chinoise* (Paris, Gallimard, 1967. 384 pp.).

BIANCO, Lucien, CHEVRIER, Yves (sous la direction de), *Dictionnaire biographique du mouvement ouvrier international. La Chine* (Paris, Les Éditions Ouvrières, 1985. 845 pp.).

BING, Dov, *Sneevliet and the Early Years of the CCP*, in *The China Quarterly*, n° 48, octobre-décembre 1971. pp. 677-698.

BLICK, Judith, *The Chinese Labor Corps in World War I* (Cambridge, Mass., Harvard University Press, 1955).

BOERSNER, Demetrio, *The Bolsheviks and the National and Colonial Question* (Paris, Genève, 1957).

BORG, Dorothy, *American Policy and the Chinese Revolution (1925-1928)* (Columbia University (East-Asian Institute), 1947, rééd. 1968. 440 pp.).

BOUKHARINE, N., PREOBRAJENSKY, E., *ABC du communisme* (Paris, François Maspéro, 1968. 159 pp.).

BRANDT, Conrad, *The French Returned Elite in the Chinese Communist Party* (Berkeley, Institute of International Studies, reprint Hongkong: Hong Kong University Press, 1961).

BROUÉ, Pierre, *La question chinoise dans l'Internationale communiste (1926-1927)* (Paris, EDI, 1965. 380 pp.).

BRUNET, Jean-Paul, *L'enfance du Parti communiste (1920-1933)* (Paris, PUF, 1972. 96 pp.).

BRUNET Jean-Paul, *Facques Doriot* (Paris, Balland, 1986).

CADART, Claude, CHENGYingxiang, *L'envol du communisme en Chine (mémoires de Peng Shuzhi)* (Paris, Gallimard, 1983. 488 pp.).

CARRÈRE D'ENCAUSSE, Hélène, SCHRAM, Stuart, *Le marxisme et l'Asie*,

1853-1964 (Paris, Armand Colin, 1965. 494 pp.).

CARTIER, Michel, LOMBARD, Denys, *Villes asiatiques*, in *Annales E. S. C.*, n° 4, juillet-août 1970. pp. 831-842.

CHAN Lau Kit-chang, *The Chinese Youth Party, 1923-1945* (Hong Kong, University of Hong Kong, 1972. 62 pp).

CHAO Hang, *Liang Ch'i-ch'ao and Intellectual Changes in the Late Nineteenth Century.*, in *Fournal of Asian Studies*, vol. XXIX, n° 1, novembre 1969. pp. 23-35.

CHESNEAUX, Jean, *Le mouvenient ouvrier chinois de 1919 à 1927* (Paris, La Haye, Mouton, 1962. 652 pp.).

CHESNEAUX, Jean, *Les syndicats chinois, 1919-1927* (La Haye, Paris, Mouton, 1965. 305 pp.).

CHESNEAUX, Jean, *Sun Yat-sen* (Paris, Le club français du livre, 1959. 260 pp.).

CHESNEAUX, Jean, DAVIS, Felling, NGUYEN, Nguyet Ho. (sous la dir. de), *Mouvements populaires et sociétés secrètes en Chine aux XIXe et XXeme siècles* (Paris, François Maspéro, 1970. 492 pp.).

CHESNEAUX, Jean, *La pénétration du socialisme moderne dans le monde arabo-asiatique jusqu'en 1918*, dans DROZ J. (sous la dir. de) *Histoire générale du socialisme*, t. 2 (Paris PUF, 1974).

CHOW, Tse-tsung, *The May Fourth Movement* (Stanford, California, Stanford University Press. 1967. 486 pp.).

COLLOTI PISCHEL, Enrica, *L'Internationale Communiste et les problèmes coloniaux, 1919-1935* (Paris, La Haye, Mouton, 1968. 584 pp.).

Coll., *The May Fourth Movement in China*, Major Papers Prepared for the XXth International Congress of Chinese Studies (Prague, Orientalni ustav, 1968. 221 pp.).

COSTA-LASCOUX Jacqueline, LIVE Yu-Sion, *Paris XIIIe, lumières d'Asie* (Paris, Autrement, 1995).

DEGRAS, Jane, *The Communist International, 1919-1943* (Londres, Oxford University Press, 1956).

DESANTI, Dominique, *L'Internationale communiste* (Paris, Payot, 1970. 394 pp.).

DIRLIK, Arif, *Anarchism in the Chinese Revolution* (Berkeley, L. A., Londres, University of California Press, 1991).

DIRLIK, Arif, *National Development and Social Revolution in Early Chinese Marxist Thought*, in The China Quarterly, n°58, avril-mai 1974. pp. 286-310.

DIRLIK, Arif, *The Origins of Chinese Communism* (New York, Oxford, Oxford University Press, 1989).

DJUNG, Lu-dzai, *A History of Democratic Education in Modern China* (Shanghai, Commercial Press, 1934. 258 pp.).

DREGE, Jean-Pierre, *La Commercial Press de Shanghai (1897-1949)* (Paris, Collège de France, 1978. 283 pp.).

DROZ, Jules Humbert, *L'œil de Moscou à Paris* (Paris, Julliard, collection Archives, 1964. 265 pp.).

DUBARBIER, Georges, *Les œuvres Franco-chinoises en France et en Chine*, in*Revue du Pacifique*, janvier 1923.

DUBOIS, *Les accords Franco-chinois* (Paris, PUF, 1928).

DUIKER, William J., *Ts'ai Yüen-p'ei, Educator of Modern China* (Pennsylvania State University, 1977. 124 pp.).

DUPEUX, Georges, *La société française, 1789-1960* (Paris, Armand Colin, coll. U, 1964. 295 pp.).

ELVIN, Mark, SKINNER, G. William., *The Chinese City Between two Worlds* (Stanford, Calif., Stanford University Press, 1974. 458 pp.).

EUDIN, Xenia Joukoff, NORTH, Robert C, *Soviet Russia and the East, 1920-1927* (Stanford, Calif., Stanford University Press, 1957, réed. 1964. 478 pp.).

FAUVET, Jacques, *Histoire du Parti Communiste Français* (Paris, Fayard, 1965. tome 1, 404 pp.).

FEIGON, Lee Nathan, *Chen Tu-shiu and the Foundations of the Chinese Revolution* (Wisconsin, Utah, Ph. D., 1977. 419 pp.).

FENSTERBANK, François, *Portrait d'un lettré perverti par la politique : Qu Qubai, 1899-1935* (Paris, INALCO, DEA, 1978. 166 pp.).

FERRO, Marc, *La grande guerre*, *1914-1918* (Paris, Gallimard, Idées, 1969. 384 pp.).

FREYMOND, Jacques, *Contribution à l'histoire du Comintern* (Genève, Droz, 1965. 265 pp.).

GACHE, Paul, *Les grandes heures de Montargis* (Roanne, Éditions Horvath, 1980).

GAO, Chung Ju, *Le mouvement intellectuel en Chine et son rôle dans la révolution chinoise* (Aix-en-Provence, Saint-Thomas, 1957. 207 pp.).

GARRET, Shirley, *Social Reformers in Urban China*, *The ChineseYMCA*, *1895-1926* (Cambridge, Mass., Harvard University Press, 1970).

GOLDMAN, Merle, *The Role of History in Party Struggle*, *1962-1964*, in *The China Quarterly*, n°51, juillet-septembre 1972. pp. 500-520.

GRIEDER, Jerome B., *Hu Shi and the Chinese Renaissance : Liberalism in the Chinese Revolution*, *1917-1937* (Cambridge, Mass., Harvard University Press, 1970. 417 pp.).

GUILLERMAZ, Jacques, *Histoire du parti communiste chinois (1921-1949)* (Paris, Payot, 1968. 450 pp.).

HAUPT, Georges, REBERIOUX, Madeleine, (sous la direction de), *La deuxième Internationale et l'Orient* (Paris, Éditions Cujas, 1967. 493 pp.).

HAUPT, Georges, LOWY, Michael, WEILL, Claudie, *Les marxistes et la question nationale*, *1848-1914* (Paris, Maspéro, 1974. 391 pp.).

HAYHOE Ruth, BASTID Marianne (sous la dir. de), *Chinese Education in the Industrialized World* (Armonk, New York, Sharpe, 1987).

HERVOUET, Yves, *Catalogue des périodiques chinois dans les bibliothèques d'Europe* (Paris-La Haye, Mouton, 1958. 102 pp.).

HO Ping-ti. TANG TSOU, (eds.), *China in Crisis* (Chicago, The University of Chicago Press, 1968. vol 2, pages 449-803).

HOLUBNYCHY, Lydia, *Michael Borodin and the Chinese Revolution*, *1923-1925* (Ann Arbor, Michigan, Michigan University Press, 1979).

HOU, Kiao-mou, *Trente ans du Parti Communiste Chinois* (Pékin, Éditions en Langues Etrangères, 1956. 131 pp.).

HSIA, Tsi-An, *The Gate of Darkness. Studies on the Leftist Literary Movement in China* (Seattle, Londres, University of Washington Press, 1968. 266 pp.).

HSIU (SHIU) Wentang, *Les organisations politiques des étudiants chinois en France dans l'entre-deux-guerres*, thèse, Paris, université Paris 7, 1990.

HSU, Han-Hao, *L'administration provinciale en Chine* (Nancy, Imprimerie Granville, 1934. 134 pp.).

HSUE Chun-tu, (ed.), *Revolutionary Leaders of Modern China* (LondreSjOxford University Press, 1971).

HU Sheng, *Imperialism and Chinese Politics* (Pékin, Foreign Languages Press, 1955. 308 pp.).

HULSE, James W., *The Forming of the Communist International* (Stanford, Calif., Stanford University Press, 1964).

IRIYE, Akira, *After Imperialism : The Search for a New Order in the Far East, 1921-1931* (NewYork : Atheneum, 1978).

IRIYE, Akira (sous la dir. de). *The Chinese and the Fapanese. Essays in Political and Cultural Interactions* (Princeton University Press, 1980).

ISAACS, Harold R., *Documents on the Comintern and the Chinese Revolution*, in *The China Quarterly*, n°45, janvier-mars 1971. pp. 100-116.

ISAACS, Harold, *La tragédie de la révolution chinoise, 1925-1927* (Paris, Gallimard, 1967. 445 pp.).

JEANNENEY, Jean-Noël, *L'argent caché, milieux d'affaires et pouvoirs politiques dans la France du XXe siècle* (Paris, Fayard, 1981. 364 pp.).

KAGAN, Richard C, *Ch'en Tu-hsiu's Unfinished Autobiography*, in *The China Quarterly*, n°50, avril-juin 1972. pp. 295-315.

KING, Ta-kai, *From Destruction of CCP to Building of Mao-Lin Party : Survey of the Party Congress in 1921-1969* (Taibei, APACL. 1969, 97 pp.).

KRIEGEL, Annie, *Naissance du mouvement Clarté*, in *Le Mouvement Social*, n°42, 1963.

KRIEGEL, Annie, *Aux origines du Communisme français* (Paris, Flammarion, 1970. 442 pp.).

KRIEGEL, Annie, *Le congrès de Tours (1920)* (Paris, Julliard, collection Archives, 1964. 258 pp.).

KRIEGEL, Annie, *Les communistes français* (Paris, Seuil, 1968. 319 pp.).

KUO, Warren, *Analytical History of Chinese Communist Party* (Taipei, Institute of International Relations, 1968. 4 volumes, 528-706-653-784 pp.).

LANG, Olga, *Chinese Family and Society* (Yale University Press, 1946, rééd. 1968 et 1978. 395 pp.).

LEONG Sow-theng, *Sino-Soviet Diplomatic Relations, 1917-1926* (Australian National University Press, 1976. 361 pp.).

LESOURD, J. A., GÉRARD, C, *Histoire économique XIX^{éme} et XX^{éme} siècles* (Paris, Armand Colin, 1963. Tome 1, 292 pp.).

LEUNG, J. K, *The Chinese Work-Study Movement: the Social and Political Experience of Chinese Students and Student-Workers in France, 1913-1925* (Ann Arbor, USA, University Microfilms International, 1982. 608 pp.).

LEVENSON, Joseph R., *Liang Ch'i-ch'ao and the Mind of Modern China* (Berkeley, Los Angeles, University of California Press, 1967. 256 pp.).

LEVENSON, Joseph, *Modern China, An Interpretative Anthology* (New York, Macmillan, 1971).

LEVINE Marilyn A, *The Found Generation. Chinese Communists in Europe during the Twenties* (Seattle, Londres, University of Washington Press, 1993).

LEWIS, John Wilson, (ed.). *Party Leadership and Revolutionary Power in China* (Cambridge, Grande Bretagne, Cambridge University Press, 1970. 422 pp.).

LI, Chao King, *Le mouvement de la main d'œuvre étrangère en France depuis la Grande Guerre* (Langres, Imprimerie Moderne, 1940).

LI, Chien-nung, *The Political History of China, 1840-1928* (Stanford, Calif., Stanford University Press, 1956, rééd. 1967. 545 pp.).

LI, Yu-ning, *The Introduction of Socialism into China* (New York, Columbia University Press, 1971).

LIN, Yusheng, *The Crisis of Chinese Consciousness : Radical Anti-traditionalism in the May Fourth Era* (Madison, Wisconsin, The University of Wisconsin, 1979).

LIVE Yu-Sion, *Les Chinois de Paris depuis le début du siècle. Présence urbaine et activités économiques*, in Revue européenne des migrations internationales, Poitiers, vol. 8, n° 3, 1992.

LIVE Yu-Sion, *La diaspora chinoise en France : immigration, activités socio-économiques, pratiques socio-culturelles* (thèse, EHESS, 1991).

LIVE Yu-Sion, *L'immigration chinoise à Boulogne-Billancourt dans l'entre-deux-guerres*, in *Villes en parallèles*, n° 15, 1990.

LOH P. Y., *The Early Chiang Kai-shek* (New york, Londres, Columbia University Press, 1971 216 pp.).

LOI, Michelle, *Roseaux sur le mur, les poètes occidentalistes chinois, 1919-1949* (Paris, Gallimard, 1971. 609 pp.).

MAC LANE, Charles B., *Soviet Policy and the Chinese Communists, 1931-1946* (NewYork, Columbia University Press, 1958. 310 pp.).

MA MUNG Emmanuel, *La diaspora chinoise, géographic d'une migration* (Paris, Ophrys, 2000).

MAYEUR Jean-marie, *La vie politique sous la Troisième République, 1870-1940* (Paris, Seuil, coll. Histoire, 1984).

MEISNER, Maurice, *Li Ta-chao and the Origins of Chinese Marxism* (NewYork, Atheneum, 1977. 326 pp.).

MEULEAU Marc, *Des pionniers en Extrême-orient, Histoire de la Banque de l'Indochine, 1875-1975* (Paris, Fayard, 1990).

MILZA Pierre (sous la dir. de), *Les Italiens en France de 1914 à 1940* (École française de Rome, coll. de l'ÉFR, 94, 1986).

MURPHEY, Rhoads, *Traditionalism and Colonialism : Changing Urban Roles in Asia*, in *Fournal of Asian Studies*, vol. XXIX, n°1, novembre 1969. pp. 67-85.

NÉRÉ, Jacques, *La Troisième République, 1914-1940* (Paris : Armand Colin, 1967. 192 pp.).

NOGARO, B., WEIL, Lucien, La *main d'œuvre étrangère et coloniale pendant la guerre* (Paris, PUF, 1926).

NOIRIEL Gérard, *Les ouvriers dans la société française, XIXe-XXe siècle* (Paris, Seuil, coll. Histoire, 1986).

NORTH, Robert C, *Le communisme chinois* (Paris, Hachette, l'Univers des Connaissances, 1966. 250 pp.).

OZOUF, Jacques, *Nous les maîtres d'école*, *autobiographies d'instituteurs de la Belle Époque*(Paris, Julliard, Archives, 1967. 269 pp.).

PA Kin (Bajin), *Le secret de Robespierre et autres nouvelles*(Paris, éditions Mazarine, 1980. 208 pp.).

PALMIER, Jean-Michel, *Weimar en exil*, t. 1, *Exil en Europe* (Paris, Payot, 1988).

PAN Lynn, *Encyclopédic de la diaspora chinoise*(Paris, les éditions du Pacifique, 2000).

PIMPANEAU, J., CHESNEAUX, J., *Lettre d'une prison française*, in *Cahiers Franco-chinois*, n°12, 1960.

POLLAIID, Robert T., *China's Foreign Relations : 1917-1931* (New York, Macmillan Co., 1933).

PRICE, Don C, *Russia and the Roots of the Chinese Revolution (1896-1911)* (Cambridge, Mass., Harvard University Press, 1974. 303 pp.).

RESTARICK, H. Bond, *Sun Yatsen*, *libérateur de la Chine*(Paris, Payot, 1932. 198 pp.).

RUSSEL, Bertrand, BERGERON, Régis, *La Chine, 1922-1968* (Paris, Éditions Planète, 1968. 307 pp.).

SAINT PERON, Lucie, *Fournal d'un étudiant-ouvrier chinois en France*(université Paris VII: Mémoire de Maîtrise).

SAUVY, Alfred, *Histoire économique de la France entre les deux guerres (1918-1931)*(Paris, Fayard, 1965. 564 pp.).

SCALAPINO, Robert A., YU, George T, *The Chinese Anarchist Movement* (Connecticut, Greenwood Press, 1961).

SCHRAM, Stuart, *Mao Tse-toung*(Paris, Armand Colin, 1963. 416 pp.).

SCHRAM, Stuart (ed.), *Mao's Road to Power, Revolutionary Writings, 1919-1949*, vol. I The Pre-Marxist Period, 1912-1920 (Armonk, New York, Sharpe, 1992).

SCHOR Ralph, *Vopinion française et les étrangers (1919-1939)*(Paris, publ. de la Sorbonne, 1985).

SCHWARTZ, Benjamin, (ed.). *Reflections on the May Fourth Movement: a Sym-*

posium (New York, Harvard University Press, 1972).

SHERIDAN, James, *China in Disintegration, the Republican Era in Chinese History (1912-1949)* (Free Press, 1975°).

SHUN Cho-fen, *La révolution chinoise et les influences étrangères* (Paris, Les Presses modernes, 1930).

SIRINELLI Jean-François (sous la dir. de), *La France de 1914 à nos jours* (Paris, PUF, 1993).

SKINNER, G. William, (ed.), *The City in Late Imperial China* (Stanford, Calif., Stanford University Press, 1977. 820 pp.).

SMEDLEY, Agnes, *La Longue Marche, Mémoires du Maréchal Zhu De* (Paris, Editions Richelieu, 1969. 2 volumes, 396-329 pp.).

SNOW, Edgar, *Étoile rouge sur la Chine* (Paris, Stock, 1965. 439 pp.).

SNOW, Edgar, *Random Notes on Red China, 1936-1945* (Cambridge, Mass., Harvard University Press, 1957. 148 pp.).

STALINE, Joseph, *Le marxisme et la question coloniale* (Paris, Éditions Norman Bethune, 1974. 400 pp.).

SUN, Yat-sen, *The International Development of China* (Chungikng, Hong Kong, The China Publishing Company, 1941. 265 pp.).

TCHENG, Tche-sio, *Les relations de Lyon avec la Chine* (Lyon, thèse, 1982 pp.).

The League of Nations' Mission of Educational experts (collectif). *The Reorganisation of Education in China* (Paris, League of Nations' Institute of Intellectual Cooperation, 1932. 200 pp.).

THORNTON, Richard C, *The Comintern and the Chinese Communists, 1928-1931* (Seattle, Londres, Universty of Washington Press, 1969. 246 pp.).

TOWNSEND, James R., *The Revolutionization of ChineseYouth, a Study of Chung-kuo Ching-nian* (Berkeley, University of California Press, 1967. 71 pp.).

TROLLIET Pierre, *La diaspora chinoise* (Paris, PUF, coll. Que sais-je ?, 1994).

VALETTE-HEMERY, Martine. (trad.), *De la révolution litteraire à la littérature révolutionnaire (récits chinois, 1918-1942)* (Paris, L'Herne, 1970. 334 pp.).

VAN DER STEGEN, Judith, *Les Chinois en France (1915-1925)* (Paris : Hachette, 1976).

VAN SLYKE, Lyman P. , *Enemies and Friends*, *the United Front in Chinese Communist History* (Stanford, Calif. , Stanford University Press, 1967. 330 pp.).

WANG, *Nora*, *Da Chen Lu* ! *le mouvement du 30 mai 1925 à Paris*, in *Approches-Asie*, n° 7, mars 1984. pp. 25-53.

WANG, Nora, *Deng Xiaoping* : *The Years in France*, in *The China Quarterly*, n° 92, décembre 1982. pp. 698-706.

WANG Nora, *Mao, enfance et adolescence* (Paris, Autrement, 1999).

WANG, Nora, *Some Reflections on the Emergence of the CCP European Branch Studies*, in *Republican China*, vol. XIII, n° 2, avril 1988.

WANG, Y. C. , *Chinese Intellectuals and the West (1872-1949)* (Taibei, Rainbow Bridge book Co. , 1976. 557 pp.).

WAUNG W. S. K. , *Revolution and Liberation* : *a Short History of Modern China from 1900-1970* (Hong Kong, Singapour, Kuala Lumpur, Heinemann Educational Books (Asia) Ltd, 1971. 176 pp.).

WEBER Eugen, *La France des années 30* (Paris, Fayard, 1994).

WHITING, Allen S. , *Soviet Policies in China* (Stanford, Calif. , Stanford University Press, 1953. 350 pp.).

WILLARD, C, *Socialisme et communisme français* (Paris, Armand Colin, 1967. 160 pp.).

WOHL, R. , *French Communism in the Making*, *1914-1924* (Stanford, Calif. , Stanford University Press, 1966).

WOLF, Margery, WITKE, Roxane. (ed.). *Women in Chinese Society* (Stanford, Calif. , Stanford University Press, 1975. 221 pp.).

WOU, p. , *Les travailleurs chinois et la grande guerre* (Paris, editions A. Pedone, 1939).

YU, George, *Party Politics in Republican China* : *The KMT (1912-1924)* (Berkeley, University of California Press, 1966. 204 pp.).

b) 中文著作与文章

[著作]

作者不详:《不屈的共产党人》,北京:人民出版社,1980—1981 年,2 卷,461、387 页。有插图。

作者不详:《陈独秀研究参考资料》,安庆:安庆市历史学会,安庆市图书馆,1981年,232页。有插图。

作者不详(集体):《党史研究资料》,成都:四川人民出版社,1980年,502页。

作者不详:《革命烈士诗抄》,北京:中国青年出版社,1959—1962—1978年,256页。有插图。

作者不详(集体):《革命史资料》卷1,北京:文史资料出版社,1980年,170页。

作者不详(集体):《国际共产主义运动简史(1848—1924)》,天津:天津人民出版社,1976—1978年,478页。

作者不详(集体):《回忆蔡和森》,北京:人民出版社,1980年,146页。有插图。

作者不详:《回忆陈潭秋》,武汉:湖北人民出版社,1981年,188页。有插图。

作者不详:《纪念五四运动六十周年学术讨论会论文选》,湖南:中国社会科学出版社,1980年,3卷,420页。

作者不详:《青年运动回忆录》,北京:中国青年出版社,1979年,312页。

作者不详(集体):《吴稚晖先生百年诞辰纪念》,台北:"行政院新闻局",1964年,124页。

作者不详:《五四爱国运动》,北京:中国社会科学出版社,1979年,2卷,592;566页。有插图。

作者不详(集体):《五四时期妇女问题文集》,北京与香港:三联书店,1981年,368页。

作者不详:《新民学会资料》,北京:人民出版社,1980年,606页。有插图。

作者不详(集体):《中国共产党历史讲义》,上海:上海人民出版社,1981年,249页。

作者不详(集体):《中国近代史研究论丛》,长春:吉林人民出版社,1981年,288页。

蔡畅:《回忆蔡和森》,北京:人民出版社,1980年。有插图。

蔡和森:《蔡和森文集》,北京:人民出版社,1980年,850页。有插图。

蔡韦:《五四时期马克思主义反对反马克思主义思潮的斗争》,上海:上海人民出版社,1961—1979年,142页。有插图。

蔡元培:《蔡元培全集》,台北:王家出版社,1975年。

蔡元培:《蔡元培自述》,台北:传记文学杂志社,1967年。

陈景磐:《中国近代教育史》,石家庄:河北人民出版社,1979—1981年,313页。

戴绪恭:《向警予传》,北京:人民出版社,1981年,182页。有插图。

邓文广:《中共建党运动史诸问题》,香港,1973年,178页。有插图。

方汉奇:《中国近代报刊史》,太原:山西人民出版社,1981年,2卷,761页。有图片。

冯友兰等:《中国近代思想史论文集》,北京与香港:三联书店,1958年。

高平叔:《蔡元培年谱》,北京:中华书局,1980年,145页。有图片。

戈公振:《中国报学史》,香港:太平书局,1964年,378页。

何鲁之:《何鲁之先生文存》,台北:倾城出版社,1978年。

和田武司:《邓小平传》,香港:天地图书,1981年,227页。

洪焕春:《五四时期的中国革命运动》,北京:三联书店,1956年,187页。

侯外庐:《中国思想通史》,北京:人民文学出版社,1957年。

胡国伟:《中国青年党简史》,台北:菩提出版社,1967年,158页。

胡华:《青少年时期的周恩来同志》,北京:中国青年出版社,1977年。

胡华:《五四时期的历史人物》,北京:中国青年出版社,1979年,254页。

胡华等:《中国党史人物传》,西安:陕西人民出版社,1981年,12卷。

胡华:《中国新民主主义革命史》,北京:中国青年出版社,1981年,369页。

湖北省社会科学院:《忆董老》,武汉:湖北人民出版社,1980年,238页。有插图。

湖南师范大学:《徐特立文集》,长沙:湖南人民出版社,1980年,635页。

华岗:《中国大革命史》,北京:文史资料出版社,1982年,377页。有插图。

怀恩:《周总理青少年时期诗文书信集》,成都:四川人民出版社,1979年,2卷,702;612页。有插图。

黄利群:《留法勤工俭学简史》,北京:教育科学出版社,1982年,160页。有插图。

李大钊:《李大钊选集》,北京:人民出版社,1959—1978年,570页。有插图。

李璜:《学钝室回忆录》,台北:传记文学杂志社,1973年。

李明:《伟大的孙中山》,北京:中国青年出版社,1979年,80页。有插图。

李石曾:《李石曾先生文集》,台北:中国国民党党史馆,1980年。

李煜瀛(李石曾):《法兰西教育》,文明书局,1913年。

聂荣臻:《聂荣臻回忆录》,北京:战士出版社,1983年,卷1。

彭明:《五四运动在北京》,北京:北京出版社,1979年,259页。有插图。

彭明:《五四运动史》,北京:人民出版社,1984年,696页。有插图。

钱穆:《史学导引》,台北:"中央日报"社,1975年,92页。

清华大学中国党史研究组:《赴法勤工俭学运动史料》,北京:北京出版社,1979—1981年,3卷,343;858;506页。有插图。

任卓宣:《任卓宣评传》,台北:帕米尔书店,1965年,2卷。

上海科学院历史研究所:《五四运动在上海》,上海:上海人民出版社,1980年,898页。有插图。

沈云龙:《中国共产党之来源》,台北:文海出版社,1978年,92页。

盛成:《海外工读十年纪实》,上海:中华书局,1932年。

舒新城:《近代中国留学史》,上海:中华书局,1927—1938年,300页。

舒新城:《近代中国教育史料》,上海:中华书局,1928年,2卷。

舒新城:《中国近代教育史资料》,北京:人民教育出版社,1961年,3卷。

宋斐夫:《新民学会》,长沙:湖南人民出版社,1980年,131页。

陶菊隐:《北洋军阀统治时期史话》,北京与香港:三联书店,1957—1959—1978年,8卷本。

王独清:《我在欧洲的生活》,上海:光华书局,1932年。

汪士汉:《五四运动简史》,长沙:中国社会科学出版社,1979年,258页。

王树棣等:《陈独秀评论选编》,长沙:湖南人民出版社,1982年,523页。

王炳增等:《陈嘉庚兴学记》,福州:福建教育出版社,1981年,125页。

王章陵:《中国共产主义青年团史论(1920—1927)》,台北:政治大学东亚研究所出版,1957年,682页。

王永祥等:《中国共产党旅欧支部史话》,北京:中国青年出版社,1985年,280页。有插图。

魏宏远主编:《中国现代史资料选编》,哈尔滨:黑龙江人民出版社,1981年,3卷本,620;734;676页。

魏巍:《邓中夏传》,北京:人民出版社,1981年,290页。有插图。

吴稚晖:《吴稚晖先生全集》,台北:中央文物供应社,1969年。

吴玉章:《吴玉章回忆录》,北京:中国青年出版社,1978年。

萧三:《毛泽东同志的青少年时代》,北京:中华书局,1949年。

曾琦:《戊午日记》,中华报刊,1928年。

曾琦:《曾慕韩先生译著》,台北:文海出版社,1978年。

张静如:《中国共产党的创立》,石家庄:河北人民出版社,1981年,203页。

张允侯等:《留法勤工俭学运动》,上海:上海人民出版社,1980年,822页。有插图。

张允侯等:《五四时期的社团》,北京与香港:三联书店,1979年,4卷本,647;528;408;351页。有插图。

张允侯等:《五四时期期刊介绍》,北京:人民出版社,1958—1959年,3卷本,833;962;1121页。

郑德荣等主编:《中国共产党历史讲义》,长春:吉林人民出版社,1980—1981年,647页。

中共中央党校党史教研室(集体):《中共党史参考资料(党的创立时期)》,北京:人民出版社,1979年,463页。

中国第二档案馆(集体):《中国无政府主义和中国社会党》,南京:江苏人民出版社,1981年,247页。有插图。

中国革命博物馆:《中国共产党历史(1919—1949)》,石家庄:河北人民出版社,1980年,60页。有插图。

中国革命博物馆(集体):《周恩来同志旅欧文集》,北京:文物出版社,1982年,86页。有插图。

中国社会科学院近代史研究所(集体):《共产国际有关中国革命的文献(1919—1928)》,北京:中国社会科学出版社,1981年,610页。

中国社会科学院近代史研究所(集体):《五四运动回忆录》,长沙:中国社会科学出版社,1979年,2卷本,1021页。

中国社会科学院现代史研究所:《一大前后》,北京:人民出版社,1980年,2卷本,452;577页。

中国社会科学院现代史研究所:《民国人物传》,北京:中华书局,1978和1980年,408页。

中国社会科学院现代史研究所(集体):《五四爱国运动档案资料》,北京:中国社会科学出版社,1980年,674页。

中国社会科学院现代史研究所(集体):《五四运动回忆录》,北京:中国社会科学出版社,1979年,2卷本,586页。

中国社会科学院现代史研究所(集体):《五四运动文选》,北京:三联书店,1959和1979年,2卷本,602页。

周恩来:《旅欧通信》,北京:人民日报出版社,1979 年,299 页。有插图。

周恩来:《周恩来青年时代诗选》,北京:人民出版社,1978 年。

周恩来:《周恩来同志旅欧文集》,天津:文物出版社,1979 年。

周迅等:《邓小平》,香港:广角镜出版社,1979 年,210 页。有插图。

朱成甲:《中共党史研究论文选》,长沙:湖南出版社,1983 年,593 页。

[文章]

作者不详:《十月革命影响及中苏关系文献》,《近代史资料》1957 年第 5 期,第 97—132 页。

作者不详:《留法勤工俭学运动文物资料展览开放》,《北京日报》1981 年 8 月 8 日。

常美英等:《武汉、广州、济南、长沙,留法学生的早期建党活动》,《上海师范学院学报》1981 年第 2 期,第 18—22 页。

陈昊苏:《陈老总和儿子的四次谈话》,《新华文摘》1981 年第 4 期,第 174—187 页。

陈惠生:《十月革命对中国先进分子的影响》,《历史研究》1957 年第 11 期,第 1—5 页。

邓野:《五四时期的工读互助主义及其实践》,《文史哲》1982 年第 6 期,第 21—27 页。

冯建辉:《建党初期的陈独秀》,《历史研究》1979 年第 4 期,第 25—34 页。

何长工:《回忆旅法期间的周恩来同志》,《南开大学学报》1977 年第 6 期,第 3—10 页。

侯均初:《周恩来同志与中共旅欧支部》,《学习与思考》1982 年 1 月第 1 期,第 1—20 页。

胡华:《周恩来总理旅欧时期的革命活动》,《北京师范大学学报》1978 年第 1 期,第 13—20 页。

江泽民:《留法、比勤工俭学回忆》,《南开学报》1980 年第 6 期,第 6—12 页。

颉建中:《略论党的创立时期对无政府主义的批判》,《兰州大学学报》1982 年第 3 期,第 19—26 页。

李光一:《无政府主义在中国的传播及其破产》,《史学月刊》1981 年第 2 期,第 72—78 页。

李璜:《巴黎现存关于留法勤工俭学生救济实况档案摘要》,《传记文学》1974

年第 4 期,第 15—20 页。

李勤:《蔡和森对建党的重大贡献》,《东北师范大学学报》1982 年第 2 期,第 76—80 页。

李维汉:《回忆新民学会》,《历史研究》1979 年第 3 期。

李维汉:《李维汉同志谈蔡和森与新民学会》,《湘江评论》1980 年第 4 期,第 32—38 页。

李义彬:《少年中国学会内部的斗争》,《近代史研究》1980 年第 2 期,第 116—138 页。

李瑗:《从无政府主义者到自资产阶级政客的吴稚晖》,《求是学刊》1982 年第 2 期,第 73—91 页。

李玉贞:《十月革命前后的旅欧华人组织及其活动》,《吉林大学社会科学学报》1981 年第 5 期,第 22—30 页。

刘建清:《蔡和森在中国共产党创建中的地位》,《南开大学学报》1980 年第 3 期,第 1—5 页。

刘烨(音译):《试论旅欧中国共产主义组织的兴盛》,《中共党史研究》1981 年第 1 期,第 170—189 页。

皮明庥:《马克思主义怎样传入中国的》,《武汉师范学院学报》1981 年特刊,第 18—29 页。

屈武:《辛亥革命与两党合作》,《人民日报》1981 年 10 月 8 日。

任卓宣:《旅法华人反帝国主义运动与留法青年党的告密》,《向导》1925 年 10 月第 133 期。

任卓宣:《巴黎狱中拾来的一封信》,《向导》1925 年 9、10 月第 130、132 期。

施益生:《回忆中共旅欧支部的光辉业绩》,《天津文史资料选辑》1981 年 5 月第 15 期,第 114—130 页。

田永生:《赵世炎少年时代的故事》,《历史知识》1982 年第 2 期,第 13—14 页。

王若飞:《圣西门勤工日记》,《少年世界》1920 年 11 月第 1 卷第 11 期。

王若飞:《王若飞同志留法勤工俭学日记》,《中国青年》1961 年第 16 期。

王永祥:《周恩来同志领导的旅欧华人反"公馆"斗争》,《南开大学学报》1979 年第 3 期,第 40—43 页。

王永祥:《关于"旅欧中国少年共产党"几个问题的商榷》,《南开大学学报》1980 年第 4 期,第 23—28 页。

王永祥等:《中共旅欧支部反对国家主义派的斗争》,《南开大学学报》1981 年第 6 期,第 28—35 页。

王元年:《留法勤工俭学和旅欧支部的地位和作用》,《吉林大学社会科学学报》1981 年第 5 期,第 14—21 页。

吴时起:《对有关旅欧建党几个问题的探讨》,《求是学刊》1982 年第 2 期,第 65—72 页。

向青:《中国共产党创建时期的共产国际和中国革命》,《近代史研究》1980 年第 4 期,第 92—115 页。

萧三:《记巴黎哥德福瓦街 17 号》,《百科知识》1980 年第 9 期,第 22—24 页。

肖牲:《党成立以前的建团活动》,《历史教学》1982 年第 1 期,第 34—36 页。

徐建源:《蔡和森同志在建党初期的杰出贡献》,《历史知识》1982 年第 2 期,第 3—7 页。

杨才玉:《建党时期马克思主义同无政府主义的斗争》,《中共党史研究》1982 年第 1 期,第 46—50 页。

张申府:《张申府谈旅欧党团组织活动情况》,《天津文史资料选集》1981 年 5 月第 15 期,第 86—92 页。

赵原壁:《略谈留法俭学会和勤工俭学会的形成及其指导思想》,打字版,16 页。

赵原壁:《中国共产党旅欧支部创建过程初探》,《中共党史研究》,第 22—40 页。

郑健民:《旅欧期间周恩来同志建立革命统一战线的重大贡献》,《南开大学学报》1980 年第 2 期,第 1—6 页。

中国革命博物馆:《介绍聂荣臻同志给父母亲的信》,《人民日报》1981 年 7 月 10 日。

部分相关图片

先锋与开端

国民党显贵(二排左一为蔡元培)

李煜瀛(李石曾)(勤工俭学计划的创始人)

部分相关图片

李煜瀛的豆腐工厂

重庆留法预备学校（左首建筑）

出发

法国游轮保罗·勒卡特号(Paul Lecat)

奔赴法国:海上的勤工俭学生

开赴巴黎:马赛圣夏尔火车站的勤工俭学生(1920年6月)

华法教育会在嘉雷纳-克伦布市盘特街
(rue de la Pointe)39号的房子

学习

蒙塔尔纪女子中学的中国学生

里昂中法大学

部分相关图片

做工

施耐德(Schneider)工厂在夏莱特(Chalette)的车间

比扬古(Billancourt)的雷诺工厂(勤工俭学生寄给家人的明信片)

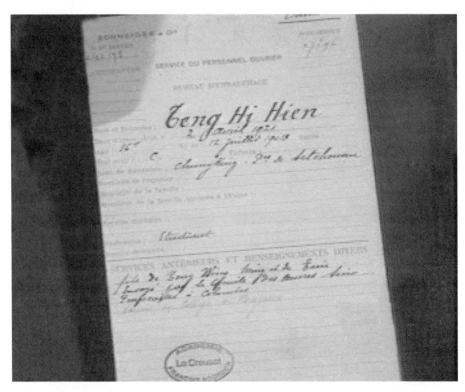

邓希贤(邓小平)在克罗索(Creusot)施耐德工厂的工卡

战斗

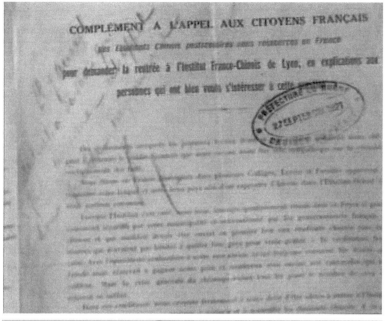

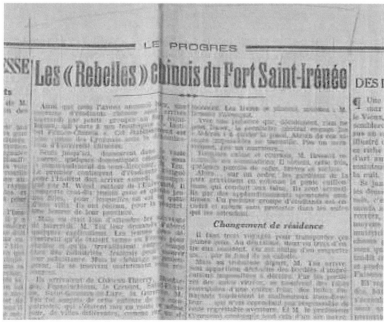

袭击里昂：勤工俭学生的传单，媒体反应

兄弟、朋友、同学情谊

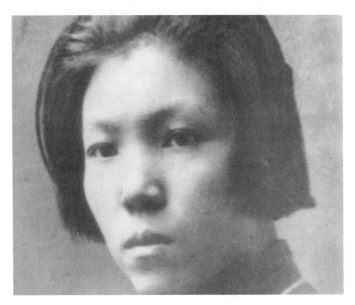

蔡畅(湖南人,新民学会会员)

蔡和森(蔡畅之兄,"蒙塔尔纪乱党"的首领)

蒙塔尔纪的湖南女性:前排右手是蔡畅和蔡和森的母亲葛健豪

陈独秀的两个儿子:陈延年(左)和陈乔年

向警予(蔡和森妻子)

赵世炎

陈毅

周恩来

刚到法国的邓小平（当时 16 岁）

译后记

　　留学时代是美丽的,那时还依然充满了青年时的梦想和憧憬,以及对未来的向往。在法国留学的时候,常常一个人在课后到塞纳河边漫步,看看风景,休息大脑。当时是光阴如梭,日后却成了非常美丽的回忆。虽然在国内完成了法语专业的教育,甚至也读过一段研究生课程,但要想在一年之内读完法国的硕士学位课程,并完成一篇论文,确实也是一个很大的挑战。

　　我要感谢我的丈夫叶隽博士,他一直从事留学史的相关研究,在巴黎期间,我们度过了难忘的共同岁月。他差不多同时在英国留学,有一段时间我们在巴黎、伦敦之间相往来,通过海底隧道穿梭旅行,走不同的地方,读各种各样的书。他也曾从事留学工作,对留学史则是充满了各种各样的奇异兴趣,我们曾一起搭着地铁去巴黎的各类图书馆看书,包括发现各种各样新奇的留学史书籍和资料,每每他兴奋地找到书就像发现了新大陆;但我更多记得的,则还是飞驰的列车、午后的阳光以及巴黎美好的春天。是他推荐给我这本《移民与政治》,我们还曾带着这本书一起去了趟蒙塔尔纪(Montargis)小城,重走历史前辈的踪迹,确实让我们很是发了思古的幽情。

　　我后来又去了法国工作,在北京师范大学继续完成了博士论文,去年以此为基础在商务印书馆出版了《通往精英之路——法国大学校与中国留学生》，现在又有缘继续翻译了这部留法史的著作，也真算是与留法学生结缘了。这种学术工作有益于自己从事的实践工作，每每想到历史上的那些星辰灿烂的留学生们，就总是意识到自己所从事的工作并不是简单为他人作嫁衣裳的事情，而是自有其特殊意义。

  由于工作的缘故，在有限时间内我很难一个人独立承担此书的翻译任务，所以邀请了两位同事一起参与这项工作。所幸，在大家的共同努力下，按时完成了任务。但我们深知自己才疏学浅，面对茫无涯岸的留学史空间和作者的广征博引，虽竭力勉强核对原文史实，但其中错漏疏误之处在所难免，我们恳请读者方家予以指正，以便日后修订重版。

安　延

2016 年 5 月 30 日